Home
教你打造 数字力

U0734572

微软Excel 致用系列

Excel 2016

在财务管理中的应用

微课版

ExcelHome 编著

50%

15

人民邮电出版社
北京

图书在版编目（CIP）数据

Excel 2016在财务管理中的应用：微课版 /
ExcelHome编著. —— 北京：人民邮电出版社，2021.7
（微软Excel致用系列）
ISBN 978-7-115-56048-3

Ⅰ. ①E… Ⅱ. ①E… Ⅲ. ①表处理软件－应用－财务
管理 Ⅳ. ①F275-39

中国版本图书馆CIP数据核字(2021)第034360号

内 容 提 要

Excel 是微软公司办公套装软件的重要组成部分，广泛应用于管理、财经等众多领域，财务人员利用它可以进行各种数据的处理、统计、分析等操作。

本书以 Excel 在财务工作中的具体应用为主线，按照财务从业人员的日常工作任务谋篇布局，通过介绍典型应用案例，在讲解具体工作方法的同时，介绍 Excel 2016 相关的常用功能。

全书共 12 章，分别介绍了 Excel 基础，以及 Excel 在货币时间价值、内部长期投资、项目投资分析、债券投资分析、借款筹资分析、流动资产管理、销售分析、利润管理、成本费用管理、全面预算管理、常用财务分析方法等内容。

本书案例讲解实用、清晰，知识点安排深入浅出，注重理论与实际操作相结合，主要面向需要提高 Excel 应用水平的财务从业人员。本书既可作为各大中专院校讲授办公软件课程的教材，也可作为企业办公人员的自学书和广大 Excel 爱好者的学习参考书。

◆ 编　著　ExcelHome
　责任编辑　刘向荣
　责任印制　李　东　胡　南

◆ 人民邮电出版社出版发行　　北京市丰台区成寿寺路 11 号
　邮编　100164　电子邮件　315@ptpress.com.cn
　网址　https://www.ptpress.com.cn
　天津千鹤文化传播有限公司印刷

◆ 开本：787×1092　1/16
　印张：14　　　　　　　　　　2021 年 7 月第 1 版
　字数：336 千字　　　　　　　2021 年 7 月天津第 1 次印刷

定价：49.80 元

读者服务热线：(010)81055256　印装质量热线：(010)81055316
反盗版热线：(010)81055315
广告经营许可证：京东市监广登字 20170147 号

前言
PREFACE

在众多 Office 组件中，Excel 无疑是最具有魅力的组件之一。用户使用 Excel 能完成多种要求的数据运算、汇总、提取以及制作可视化图表等，能将复杂的数据转换为有用的信息。

本书从现代企业的财务实务工作出发，将 Excel 各项常用功能的使用方法与职业技能进行充分融合，让财务从业者能够更加高效地处理工作中的实际问题。

当下，绝大多数企业都引进了财务管理软件，用于处理最基本的财务核算工作和常用财务报表的自动编制工作。Excel 作为财务软件不可替代的补充工具，可以在除了常规的凭证、账表之外的范围之内，帮助企业根据自身的特点进行多种高效的经营分析。

针对这样的现实情况，本书的编者完全从实际应用出发，不过多重复财务理论和财务方法，也不会着力于财务软件已经实现自动化处理的基本流程，而是以财务工作中常用数据处理和分析任务的完成为目标，力求使读者掌握最实用的 Excel 用法。

本书秉承"授人以渔"的传授风格，操作步骤全部采用动画式的演绎图解，力争减轻读者的阅读压力，让学习过程变得轻松、愉快。本书的最终目标，就是帮助读者开启 Excel 的学习之旅，让读者能够借助 Excel 提高工作效率。

配套资源

本书配套的素材文件读者可登录人邮教育社区（www.ryjiaoyu.com）进行下载。为了便于读者学习，书中还提供了重难点的讲解视频，读者扫描书中的二维码即可观看。

声明

本书中所使用的数据均为虚拟数据，如有雷同，纯属巧合，请勿对号入座。

软件版本

本书的写作基础是安装于 Windows 10 专业版操作系统上的中文版 Excel 2016。

写作团队

本书由 ExcelHome 组织策划，李锐、耿勇提供部分财务技术支持，由祝洪忠、邵武、周庆麟共同完成编写。

感谢

衷心感谢 ExcelHome 论坛的五百万会员，是他们多年来不断的支持与分享，才营造出热火朝天的学习氛围，并成就了今天的 ExcelHome 系列图书。

衷心感谢 ExcelHome 微博的所有粉丝和 ExcelHome 微信的所有好友，你们的"赞"和"转"是我们不断前进的动力。

后续服务

在本书的编写过程中，尽管每一位团队成员都未敢有疏虞，但不足之处仍在所难免。敬请读者提出宝贵的意见和建议，您的反馈将是我们继续努力的动力，本书的后续版本也将会更为完善。

读者可以访问 ExcelHome 技术论坛，我们开设了专门的版块用于本书的讨论与交流。读者也可以发送电子邮件到 book@excelhome.net，我们将竭力为您服务。

同时，欢迎读者关注我们的官方微博和微信，这里会经常发布有关图书的更多消息，以及大量的 Excel 学习资料。

新浪微博：@ExcelHome。

微信公众号：iexcelhome。

最后祝广大读者在阅读本书后能学有所成！

ExcelHome

2021 年 6 月

目录
CONTENTS

第 8 章

第 9 章

第 10 章

第 11 章

第 12 章

第 1 章

Excel 基础

Excel 是微软公司旗下的 Office 办公系列软件的重要组件之一，其凭借强大的数据记录、处理、统计和分析功能，使财务管理工作更加便利。其通过图形、图表等多种形式展示数据的可视化效果，更利于财务管理者从多个角度直观分析数据；其通过对数据进行提取、处理和分析，生成可以用于辅助决策的信息，为企业管理者提供决策支持。

本章主要介绍 Excel 的部分基础知识。通过学习，读者能够清晰认识构成 Excel 的基本元素，了解和掌握相关的基本功能和常用操作，为深入学习 Excel 高级功能、提高财务管理工作的效率奠定基础。

1.1 Excel 工作界面介绍

工作簿是 Excel 操作的主要对象和载体。每个工作簿都包含一个或多个工作表，组成工作表的基础元素是单元格。

Excel 工作界面的主要构成元素包括标题栏、快速访问工具栏、功能区、编辑栏、状态栏、水平和垂直滚动条等，如图 1-1 所示。

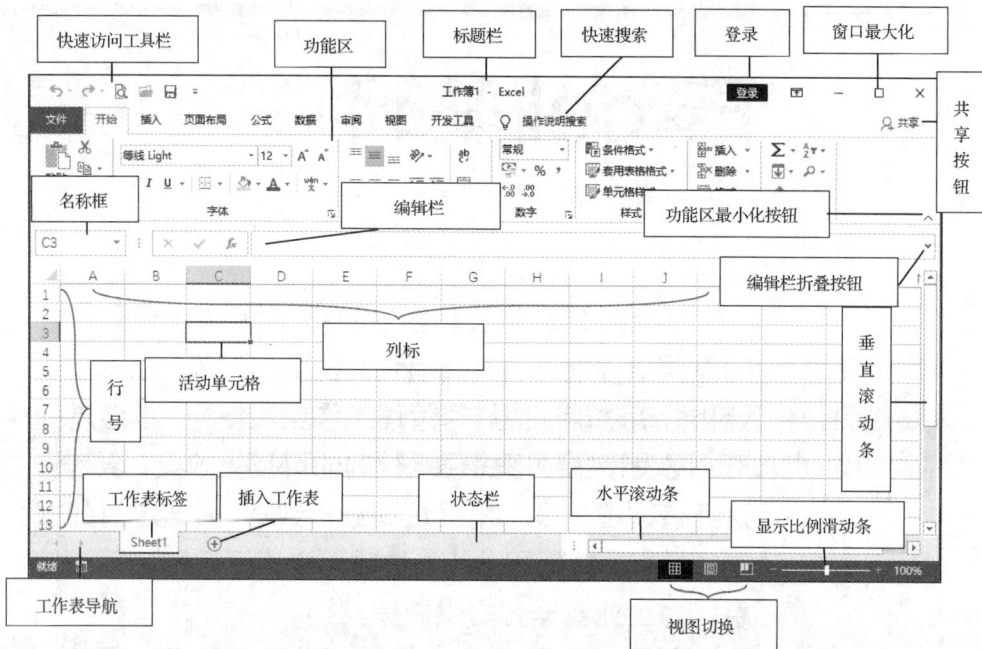

图 1-1 Excel 2016 工作界面

1.1.1 快速访问工具栏

快速访问工具栏默认显示在 Excel 工作界面的左上方。此区域里的命令按钮不会因为选项卡的切换而隐藏，使用更加方便。用户还可以单击快速访问工具栏右侧的下拉按钮，根据需要添加其他常用命令，如图 1-2 所示。

如需删除快速访问工具栏中的某个命令，可以在该命令按钮上右击，在弹出的快捷菜单中选择【从快速访问工具栏删除】命令即可。

1.1.2 功能区

功能区是 Excel 工作界面的重要组成部分，由一组选项卡组成。单击选项卡标签可以切换到不同的选项卡。默认情况下，功能区由【开始】【插入】【页面布局】【公式】【数据】【审阅】和【视图】等选项

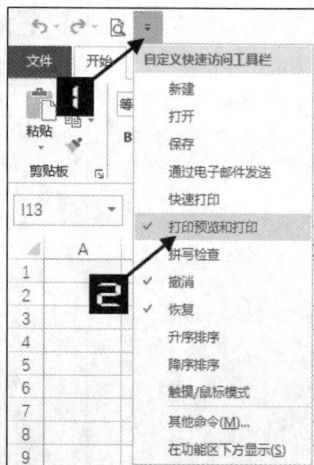

图 1-2 快速访问工具栏

卡组成。每个选项卡中包含了多个命令组，每个命令组由一些密切相关的命令组成，如图 1-3 所示。

图 1-3　功能区

除了以上的常规选项卡之外，当在 Excel 中进行某些特定操作时，功能区会自动显示与之有关的选项卡。例如，在选中图片、图表或数据透视表时，功能区将显示【图片工具】【图表工具】或【数据透视表工具】选项卡。

1.2　工作簿与工作表

Excel 工作簿能够被保存成多种格式类型。当保存一个新建的工作簿时，可以在【另存为】对话框的 "保存类型" 下拉列表中选择需要保存的格式，如图 1-4 所示。

图 1-4　工作簿格式类型

默认情况下，Excel 2016 会将文件保存为 Excel 工作簿格式（*.xlsx），当工作簿中包含宏代码吋，则需要保存为启用宏的工作簿格式（*.xlsm）。

1.2.1 创建工作簿

要创建一个新的工作簿，可以使用以下几种常用方法。

方法1 利用 Windows 桌面左下角的 Windows 开始按钮或桌面快捷方式启动 Excel，启动后的 Excel 会自动创建一个名为"工作簿 1"的空白工作簿。如果重复启动 Excel，工作簿名称中的编号会依次增加。

方法2 在已经打开的 Excel 窗口中依次选择【文件】→【新建】命令，在模板列表中单击"空白工作簿"图标，如图 1-5 所示。

图 1-5　创建工作簿

方法3 在已经打开的 Excel 窗口中按"Ctrl+N"组合键。

用以上方法创建的工作簿，在没有被用户保存之前只存在于内存中，没有独立文件存在。

方法4 在 Windows 桌面或文件夹窗口的空白处右击，在弹出的快捷菜单中选择【新建】→【Microsoft Excel 工作表】命令，可在当前位置创建一个新的 Excel 工作簿文件，并处于重命名状态，如图 1-6 所示。

图 1-6　通过右击弹出的快捷菜单创建工作簿

使用该命令创建的 Excel 工作簿文件是一个存在于系统磁盘内的独立文件。

1.2.2 保存工作簿

在工作簿中进行编辑后，要经过保存才能将其存储到系统磁盘内，用于以后的读取和编辑。在使用 Excel 的过程中，必须养成良好的保存文件的习惯，经常性地保存可以避免系统崩溃或突然断电造成的损失。

保存工作簿的方法有以下几种。

（1）单击快速访问工具栏的【保存】按钮。

（2）依次选择功能区的【文件】→【保存】或【另存为】命令。

（3）按"Ctrl+S"组合键，或按"Shift+F12"组合键。

当工作簿被编辑或修改后，如果未经保存就被关闭，Excel 会打开提示对话框，询问用户是否进行保存，单击【保存】按钮可以保存对该工作簿的更改，如图 1-7 所示。

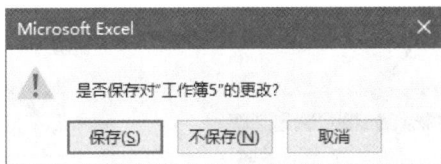

图 1-7　Excel 提示对话框

1.2.3 创建工作表

如果把工作簿看作一本书，工作表则是其中的一页。一个工作簿可以包含一个或者多个工作表。工作表随着工作簿的创建而一同创建；还可以单击工作表标签右侧的【新工作表】按钮，插入新工作表，如图 1-8 所示。新插入的工作表会按照现有工作表数目自动编号命名。

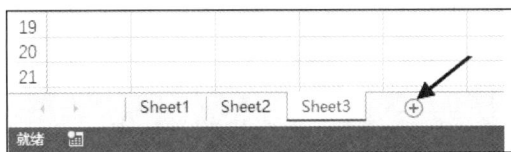

图 1-8　插入新工作表

1.2.4 重命名工作表

Excel 工作表名称默认使用"Sheet+序号"的形式，可以根据需要重命名工作表，如"工资表""销售费用表""客户信息表"等。通常使用以下两种方法重命名工作表。

方法 1　右击工作表标签，在弹出的快捷菜单中选择【重命名】命令。

方法 2　双击工作表标签，直接输入新工作表名称。

1.2.5 移动或复制工作表

用户可以根据需要在当前工作簿中调整各个工作表的位置，也可以在当前工作簿或新建的工作簿中创建工作表的副本。

移动或复制工作表的常用方法是：在当前工作表标签上右击，在弹出的快捷菜单中选择【移动或复制】命令，打开【移动或复制工作表】对话框。在"工作簿"下拉列表中选择目标工作簿，默认选择当前工作簿，也可以选择已经打开的其他工作簿或新建工作簿。单击"下列选定工作表之前"列表框中的工作表名称，指定需移动或复制的工作表的目标排列位置。如果选中"建立副本"复选框，则建立一个与当前工作表内容、格式、页面设置等完全一致的工作表，并自动重命名。单击【确定】按钮，完成移动或复制工作表的操作，如图 1-9 所示。

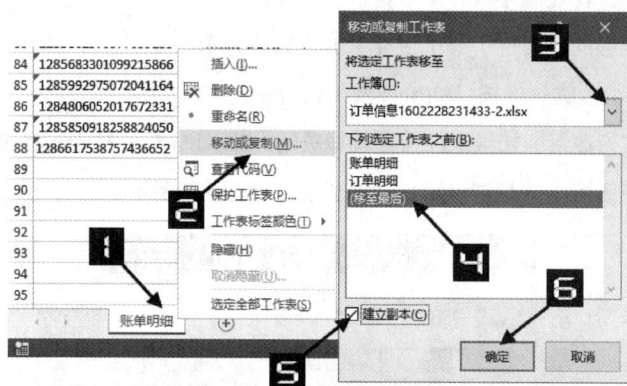

图 1-9　移动或复制工作表

也可以直接拖动工作表标签，在当前工作簿内快速移动或复制工作表。

将鼠标指针移动到到需要移动的工作表的标签上，按住鼠标左键，鼠标指针显示文档图标，拖动鼠标将工作表移动到其他位置。

拖动 Sheet2 工作表标签至 Sheet1 工作表标签上方时，Sheet1 工作表标签前会出现黑色三角形，表示工作表的插入位置，此时松开鼠标左键，即可把 Sheet2 工作表移动到 Sheet1 工作表之前，如图 1-10 所示。

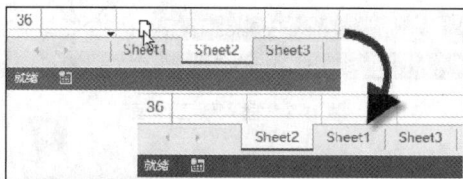

图 1-10　拖动工作表标签移动工作表

如果在按住鼠标左键的同时按下"Ctrl"键，拖动工作表标签即可复制一个当前工作表的副本，并自动在工作表名称后加上带括号的序号。

1.2.6　删除工作表

如需删除工作表，可以在工作表标签上右击，在弹出的快捷菜单中选择【删除】命令，如图 1-11 所示。

图 1-11　通过右击弹出的快捷菜单删除工作表

工作簿中至少要包含一个可见工作表，当工作簿中只剩下一个工作表时，将无法删除该工作表。

提示

删除工作表命令不能撤销，因此在删除工作表时务必认真确认。

1.2.7　显示和隐藏工作表

对于一些包含重要数据的工作表，可以在工作表标签上单击鼠标右键，然后在弹出的快捷菜单中选择【隐藏】命令，将相应工作表隐藏。

如需取消隐藏工作表，可以在工作表标签上单击鼠标右键，然后在弹出的快捷菜单中选择【取消隐藏】命令，在打开的【取消隐藏】对话框中，选中要取消隐藏的工作表，单击【确定】按钮，如图1-12 所示。

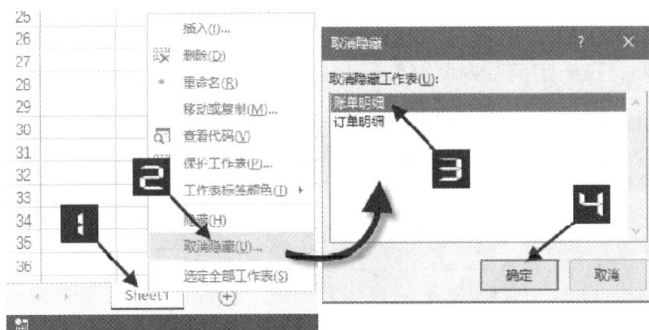

图 1-12　取消隐藏工作表

1.3　行、列和单元格区域

1.3.1　行、列的概念和范围

在 Excel 工作表中，由浅灰色横线隔出来的区域称为"行"，由浅灰色竖线隔出来的区域称为"列"，行列交叉形成的一个个格子叫作"单元格"。Excel 窗口左侧的一组垂直标签中的数字被称为"行号"，Excel 窗口上部的一组水平标签中的字母被称为"列标"。行号类似于二维坐标系中的纵坐标轴值，列标类似于二维坐标系中的横坐标轴值，单元格就相当于二维坐标系中的某个点，如图 1-13 所示。

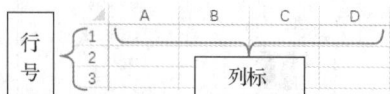

图 1-13　行号和列标

1.3.2　选中行、列

单击某个行号或者列标时，可以选中对应的整行或整列。

如果需要选中相邻的连续多行，可以在单击某个行号后，按住鼠标左键不放，向上或向下拖动，即可选中与该行相邻的连续多行。如需选中相邻的连续多列，单击某列的列标，按住鼠标左键向右或向左拖动即可，如图 1-14 所示。

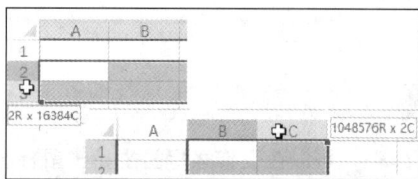

图 1-14　选中连续的多行或多列

如果需要选中不连续的多行，可以先单击行号，然后按住"Ctrl"键不放，再单击其他行号，松开"Ctrl"键，即可选中不连续的多行。选中不连续的多列的方法与之类似。

1.3.3　设置行高和列宽

用户可以根据需要，在一定范围内调整 Excel 中的行高和列宽，常用方法有以下两种。

方法 1　在行号上右击，在弹出的快捷菜单中选择【行高】命令，打开【行高】对话框，在"行高"编辑框内可输入 0～409 的数值，单击【确定】按钮，如图 1-15 所示。

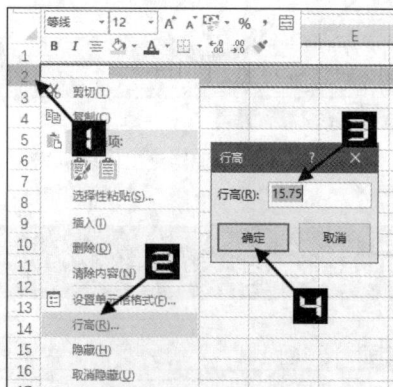

图 1-15　调整行高

方法 2 将鼠标指针放在两个行号之间的位置，按住鼠标左键拖动，即可调整行高，如图 1-16 所示。

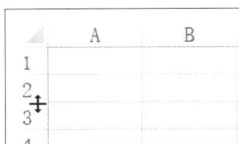

图 1-16 通过拖动调整行高

在调整行高时，如果同时选中多行，所做调整可应用到选中的全部行。调整列宽的方法与之类似，列宽数值的可调整范围为 0～255。将鼠标指针放在两个行号或列标之间的位置并双击，Excel 可根据单元格中的内容自动调整为最合适的行高或列宽。

1.3.4 插入行、列

单击行号选中整行，然后右击，在弹出的快捷菜单中选择【插入】命令，即可实现插入行的操作。也可以在选中整行后按住 "Ctrl" 键不放，按数字小键盘上的 "+" 键。插入列的操作与此类似。

1.3.5 行、列的移动和复制

（1）移动行、列的操作步骤如下。

步骤 1 选中需要移动的行，在【开始】选项卡中单击【剪切】按钮，也可以单击鼠标右键，在弹出的快捷菜单中选择【剪切】命令，或者按 "Ctrl+X" 组合键，此时被选中的行会显示虚线边框。

步骤 2 选中目标位置下一行（选中此行或此行的第一个单元格），依次选择【开始】→【插入】→【插入剪切的单元格】命令；也可以单击鼠标右键，在弹出的快捷菜单中选择【插入剪切的单元格】命令。

移动列的操作方法与此类似。

（2）复制行、列的操作步骤如下。

步骤 1 选中需要复制的行，按 "Ctrl+C" 组合键。

步骤 2 选中需要复制到的目标行，单击鼠标右键，在弹出的快捷菜单中选择【插入复制的单元格】命令。

除此之外，复制选中行的内容后，选中目标行，按 "Ctrl+V" 组合键，即可使目标行的内容被当前选中行的内容覆盖。

复制列的操作方法与此类似。

1.3.6 删除行、列

如果要删除一些行、列，可先选中目标行或列，然后单击鼠标右键，在弹出的快捷菜单中选择【删除】命令。

如果选中的目标是单元格或单元格区域，执行【删除】命令时会打开图 1-17 所示的【删除】对话框，在该对话框中选中"整行"单选项，然后单击【确定】按钮，即可完成目标行的删除。删除列的操作方法与此类似。

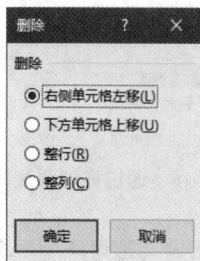

图 1-17 【删除】对话框

1.3.7 隐藏和显示行、列

如需对现有表格的部分行进行隐藏，可以使用以下方法实现。

选中要隐藏的行，单击鼠标右键，在弹出的快捷菜单中选择【隐藏】命令。隐藏行操作完成后，工作表的行号不再连续显示。

如需取消隐藏工作表的行，可以先选中与隐藏行相邻的多行，单击鼠标右键，在弹出的快捷菜单中选择【取消隐藏】命令。

隐藏与显示工作表的列的操作与此类似。

1.3.8 区域的概念

多个单元格构成一个"区域"，并用该区域左上角和右下角的单元格地址进行标识。例如，单元格地址为"A1:C5"，则表示此区域包含了从 A1 单元格到 C5 单元格的矩形区域。

与此类似，"A5:XFD5"表示工作表的第 5 行整行，也可以写成"5:5"；"C1:C1048576"则表示工作表的 C 列整列，也可以写成"C:C"。

1.3.9 单元格区域的选取

在工作表中选中一个单元格区域后，可以对该区域内所有单元格同时执行一些操作，如设置单元格格式、复制粘贴、清除内容等。被选中区域总是包含一个活动单元格，活动单元格的地址会在名称框中显示。被选中的单元格区域会以加亮形式突出显示，而活动单元格仍然正常显示，以此标识活动单元格的位置。例如，在选中 B3:D7 单元格区域时，活动单元格为该区域左上角的 B3 单元格，如图 1-18 所示。

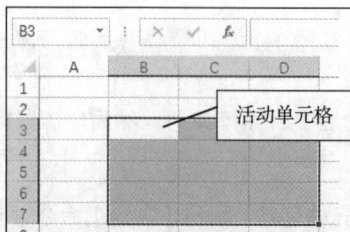

图 1-18 单元格区域和活动单元格

对于连续单元格，可以先选中目标区域左上角的单元格，按住鼠标左键不放，在工作表中拖动鼠标至目标区域右下角的单元格，完成对连续单元格的选取。

当要选取的目标区域范围很大时，可以先选中目标区域左上角的单元格，按住"Shift"键，再单击目标区域右下角的单元格，完成连续单元格的选取。

对于不连续单元格的选取，可以先选中一个单元格，按住"Ctrl"键不放，然后单击其他单元格，或拖动鼠标选中其他单元格区域。

扩展知识点

A1 引用样式和 R1C1 引用样式

Excel 中的引用样式包括 A1 引用样式和 R1C1 引用样式。在默认情况下，Excel 使用 A1 引用样式，即用字母 A～XFD 表示列标，用数字 1～1,048,576 表示行号。通过列标和行号可以准确地定位一个单元格，单元格地址由列标和行号组合而成，列标在前、行号在后。例如，A1 即指该单元格位于 A 列第 1 行，是 A 列和第 1 行交叉处的单元格。

依次选择【文件】→【选项】命令，打开【Excel 选项】对话框，在【公式】选项卡下选中"R1C1 引用样式"复选框，单击【确定】按钮，可以启用 R1C1 引用样式，如图 1-19 所示。

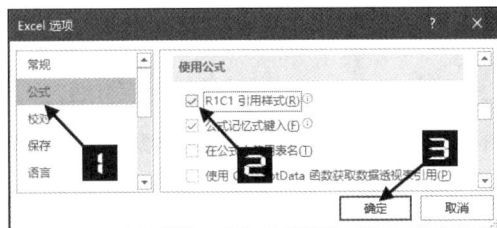

图 1-19　启用 R1C1 引用样式

在 R1C1 引用样式中，用字母"R"加数字以及字母"C"加数字的方式，指示单元格的位置，R1C1 即指该单元格位于工作表中的第 1 行第 1 列，如果选中第 2 行和第 3 列交叉处的单元格，名称框中将显示 R2C3。

其中，字母"R""C"分别是英文"Row"（行）、"Column"（列）的首字母，其后的数字则表示相应的行号、列号。R3C2 等同于 A1 引用样式中的 B3 单元格。

1.4　设置单元格格式

单元格格式主要包括数字格式、字体字号、对齐方式、边框样式以及填充颜色等。对于单元格格式的设置和修改，可以通过功能区中的命令组、浮动工具栏以及【设置单元格格式】对话框等多种方法来完成。

1.4.1　功能区中的命令组

在【开始】选项卡中，【字体】【对齐方式】【数字】和【样式】等多个命令组可用于设置单元格格式，如图 1-20 所示。

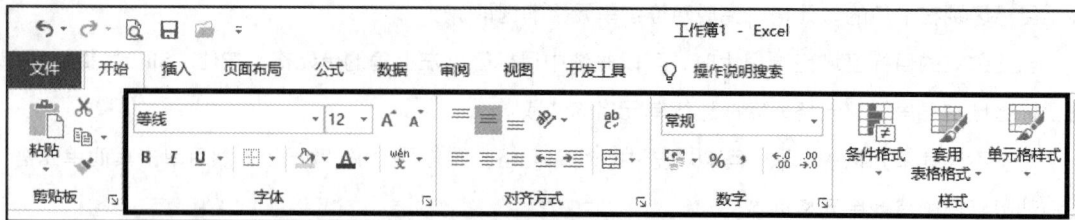

图 1-20　用于设置单元格格式的命令组

【字体】命令组中包括字体、字号调节框和【加粗】 **B**、【倾斜】*I*、【下划线】 **U**、【下框线】 ⊞·、【填充颜色】 ♨·、【字体颜色】 ▲·等命令。

【对齐方式】命令组中包括针对单元格对齐方式的命令，如【顶端对齐】 ≡、【垂直居中】 ≡、【底端对齐】 ≡、【左对齐】 ≡、【居中】 ≡、【右对齐】 ≡，以及【方向】 ≫·、【减少缩进量】 ≝、【增加缩进量】 ≝、【自动换行】 ₷自动换行、【合并后居中】 ▦合并后居中·等。

【数字】命令组中包括设置数字格式的各种命令，如【数字格式】下拉按钮和【会计数字格式】 ☜·、【百分比样式】 %、【千位分隔样式】 ，、【增加小数位数】 ⁺⁰₀ 和【减少小数位数】 ₀⁰ 等命令。

【样式】命令组中包括【条件格式】【套用表格格式】【单元格样式】等命令。

1.4.2　浮动工具栏

选中单元格时单击鼠标右键，会弹出快捷菜单和浮动工具栏，浮动工具栏中包括常用的单元格格式设置命令，如图 1-21 所示。

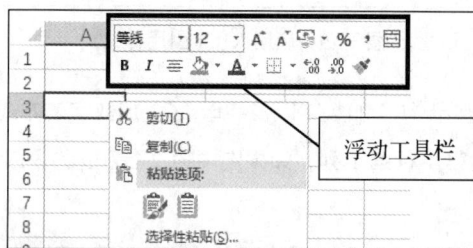

图 1-21　浮动工具栏

设置单元格格式时，先选中待处理的单元格或单元格区域，然后选择功能区中的命令，即可将相应命令应用于所选内容。

1.4.3　【设置单元格格式】对话框

除了功能区中的命令组、浮动工具栏之外，在【设置单元格格式】对话框中能够对单元格格式进行更加详细的设置。【设置单元格格式】对话框中包括【数字】【对齐】【字体】【边框】【填充】和【保护】共六个选项卡，能够对数字格式、对齐方式、字体字号、边框样式以及填充颜色等进行设置。

通常使用以下方法打开【设置单元格格式】对话框。

方法 1　选中要处理的单元格，在【开始】选项卡中单击【字体】【对齐方式】【数字】等命令组右下角的对话框启动器按钮 ⏷，如图 1-22 所示。

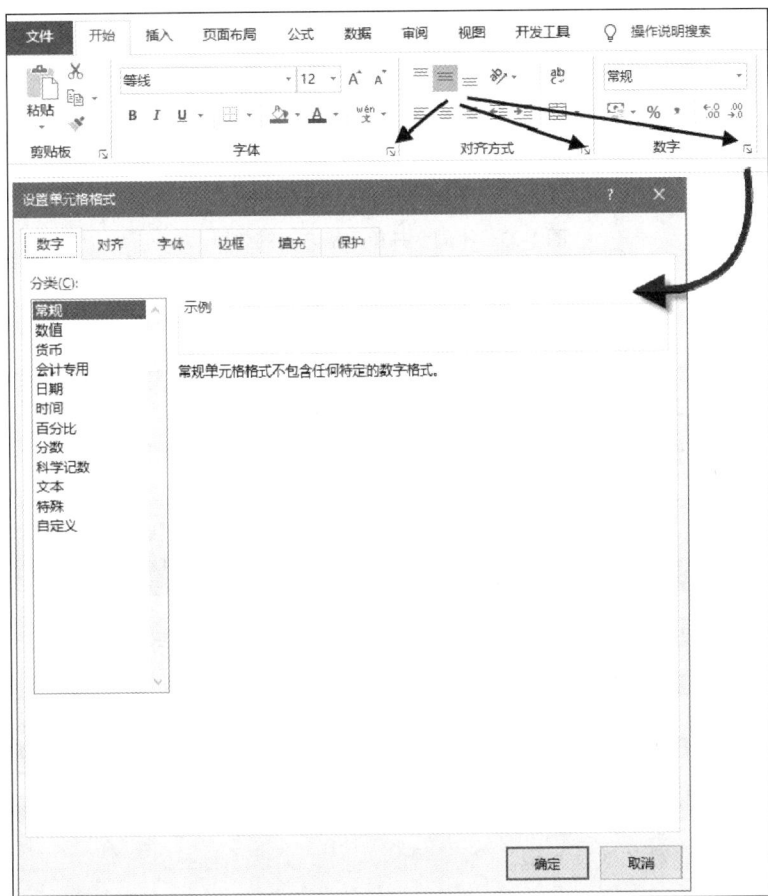

图 1-22　对话框启动器按钮

方法 2　选中要处理的单元格，单击鼠标右键，在弹出的快捷菜单中选择【设置单元格格式】命令。

方法 3　选中要处理的单元格，按"Ctrl+1"组合键。

扩展知识点

合并单元格

"合并单元格"表示将两个或两个以上的单元格合并成更大的单元格。Excel 提供了三种合并单元格的方式，包括合并后居中、跨越合并和合并单元格。

合并后居中，是将所选的多个单元格进行合并，并让单元格内容在水平和垂直两个方向上居中。

跨越合并，是在选取多行多列的单元格区域后，将所选区域的每行进行合并，形成单列多行的单元格区域。

合并单元格，是将所选单元格区域进行合并，并沿用该区域起始单元格的格式。

不同合并单元格方式的效果如图 1-23 所示。

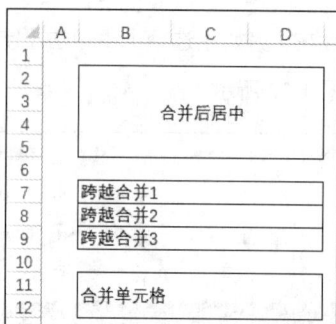

图 1-23　不同合并单元格方式的效果

提示

　　若表格中使用了合并单元格，会影响数据的排序、筛选等操作，而且会对数据的汇总分析产生一定影响，因此尽量不要使用合并单元格。

1.5 在 Excel 中输入和编辑数据

　　规范化输入数据，对于后续的数据处理和分析非常重要。在 Excel 表格中输入数据需要掌握一定的方法和技巧，并且需要遵循一定的规则。

1.5.1 Excel 中的数据类型

　　在单元格中可以输入和保存的数据包括数值、日期和时间、文本、公式 4 种基本类型。除此之外，还有逻辑值、错误值等特殊的数据类型。

（一）数值

　　数值是指所有代表数量的数字形式。在 Excel 中表示和存储的数值最多可以保留 15 位有效数字。对于有效数字超过 15 位的整数数值，Excel 会自动将 15 位以后的数字变为零。对于多于 15 位有效数字的小数，则会将超出的部分截去。

（二）日期和时间

　　在 Excel 中，日期和时间是以一种特殊的形式存储的，这种形式被称为"序列值"。

　　在 Windows 操作系统上所使用的 Excel 版本中，日期系统默认为"1900 日期系统"，即以 1900 年 1 月 1 日作为序列值的基准日，基准日的序列值计为 1，这之后的日期均以距离基准日的天数作为其序列值，如 2021 年 5 月 20 日的序列值为 44,336。

　　在单元格内输入日期后，将其数字格式设置为"常规"，单元格中就会显示日期的序列值。由于日期被视为特殊的数值，所以日期数据可以进行加、减等数值运算。如要计算两个日期之间相距的天数，可以直接在单元格中输入两个日期，再用减法运算的公式来计算。

　　日期序列值是整数，一天的数值单位是 1，1 小时可以表示为 1/24 天，1 分钟可以表示为 1/（24×60）

天。因此，一天中的每一个时刻都可以由小数形式的序列值来表示。例如，中午 12:00:00 可表示为 0.5（一天的一半），18:00:00 可表示为 0.75。

（三）文本

文本通常是指一些非数值形式的文字、符号。除此之外，一些不代表数量、不需要进行数值计算的数字也可以保存为文本形式，如电话号码、身份证号码、银行卡号码等，所以文本并没有严格意义上的概念。

（四）公式

公式在 Excel 中非常重要。作为一种电子数据表格，Excel 很多强大的计算功能都是通过公式来实现的。

公式以等号 "=" 开头，内容可以是简单的数学公式，也可以包含 Excel 的内置函数，或者用户自定义的函数等。使用加号 "+" 或者减号 "-" 开头，Excel 也可以将其内容识别为公式，在按 "Enter" 键确认输入以后，Excel 会自动在公式开头部分加上等号 "="。

（五）逻辑值

逻辑值是比较特殊的一类数据，包括 TRUE（真）和 FALSE（假）两种类型。

例如，在 A2 单元格中输入数字 5，在 B2 单元格中输入公式 "=A2>3" 会返回逻辑值 TRUE；在 C2 单元格中输入公式 "=A2>6"，会返回逻辑值 FALSE。

（六）错误值

用户在使用 Excel 的过程中，有时会遇到一些错误值，如#DIV/0!、#NAME?、#N/A 等。出现这些错误值的原因有很多种，几种常见的错误值及其产生原因如表 1-1 所示。

表 1-1 常见错误值及其产生原因

错误值	产生原因
#####	单元格所含数字超出单元格宽度，或者单元格中计算日期时间的公式结果为负数
#VALUE!	在需要输入数字或逻辑值时输入了文本，Excel 不能将文本转换为正确的数据类型
#DIV/0!	使用 0 作为除数
#NAME?	使用了不存在的名称或函数名称拼写错误
#N/A	在查找类函数公式中，无法找到匹配的内容
#REF!	删除了引用其他公式的单元格或工作表，致使单元格引用无效
#NUM!	在需要数字参数的函数中，使用了不能被接受的参数

1.5.2 在单元格中输入数据

要在单元格中输入数值和文本类型的数据，可以先选中单元格，直接在单元格内输入数据，输入完毕后按 "Enter" 键或者单击其他单元格都可以确认完成输入。要在输入过程中取消输入的内容，可以按 "Esc" 键退出输入状态。

在编辑完成后，也可以单击编辑栏左侧的 ✓ 按钮进行确认。如果单击 ✕ 按钮，则表示取消输入。

在输入银行卡号码或身份证号码等内容时，可以先将单元格数字格式设置为文本，然后再进行输入，否则有效数字超过 15 位的部分会自动变成 0。

1.5.3　日期和时间内容的输入规范

默认情况下，在 Excel 中，年月日之间的间隔符号包括"/"和"-"两种，二者可以混合使用。使用其他间隔符号将无法被 Excel 正确识别为有效的日期格式，如使用小数点"."和反斜杠"\\"作为间隔符号输入的"2020.6.12"和"2020\\6\\12"会被 Excel 识别为文本字符串。除此之外，在中文操作系统下使用部分英语国家所习惯的月份与日期在前、年份在后的日期形式，如"4/5/2020"等，Excel 也无法正确识别。

在中文操作系统下，文本字符"年""月""日"可以作为日期数据的单位被正确识别；以英文单词或英文缩写形式表示月份的日期也可以被识别，如输入"May-15"，Excel 会识别为系统当前年份的 5 月 15 日。

当单击日期所在单元格时，无论使用了哪种日期格式，编辑栏都会显示系统默认的短日期格式，如图 1-24 所示。

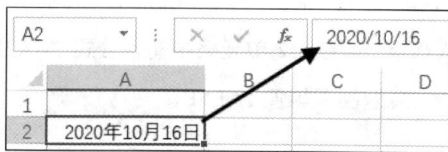

图 1-24　输入中文日期

Excel 中的日期可以使用四位数字作为年份，如"1999-2-14"；也可以使用两位数字作为年份，如"99-2-14"。以两位数字作为年份时，Excel 将 0～29 解释为 2000—2029 年，将 30～99 解释为 1930—1999 年。为了避免系统自动识别产生的错误理解，输入日期时建议使用四位数字表示年份。

在时间数据中，使用半角冒号":"作为分隔符，如"21:55:32"。Excel 允许省略秒的时间数据，如"21 时 29 分"或"21:29"。

使用中文字符作为时间单位时，表示方式为"0 时 0 分 0 秒"。表示小时单位的"时"不能以日常习惯中的"点"代替，如输入"21 时 29 分 32 秒"，Excel 会自动转化为时间格式；而输入"21 点 29 分 32 秒"则会被 Excel 识别为文本字符串。

1.5.4　编辑单元格内容

对于已经存在内容的单元格，可以直接输入新的内容来替换原有数据。如果只想对其中的一部分内容进行编辑，则可以双击该单元格或选中目标单元格后按"F2"键进入编辑模式。

进入编辑模式后，光标所在的位置就是数据插入位置，单击或者使用左右方向键，可以移动光标的位置。

1.5.5 | 填充与序列

在录入数据时,如果数据本身具有某些顺序上的关联性,可以使用填充功能快速录入数据。

素材所在位置:

素材\第 1 章 Excel 基础\1.5.5 填充与序列.xlsx

(一)快速输入连续的合同编号

操作步骤如下。

步骤1 选中 A2 单元格,输入"合同-001"。

步骤2 将鼠标指针移动到 A2 单元格的右下角位置,当鼠标指针显示为黑色"+"字形的填充柄时,按住鼠标左键不放,向下拖动填充柄至 A6 单元格再松开鼠标左键,如图 1-25 所示。

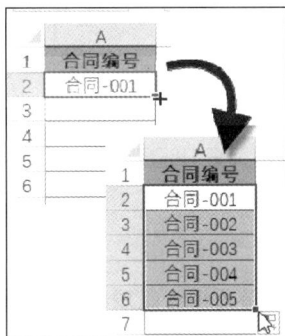

图 1-25 自动填充

对于向下填充的操作,如果相邻列中已有数据,只需选中单元格后双击单元格右下角,Excel 就会自动向下填充数据,直到相邻列数据区域的最后一行。

自动填充完成后,单元格右下角会显示选项按钮,单击该按钮会显示选项设置,用户可以在选项菜单中改变自动填充的规则。对于日期数据的填充,还会有以天数填充、填充工作日、以月填充、以年填充等更多的选项,如图 1-26 所示。

图 1-26 填充选项

（二）生成有规律的序列

如需生成 1～99 的奇数序列，可以在 A1 和 A2 单元格分别输入 1 和 3，然后同时选中 A1 和 A2 单元格，将鼠标指针移动到 A2 单元格的右下角，按住鼠标左键不放向下拖动到 A50 单元格即可。

1.5.6 输入数据时的常见问题

在输入数据时，需要注意以下几个问题。

1. 合并单元格

带有合并单元格的表格将无法排序和筛选，如果后续需要汇总数据，需要使用非常复杂的公式才能完成。

2. 使用空格对齐文本

录入人员名单时，用户为了与三个字的名字对齐，会在两个字的名字中间加上空格，这是一种常见的错误操作习惯。在 Excel 中，空格也是一个字符，所以"张三"与"张 三"会被视作不同的内容。

3. 数量和单位写在同一单元格

输入数据时，要养成数量和单位各一列分开记录的好习惯，不要记录在同一单元格中，如"10kg"或"500g"，以免影响后续的统计汇总。

4. 使用颜色标记特殊数据

使用手动标记颜色的方法区分数据是否符合某项特定规则，也会给以后的数据汇总带来很多麻烦。一是在默认情况下，Excel 无法按照颜色进行汇总统计；二是时间久了，可能操作者自己都不再记得这些颜色表示的是什么意思。可以在数据表中添加一列或多列"备注说明"列，专门对特殊数据进行说明。

1.6 使用 Excel 处理数据

熟练使用排序、筛选、查找与替换、数字类型的转换等基础功能对原始数据进行必要的处理，可以更方便地实现数据的汇总、分析。

1.6.1 排序

Excel 中的排序功能可以让表格中的数据信息按一定顺序排列，帮助用户更清晰地查看和处理数据。

素材所在位置：
素材\第 1 章 Excel基础\1.6.1 排序.xlsx

Excel 数据排序
应用

（一）单列排序

如图 1-27 所示，单击要排序的"金额"所在列的任意单元格，如 C3 单元格，单击【数据】选项卡下的【升序】按钮，即可让数据表按照金额从低到高进行排序。排序时，其他列的数据也会同时更改排列顺序。

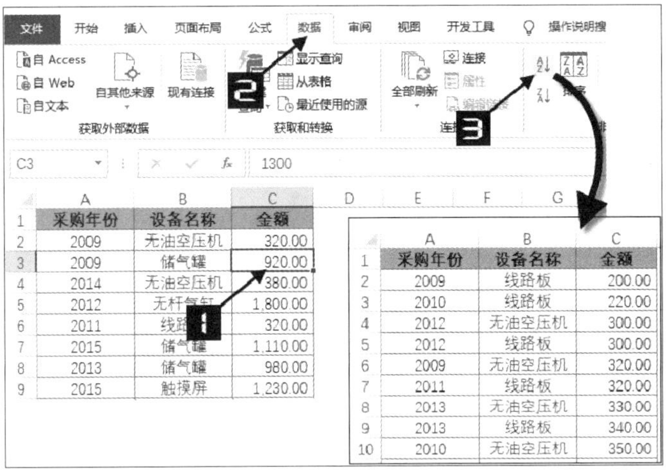

图 1-27　按金额升序排序

如果要排序的是文本内容，则按照拼音字母顺序排序。

（二）多列排序

在进行多列排序时，需要先对次要列进行排序，然后对主要列进行排序。

如需将图 1-27 中的数据按照"采购年份"和"金额"两个条件进行排序，排序规则为优先按照"采购年份"升序排列，如果"采购年份"相同则继续按照"金额"降序排列。

选中"金额"所在列的任意单元格并单击鼠标右键，在弹出的快捷菜单中选择【排序】→【降序】命令。再选中"采购年份"所在列的任意单元格并单击鼠标右键，在弹出的快捷菜单中选择【排序】→【升序】命令。操作完成后，采购年份从低到高依次排列，相同年份的则按照金额从高到低的规则排列，如图 1-28 所示。

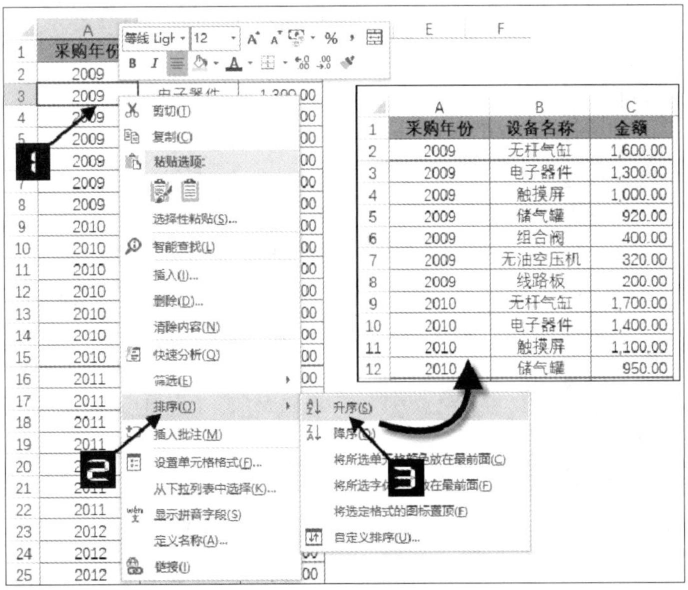

图 1-28　多列排序

（三）自定义序列排序

在实际工作中，往往需要使用一些特殊的排序规则，如按照职务排序、按照单位部门排序等。图 1-29 所示为按照自定义的所属区域顺序对客户名单进行排序。

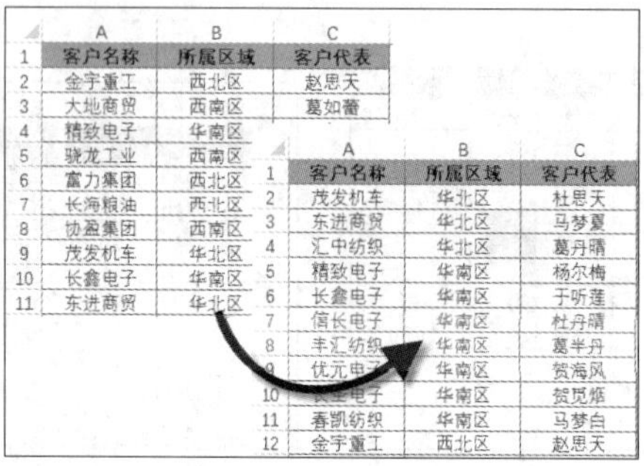

图 1-29　对客户名单进行排序

首先编辑自定义序列。

步骤 1　在 E2:E5 单元格区域按自定义的顺序输入所属区域，然后选中 E2:E5 单元格区域，依次选择【开始】→【选项】命令，在打开的【Excel 选项】对话框中切换到【高级】选项卡，单击【编辑自定义列表】按钮。

步骤 2　在打开的【自定义序列】对话框中单击【导入】按钮，再依次单击【确定】按钮关闭对话框，如图 1-30 所示。

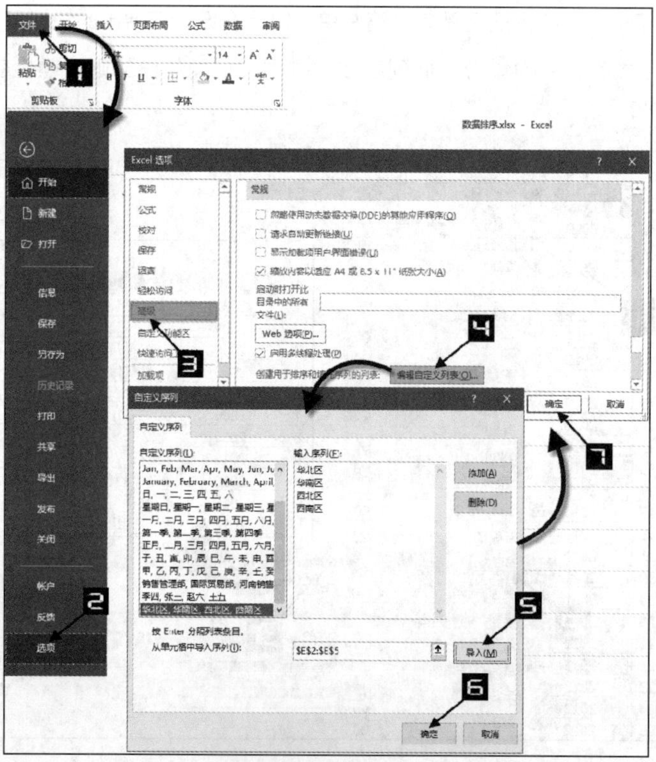

图 1-30　编辑自定义序列

自定义序列编辑完成后，再按照此规则对数据进行排序操作。

步骤1 单击数据区域任意单元格，如 B2 单元格，依次选择【数据】→【排序】命令。

步骤2 在打开的【排序】对话框中，设置主要关键字为"所属区域"，在"次序"下拉列表中选择"自定义序列..."。

步骤3 在打开的【自定义序列】对话框的"自定义序列"列表框中选中之前编辑的自定义序列，再依次单击【确定】按钮关闭对话框，如图 1-31 所示。

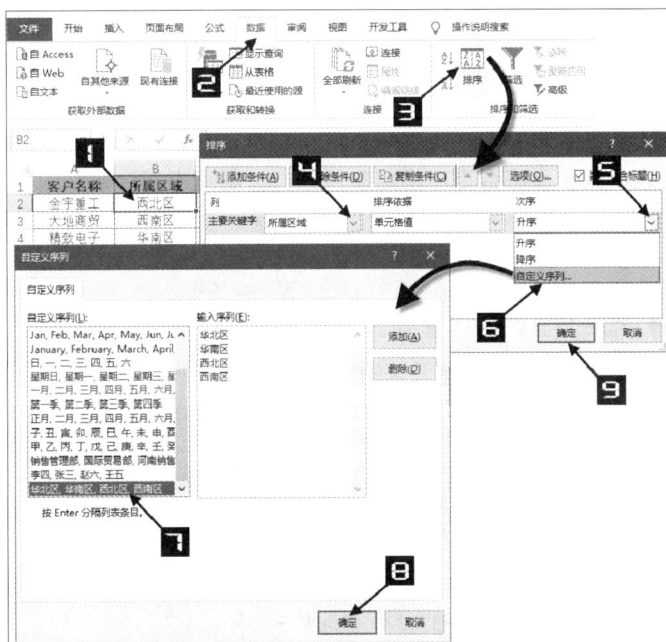

图 1-31　选择自定义序列

如需删除已有的自定义序列，可在【自定义序列】对话框的"自定义序列"列表框中选中之前编辑的自定义序列，再单击【删除】按钮，Excel 会打开提示对话框，依次单击【确定】按钮关闭对话框即可，如图 1-32 所示。

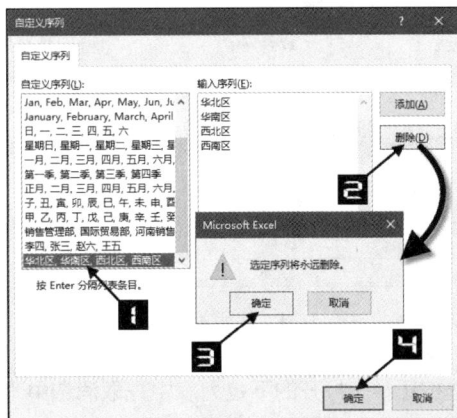

图 1-32　删除自定义序列

小技巧

快速返回未排序时的数据状态

用户在工作表中进行多次排序操作后，如果要快速返回未排序时的数据状态，往往需要多次单击快速访问工具栏内的【撤销】按钮 ↰ 。

可以在进行排序操作之前，在数据表中增加一个空白列，然后输入 $1\sim n$ 作为序号。如需返回未排序时的数据状态，只需单击序号所在列的任意单元格，然后单击【数据】选项卡下的【升序】按钮即可。

1.6.2 | 筛选

筛选的作用是使表中只显示符合用户指定条件的行，隐藏不符合条件的其他行。

素材所在位置：

素材\第 1 章 Excel 基础\1.6.2 筛选.xlsx

Excel 数据筛选应用

图 1-33 所示为在数据表中筛选出的华北区的所有客户记录。

图 1-33　筛选客户记录

单击数据区域任意单元格，如 B2 单元格，依次选择【数据】→【筛选】命令，即可启用筛选功能。此时，数据表中所有字段的列标题单元格中会显示筛选按钮，如图 1-34 所示。

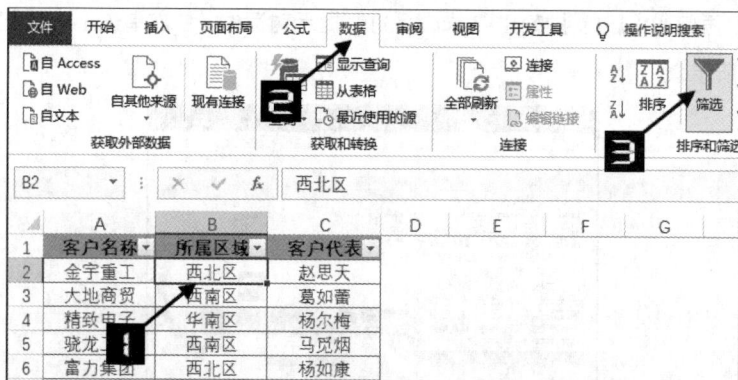

图 1-34　启用筛选功能

单击 B1 单元格右侧的筛选按钮，在打开的下拉列表中先取消选中"全选"复选框，再选中"华北区"复选框，然后单击【确定】按钮即可，如图 1-35 所示。

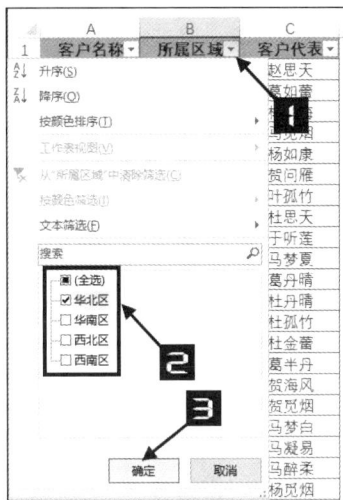

图 1-35　筛选指定条件的数据

（一）按数值条件筛选

按数值条件筛选，即根据数值的大小筛选出特定范围内的数值数据。图 1-33 所示为在合同记录表中提取出金额大于 100,000 元的记录。

操作步骤如下。

步骤1　选择【数据】→【筛选】命令，使表格进入筛选状态。

步骤2　单击金额单元格右侧的筛选按钮，在打开的下拉列表中依次选择【数字筛选】→【大于】命令。在打开的【自定义自动筛选方式】对话框中，设置为"大于""100000"，单击【确定】按钮，如图 1-36 所示。

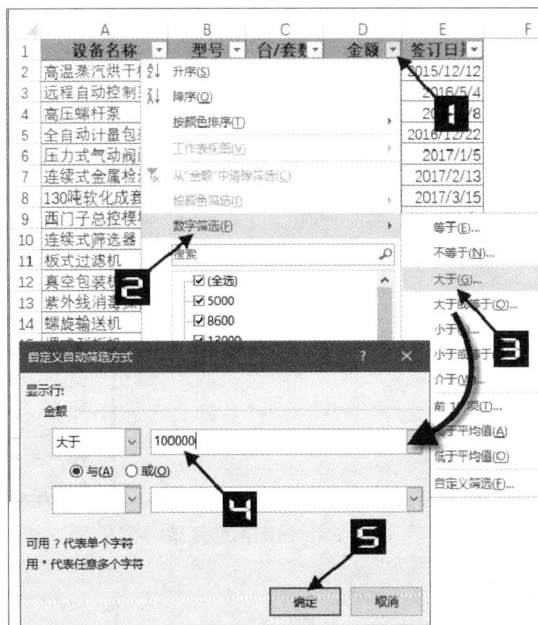

图 1-36　按数值条件筛选

已经执行了筛选的字段的效果可以被清除。单击金额单元格右侧的筛选按钮，在打开的下拉列表中选择【从"金额"中清除筛选】命令，如图 1-37 所示，可清除当前字段的筛选效果。

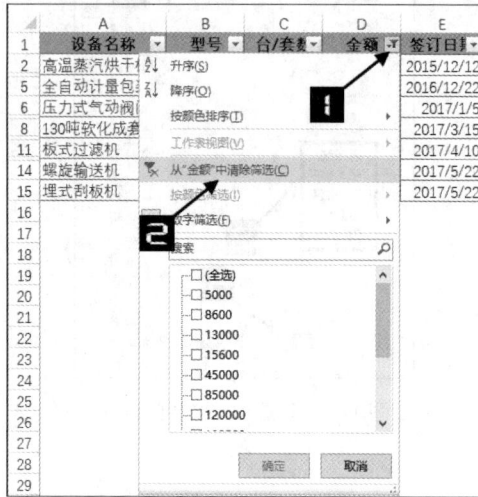

图 1-37　清除字段的筛选效果

（二）按日期条件筛选

对于日期字段，Excel 能够根据当前系统日期，按天、周、月、季度和年等条件筛选出特定日期区间内的数据，如图 1-38 所示。

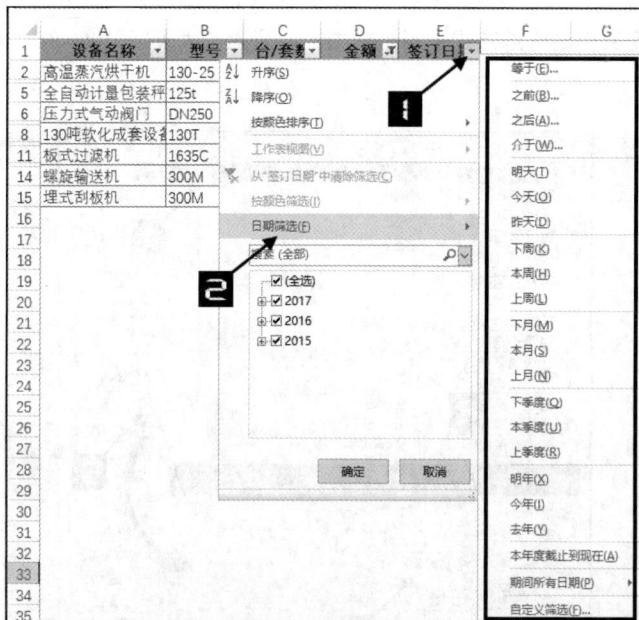

图 1-38　日期筛选菜单

（三）按颜色和图标集筛选

如果在某个字段中设置过字体颜色或单元格颜色，可以通过"筛选"下拉列表中的【按颜色筛选】

命令，筛选出当前字段中应用了字体颜色和单元格颜色的单元格，如图 1-39 所示。

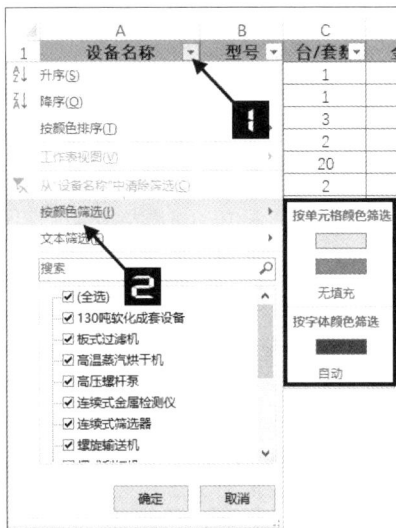

图 1-39　按字体颜色或单元格颜色筛选

如果选择其中的"无填充"或"自动"，则可筛选出没有应用颜色的单元格。但无论是单元格颜色或是字体颜色，一次只能按一种颜色进行筛选。

如果数据表中包含了由条件格式生成的单元格图标，Excel 还能根据不同的图标类型进行筛选。

（四）多条件筛选

用户可以对数据表中的任意多列同时指定多种筛选条件，即先对某一列进行筛选，再从筛选的记录中对另一列进行筛选。在对多列同时应用多种筛选条件时，筛选条件之间是"与"的关系。

图 1-40 所示为在销售表中筛选的门店为"北京"，并且品名为"按摩椅"的记录。

	A	B	C	D	E	F	G
1	销售日期	门店	销售人	品名	数量	单价	销售金
2	2016/1/1	北京	张艳艳	按摩椅	197	800	157600
11	2016/1/10	北京	白露露	按摩椅	180	800	144000
14	2016/1/14	北京	刘飞燕	按摩椅	140	800	112000
21	2016/2/20	北京	白露露	按摩椅	156	800	124800
22	2016/3/5	北京	白露露	按摩椅	252	800	201600

图 1-40　销售表的多条件筛选

1.6.3　查找和替换

素材所在位置：
素材\第 1 章 Excel 基础\1.6.3 查找和替换.xlsx

（一）利用查找功能快速查询数据

使用查找功能可以在工作表中快速查询数据。按"Ctrl+F"组合键，打开【查找和替换】对话框，自动切换到【查找】选项卡。在"查找内容"编辑框中输入要查询的内容，单击【查找下一个】按钮，可快速定位到要查询的数据所在的单元格，如图 1-41 所示。

查找与替换

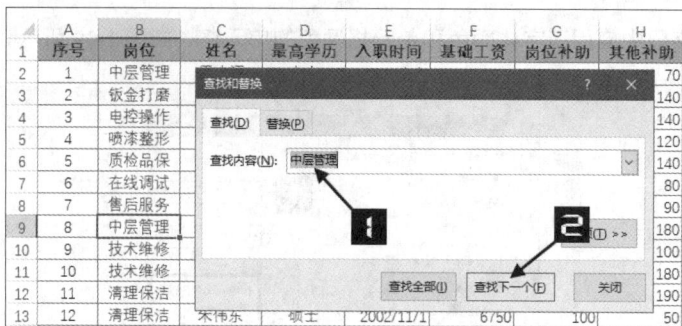

图 1-41　利用查找功能查询数据

如果在【查找和替换】对话框中单击【查找全部】按钮，对话框下方会显示所有符合条件的数据，单击其中一项，可定位到该数据所在的单元格，如图 1-42 所示。

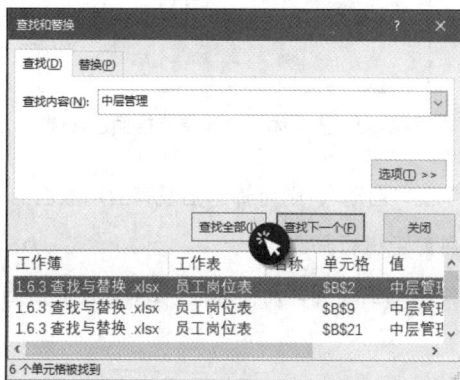

图 1-42　查找全部

单击【查找和替换】对话框中的【选项】按钮，能够展开更多与查找有关的选项。除了可以选择"区分大小写""单元格匹配""区分全/半角"等，还可以选择"范围""搜索"和"查找范围"，如图 1-43 所示。

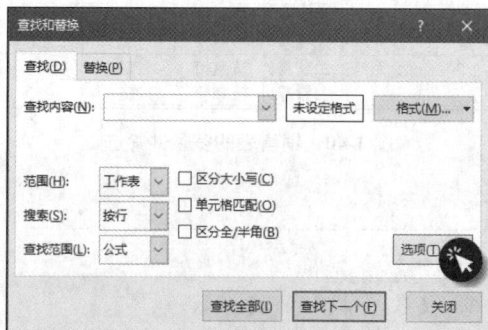

图 1-43　更多查找选项

除了以上选项外，还可以单击【查找和替换】对话框中的【格式】下拉按钮，对查找对象的格式进行设定，以便在查找时只返回包含指定格式的单元格，如图 1-44 所示。

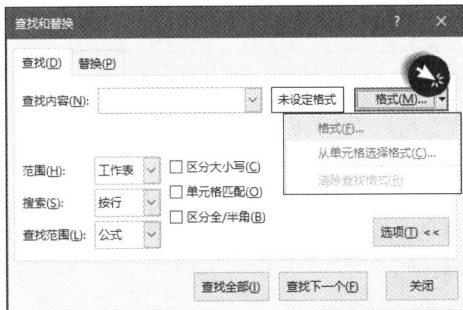

图 1-44　查找指定格式的内容

（二）使用替换功能快速更改数据内容

使用替换功能，可以快速更改表格中的数据内容。按"Ctrl+H"组合键，打开【查找和替换】对话框，自动切换到【替换】选项卡。在"查找内容"编辑框中输入要查询的内容，在"替换为"编辑框中输入要替换的内容，单击【替换】按钮，可逐条进行替换。如果单击【全部替换】按钮，可快速将所有符合查找条件的单元格内容替换为指定的内容，如图 1-45 所示。

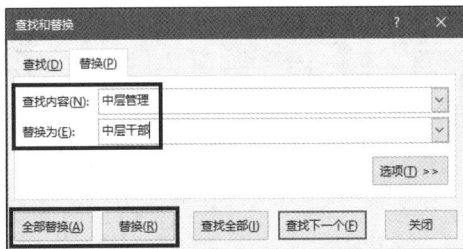

图 1-45　使用替换功能更改数据内容

与查找功能类似，替换功能也有多种选项供用户选择，并且用户可以指定查找内容和替换内容的格式。

（三）使用通配符实现模糊查找

使用通配符进行模糊查找，可以满足更为复杂的查找需求。常用的通配符包括星号"*"和半角问号"?"，星号"*"可替代任意多个字符，半角问号"?"可替代任意单个字符。

例如，要查找以字母"E"开头，并且以字母"l"结尾的内容，可以在"查找内容"编辑框中输入"E*l"，此时表格中包含"Excel""Email""Eternal"等单词的单元格都会被查找到。假如需要查找以"E"开头、以"l"结尾的五个字母的单词，则可以在"查找内容"编辑框中输入"E???l"，三个问号"?"表示任意三个字符，此时就会在以上单词中仅返回"Excel"和"Email"作为查找结果。

> **提示**
>
> 如果要查找星号"*"和半角问号"?"本身，而不是它代表的通配符，则需要在字符前加上波浪线符号"~"，如"~*"。如果要查找字符"~"，需要连续使用两个波浪线"~~"。

1.6.4　数字类型的转换

素材所在位置：

素材\第 1 章 Excel 基础\1.6.4 数字类型的转换.xlsx

（一）转换文本型数字

文本型数字是一种比较特殊的数据类型，它的数据内容是数值，但以文本形式进行存储，此类数据在从系统中导出的文档中比较多见。

通常情况下，文本型数字所在单元格的左上角会显示以绿色三角形表示的错误检查符号。如果选中含有文本型数字的单元格，单元格一侧会出现【错误检查选项】按钮，单击该按钮，选择【转换为数字】命令，可以将所选内容转换为数值格式，如图 1-46 所示。

图 1-46　转换文本型数字

（二）处理不可见字符

从系统中导出的文档中往往还会有不可见字符。此类数据无法直接进行求和等，也没有特别的标志，如图 1-47 所示。选中带有不可见字符的单元格区域后，状态栏内仅有计数选项。

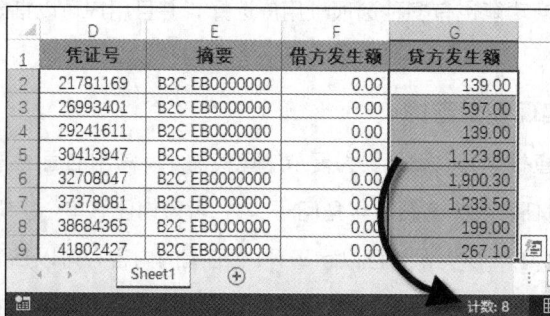

图 1-47　带有不可见字符的表格

使用分列功能可以对数据进行重新识别与存储，能够快速清除单元格中的不可见字符，操作步骤如下。

单击 G 列列标，再单击【数据】选项卡下的【分列】按钮。在打开的【文本分列向导-第 1 步，共 3 步】对话框中单击【完成】按钮即可，如图 1-48 所示。

使用此方法可以清除大部分类型的不可见字符，还可以将文本型数字快速转换为数值型数字。

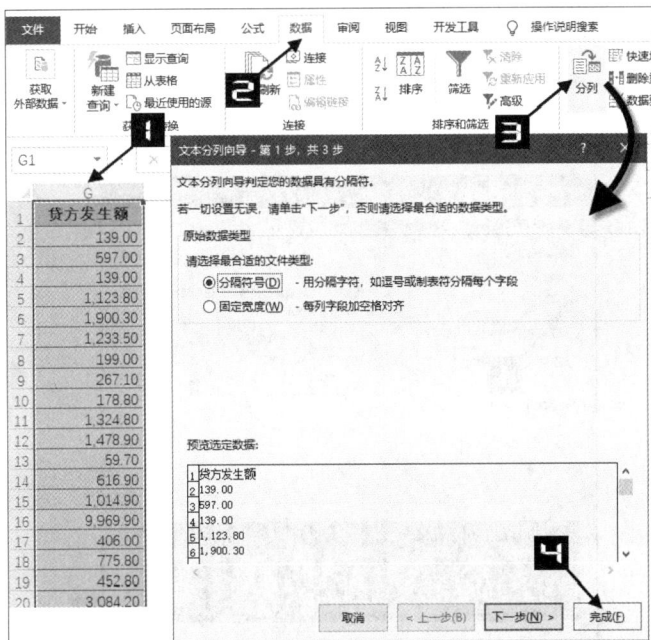

图 1-48　使用分列功能快速清除不可见字符

（三）将数值型数字转换为文本型数字

对于已有的数值或文本型数字内容，无法通过设置数字格式来直接改变格式类型，只有重新输入或编辑数据，才能使其在数值与文本格式之间进行转换。使用分列功能，可以实现从数值型数字到文本型数字的快速转换。

操作步骤如下。

步骤1　单击 G 列列标，再单击【数据】选项卡下的【分列】按钮。在打开的【文本分列向导-第 1 步，共 3 步】对话框中单击【下一步】按钮，如图 1-49 所示。

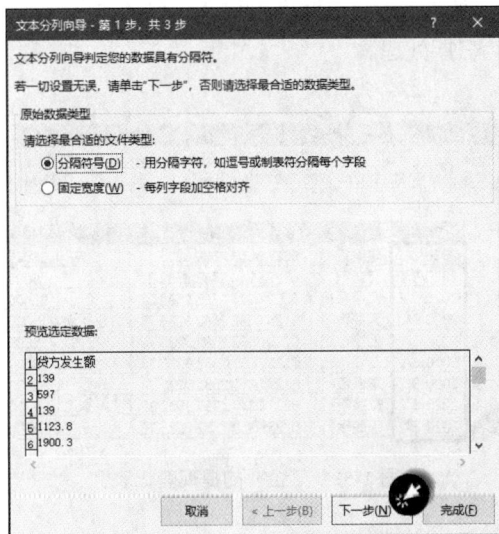

图 1-49　使用分列功能快速转换数字格式 1

步骤 2 在打开的【文本分列向导-第 2 步，共 3 步】对话框中，单击【下一步】按钮，打开【文本分列向导-第 3 步，共 3 步】对话框。

步骤 3 在"列数据格式"列表框中选中"文本"单选项，单击【完成】按钮，如图 1-50 所示。

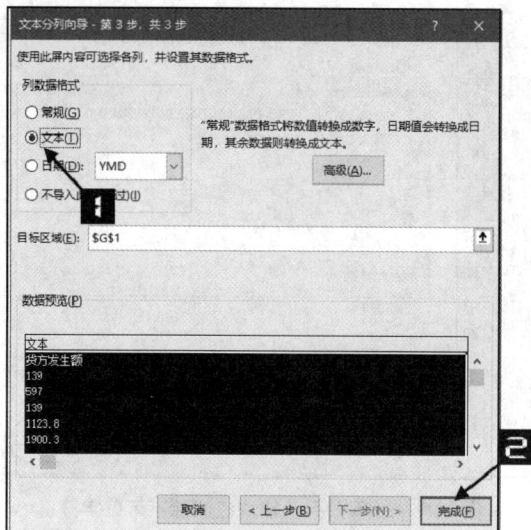

图 1-50　使用分列功能快速转换数字格式 2

提示

使用分列功能每次只能处理一列数据，如果有多列需要处理的数据，则需要重复进行分列操作。

（四）批量修正不规范的日期格式

图 1-51 所示为某企业的提现登记表。其中 A 列以 8 位数字来表示日期，这样的形式在 Excel 中只能被识别为数值，而不能作为日期处理。

图 1-51　某企业的提现登记表

如需修正为规范的日期格式，可单击 A 列列标，依次选择【数据】→【分列】命令。在【文本分列向导-第 3 步，共 3 步】对话框中选中"日期"单选项，在右侧的下拉列表中选择"YMD"，其中"Y"表示年，"M"表示月，"D"表示天，实际操作时可根据数字分布规律选择对应的选项，最后单击【完成】按钮，如图 1-52 所示。

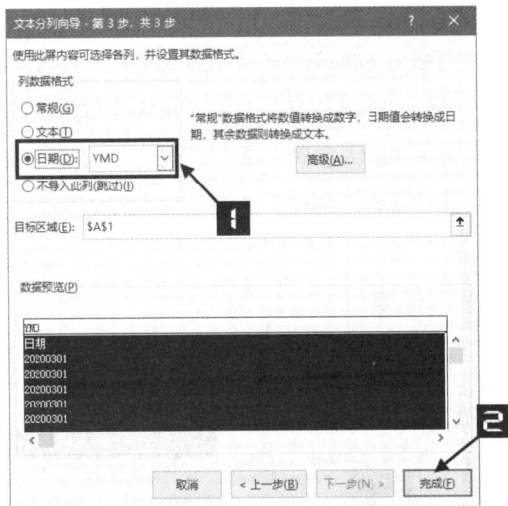

图 1-52　使用分列功能转换日期格式

1.7　对重要的文件进行保护

为了避免信息泄露或被其他人误操作，可以使用以下两种方法对重要文件进行加密，限制访问权限。

方法 1　打开需要加密的工作簿，按"F12"键，在打开的【另存为】对话框底部选择【工具】→【常规选项】命令，打开【常规选项】对话框。在该对话框中可以设置"生成备份文件""打开权限密码""修改权限密码"和"建议只读"等选项，如图 1-53 所示。

对重要文件
进行保护

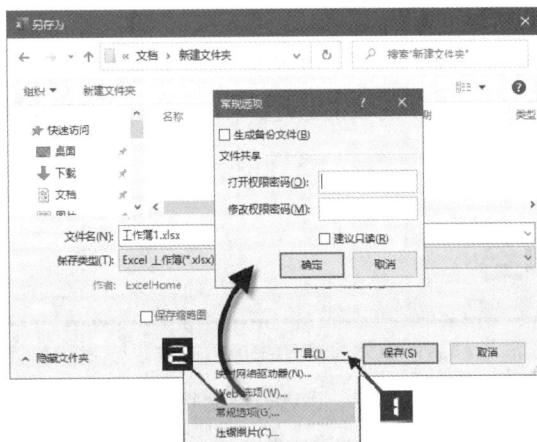

图 1-53　【常规选项】对话框

在"打开权限密码"编辑框中输入密码，可以为当前工作簿设置打开密码。如果未输入正确的密码，则无法打开工作簿。

在"修改权限密码"编辑框中设置密码，可以避免工作簿被意外修改。当用户打开设置了修改权限密码的工作簿时，Excel 会打开对话框要求用户输入修改密码或以只读方式打开文件。

在只读方式下，用户对工作簿所做的修改无法保存到原文件，只能保存到其他副本中。

方法 2 依次选择【文件】→【信息】命令，在右侧选择【保护工作簿】→【用密码进行加密】命令，在打开的【加密文档】对话框中输入密码，单击【确定】按钮，根据提示在打开的【确认密码】对话框中再次输入密码，然后单击【确定】按钮，如图 1-54 所示。

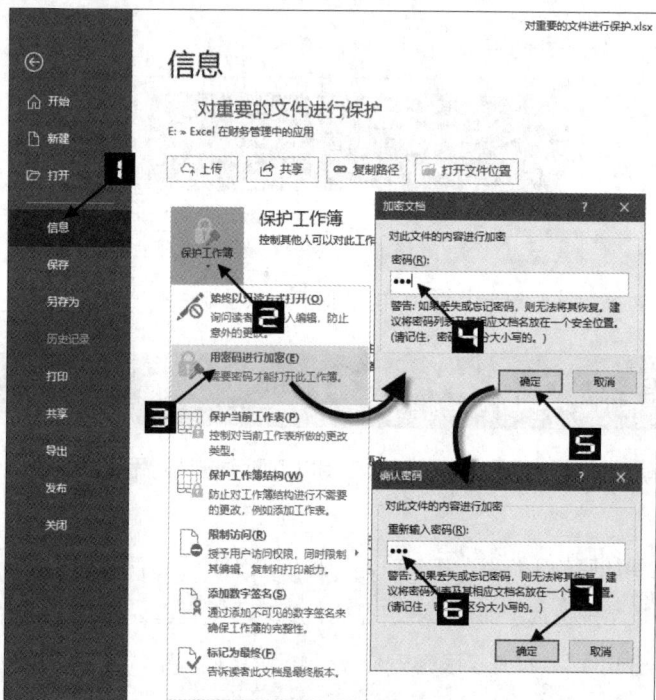

图 1-54　用密码加密文档

设置密码后，此工作簿下次被打开时将提示输入密码，如果不能输入正确的密码，将无法打开此工作簿。如需取消工作簿的打开密码，可以按上述步骤再次打开【加密文档】对话框，删除现有密码并确定保存。

🏆 本章小结

本章主要学习工作簿与工作表的基本操作和排序、筛选、查找和替换、数据类型的转换等常用的数据处理的方法。通过对本章的学习，读者能够为熟练操作 Excel 打下基础，为后续的数据统计和分析等高级功能的应用做好准备。

思考与练习

（1）熟悉 Excel 2016 的工作界面，能够说出各个选项卡下的主要命令组。

（2）Excel 2016 工作簿的默认格式是（ ___ ）。

（3）在一个工作簿内，能够隐藏全部工作表吗？

（4）能够熟练完成移动和复制工作表行、列的操作。

（5）在选中 D5:G10 单元格区域时，活动单元格是（ ___ ）。

（6）Excel 中的数据类型包括哪几种？

（7）简述设置工作簿保护的两种方法。

（8）请在工作表中输入自己的身份证号码。

（9）简述多列排序的步骤。

（10）简述按数值条件筛选的步骤。

（11）查找和替换的快捷键分别是（ ___ ）和（ ___ ）。

（12）要查找以字母"E"开头，并且以字母"1"结尾的内容，需要在"查找内容"编辑框中输入（ ___ ）。

（13）如果要查找星号"*"和半角问号"?"本身，需要在字符前加上（ ___ ）。

（14）使用分列功能时，每次能处理（ ___ ）列数据。

第 2 章

货币时间价值

Excel 提供了丰富的财务函数，可用于投资评价计算、折旧计算、债券相关计算等。这些函数可以将原本复杂的计算过程变得简单，为财务分析提供极大的便利。本章将重点介绍常用财务函数的应用方法。

2.1 终值计算

素材所在位置：
素材\第 2 章 货币时间价值\2.1 终值计算.xlsx

终值是指现在的一笔资金在一定时期之后的本利和未来值。

2.1.1 单利终值计算

单利终值是指按单利的方法对最初的本金计算利息，而不对各期产生的利息再次计算利息，在一定时期以后得到的本金与利息之和。

以图 2-1 为例，计算一笔资金在两年后的单利终值。

	A	B	C
1			
2		本金	50,000.00
3		年利率	6.35%
4		期限（年）	2
5			
6		单利终值	

图 2-1　计算单利终值

单利终值的计算规则为：

单利终值=现有资金×（1+年利率×计息期限）

选中 C6 单元格，输入以下公式，计算结果为 56,350。

```
=C2*(1+C3*C4)
```

知识点讲解

1. 认识公式

Excel 公式是指以等号“=”为引导，通过运算符、函数、参数等按照一定的顺序组合进行数据运算处理的等式。输入单元格的公式包含以下 5 种元素。

（1）运算符：指一些符号，如加（+）、减（-）、乘（*）、除（/）等。

（2）单元格引用：可以是当前工作表中的单元格，也可以是当前工作簿其他工作表中的单元格或其他工作簿中的单元格。

（3）值或字符串：如数字 8 或字符“A”。

（4）工作表函数和参数：如 SUM 函数以及它的参数。

（5）括号：控制着公式中各表达式的计算顺序。

当以等号“=”作为开始在单元格输入内容时，Excel 将自动变为输入公式状态；当以加号“+”、减号“-”作为开始在单元格中输入内容时，Excel 会自动在其前面加上等号变为输入公式状态。

在单元格中输入公式可以使用手动输入和单元格引用两种方式。

（1）手动输入公式。

选中一个单元格，然后输入一个等号"="，再输入公式。输入公式后按"Enter"键，单元格会显示公式的计算结果。

（2）使用单元格引用方式输入公式。

输入公式的另一种方法需要手动输入一些运算符，但是指定的单元格引用可以通过单击选取来完成，而不需要手动输入。例如，在 A3 单元格输入公式"=A1+A2"，可以执行下列步骤。

单击 A3 单元格，输入等号"="，再单击 A1 单元格，然后输入加号"+"，接下来单击 A2 单元格，最后按"Enter"键结束公式输入。

2．公式中的运算符

运算符是构成公式的基本元素之一，每个运算符分别代表一种运算方式。Excel 中的运算符按类别可分为：算术运算符、比较运算符、文本运算符和引用运算符。

当公式中使用多个运算符时，Excel 将根据各个运算符的优先级顺序进行运算，对于同一级次的运算符，则按从左到右的顺序运算，如表 2-1 所示。

表 2-1　　　　　　　　　　　　Excel 公式中的运算符优先级

顺序	符号	说明
1	:、（空格）、,	引用运算符：冒号、单个空格和逗号
2	–	算术运算符：负号（取得与原值正负号相反的值）
3	%	算术运算符：百分比
4	^	算术运算符：乘幂
5	*和/	算术运算符：乘和除（注意区别数学中的×、÷）
6	+和–	算术运算符：加和减
7	&	文本运算符：连接文本
8	=、<、>、<=、>=、<>	比较运算符：比较两个值（注意区别数学中的≠、≤、≥）

数学计算式中使用小括号()、中括号[]和大括号{ }，以改变运算的优先级别。在 Excel 的公式中均使用小括号（除特别说明，后文的括号均指小括号），而且括号的优先级将高于表 2-1 中所有运算符，括号中的算式优先计算。如果在公式中使用多组括号进行嵌套，其计算顺序是：由最内层的括号逐级向外层进行计算。

2.1.2　普通复利终值计算

复利终值是指按复利的方法，对本金和各期产生的利息同时计算利息，在一定时期以后得到的本金与利息之和。复利终值的计算规则为：

$$复利终值=现有资金×（1+年利率）^{期限}$$

以图 2-2 为例，某公司将 50,000 元投资用于某个项目，预计可实现的年报酬率为 6.25%，按复利计算该公司 4 年后可获得的资金总额。

可以使用以下公式计算复利终值，结果为 63,721.47。

```
=C2*(1+C3)^C4
```

	A	B	C
1			
2		投资额	50,000.00
3		年利率	6.25%
4		期限	4
5			
6		复利终值	

图 2-2　普通复利终值计算

Excel 默认将由财务函数得到的金额所在单元格的格式设置为“货币”格式。

或者使用 FV 函数计算普通复利条件下投资金额的终值。

```
=FV(C3,C4,,-C2)
```

知识点讲解

1. 认识 Excel 函数

Excel 函数是由 Excel 内部预先定义，并按照特定的顺序和结构来执行计算、分析等数据处理任务的功能模块。Excel 函数的名称是唯一的，且输入时不区分大小写，每个函数都有特定的功能和用途。

函数通常由表示公式开始的等号、函数名称、左括号、以半角逗号相间隔的参数和右括号构成。此外，公式中允许使用多个函数或计算式，使用运算符对它们进行连接。函数的参数由数值、日期、单元格引用和文本等元素组成，也可以将一个函数的结果用作另一个函数的参数。

函数具有简化公式、提高编辑效率的特点。某些简单的计算可以通过自行设计的公式完成，如对 A1:A3 单元格区域求和，可以使用以下公式：

```
=A1+A2+A3
```

但如果要对 A1:A100 单元格区域或者更多单元格区域求和，逐个单元格相加的做法将变得无比繁杂、低效，而且容易出错。使用 SUM 函数可以大大简化这些公式，使之更易于输入、查错和修改，使用以下公式可以得到 A1:A100 单元格区域的和。

```
=SUM(A1:A100)
```

其中“SUM”是求和函数，“A1:A100”是需要求和的单元格区域，此公式表示对 A1:A100 单元格区域执行求和计算。可以根据实际数据情况，将求和区域写成多行多列的单元格区域引用。

此外，有些函数的功能是自编公式不具备的。例如，使用 RAND 函数可以产生大于等于 0 且小于 1 的随机值。

使用函数公式对数据汇总，相当于在数据之间搭建了一个关系模型，当数据源中的数据发生变化时，无须对函数公式再次编辑，即可实时得到最新的计算结果。同时，可以将已有的函数公式快速应用到具有相同样式和相同运算规则的新数据源中。

Excel 2016 中的内置函数有 300 多个，但是这些函数并不需要全部学会，掌握使用频率较高的几十个函数以及这些函数的组合嵌套使用，就可以应对工作中的绝大部分任务。

2. 函数的输入与编辑

如果知道所需函数的完整名称或开头部分字母，可直接在单元格或编辑栏中手动输入函数。当用户编辑或输入公式时，Excel 会自动显示以输入的字符开头的函数名称列表。

例如，在单元格中输入"=su"后，Excel 将自动显示所有名称以"su"开头的函数的列表。通过在函数名称列表中按上、下方向键或移动鼠标选择不同的函数，其右侧将显示该函数的功能提示，双击或者按"Tab"键可将此函数添加到当前的编辑位置，如图 2-3 所示。

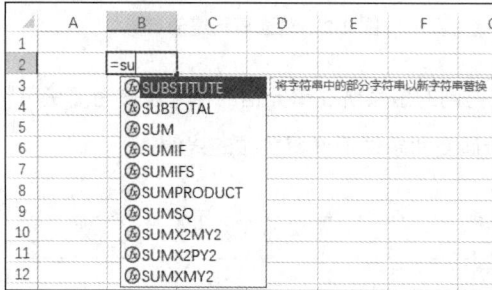

图 2-3　函数记忆式输入

在【公式】选项卡的【函数库】命令组中，用户可以根据需要和分类插入函数，还可以利用【最近使用的函数】按钮选取最近使用过的 10 个函数，如图 2-4 所示。

图 2-4　利用【最近使用的函数】按钮选择函数

如果对函数所归属的类别不熟悉，还可以选中单元格，单击编辑栏左侧的【插入函数】按钮，在打开的【插入函数】对话框中输入关键字（如"最小值"），单击【转到】按钮，对话框中将显示推荐的函数列表，选择某个函数后，单击【确定】按钮，即可插入该函数并切换到【函数参数】对话框，如图 2-5 所示。

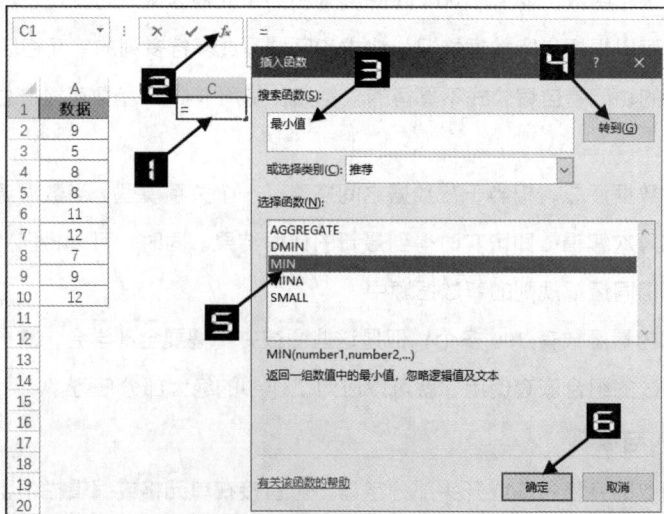

图 2-5　插入函数

【函数参数】对话框由函数名、参数编辑框、函数简介及参数说明和计算结果等几部分组成。参数编辑框内允许直接输入参数，或单击右侧的折叠按钮以选取单元格或单元格区域，如图 2-6 所示。

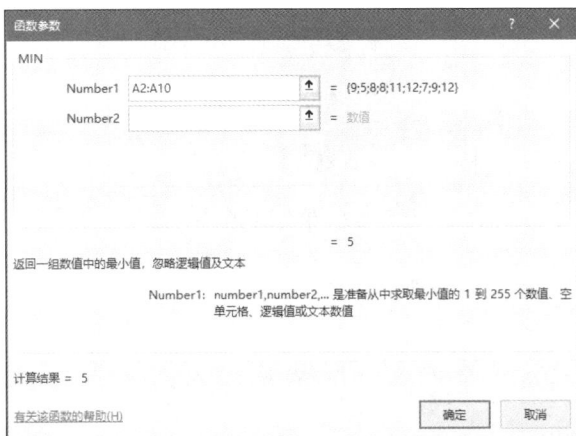

图 2-6 【函数参数】对话框

3. FV 函数

FV 函数的作用是基于固定利率及等额分期付款方式，返回某项投资的未来值。该函数语法为：

FV(rate,nper,pmt,[pv],[type])

第一参数 rate 代表各期利率，图 2-2 中为 6.25%。

第二参数 nper 代表期数，图 2-2 中为 4 年。

第三参数 pmt 代表每期等额支付的金额，用于年金计算，默认为 0。

第四参数 pv 代表原始投资额。用 FV 函数计算时，认定现值的现金流方向与计算出的终值现金流方向是相反的，因此如果希望计算结果为正数，则该参数应该用负数表示。

第五参数 type 是可选参数，值为数字 0 或 1，用以指定各期的付款时间是在期初还是期末。在普通复利终值计算中省略该参数不影响计算结果。

2.2 现值计算

素材所在位置：
素材\第 2 章 货币时间价值\2.2 现值计算.xlsx

现值是指未来的一笔资金按照给定的利率计算所得到的当今的价值。

2.2.1 单利现值计算

单利现值计算相当于单利终值计算的逆运算，是在已知资金一定时期后单利终值的基础上，按照指定的利率计算出的当前的价值。单利现值计算的规则为：

单利现值=单利终值/（1+年利率×利息期限）

以图 2-7 为例，李先生要在 3 年后从银行提取 15,000 元资金，假定 3 年期的存款单利年利率为

6.25%，计算现在应存入银行多少元。

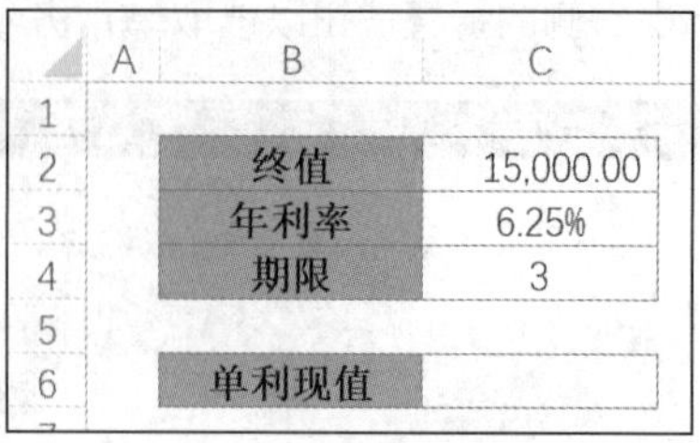

图 2-7 单利现值计算

在 C6 单元格输入以下公式，计算结果为 12,631.58。

```
=C2/(1+C3*C4)
```

知识点讲解

1．现金的流入与流出

所有的财务公式都基于现金流，即现金流入与现金流出，所有的交易也都伴随着现金流入与现金流出。例如，买车对于购买者是现金流出，而对于销售者就是现金流入。如果是存款，对于存款人是现金流出，取款人是现金流入；而对于银行，存款是现金流入，取款则是现金流出。所以在构建财务公式的时候，首先要确定行为主体，以确定每一个参数应是现金流入还是现金流出。在 Excel 内置的财务函数计算结果和参数中，正数代表现金流入，负数代表现金流出。

2．Excel 中的数据比较原则

文本、数值与逻辑值比较时按照以下顺序排列：…−2、−1、0、1、2…、A、B、C…Z、FALSE、TRUE。

数值小于文本，文本小于逻辑值 FALSE，逻辑值 TRUE 最大，错误值不参与排序。文本之间按照字符串的顺序从左至右依次比较，如对字符"a1""a2""a9""a10"升序排列，结果为"a1""a10""a2""a9"。

2.2.2 │ 普通复利现值计算

如果已知一笔款项在一定时期后的复利终值和利率，可以以此计算出该笔款项在当前的价值。以图 2-8 为例，李先生要在 3 年后从银行提取 15,000 元资金，假定 3 年期的存款复利年利率为 6.25%，计算现在应存入银行多少元。

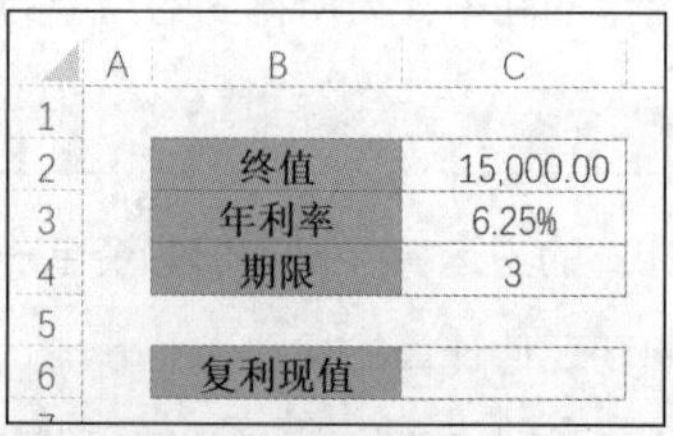

图 2-8 普通复利现值计算

在 C6 单元格输入以下公式，计算结果为 12,505.60。

```
=PV(C3,C4,0,-C2)
```

知识点讲解

PV 函数

PV 函数用于返回某项投资的一系列将来偿还额的当前总值（或一次性偿还额的现值），该函数语法为：

```
PV(rate,nper,pmt,[fv],[type])
```

第一参数 rate 表示利率，本例中为 6.25%。

第二参数 nper 表示期限，本例中为 3 年。

第三参数 pmt 代表每期等额支付的金额，本例为 0。

第四参数 fv 代表未来值，与 FV 函数一样，如果希望计算结果为正数，则该参数应该用负数表示。

第五参数 type 是可选参数，值为数字 0 或 1，用以指定各期的付款时间是在期初还是期末。本例中省略该参数，表示期末。

2.3 单利和复利的对比

单利是指按照固定的本金计算的利息，且不对本金所产生的利息重复计算利息。复利是指在每经过一个计息期后，都要将所产生的利息计入本金，以计算下期的利息。如果分别使用单利和复利两种方式来计算收益，随着期数增多，两者的差异会变大。

素材所在位置：
素材\第 2 章 货币时间价值\2.3 单利和复利的对比.xlsx

2.3.1 使用公式计算不同计息方式的结果

假定本金为 100 元，年利率为 10%，分别计算不同计息方式下各期的结果，如图 2-9 所示。

	A	B	C	D
1				
2		年利率	10.00%	
3		本金	100	
4				
5		期数	单利	复利
6		1	10	¥10.00
7		2	20	¥21.00
8		3	30	¥33.10
9		4	40	¥46.41
10		5	50	¥61.05
11		6	60	¥77.16
12		7	70	¥94.87
13		8	80	¥114.36
14		9	90	¥135.79
15		10	100	¥159.37

图 2-9 两种计息方式的差异

（1）在 C6 单元格输入以下公式，用于计算每期的单利。

`=$C$2*$C$3*B6`

将鼠标指针移动到 C6 单元格的右下角，当鼠标指针变成黑色"**+**"字形的填充柄时，按住鼠标左键不放，向下拖动填充柄至 C15 单元格后释放鼠标，将公式复制到 C7:C15 单元格区域。

公式代表先用 C2 单元格中的年利率乘以 C3 单元格的本金，然后再乘以 B6 单元格中的期数。

（2）在 D6 单元格输入以下公式，用于计算每期的复利，并将公式复制到 D7:D15 单元格区域。

`=FV($C$2,B6,,-$C$3)-$C$3`

公式的含义为先使用 FV 函数计算出每一期的复利终值，再用计算结果减去 C3 单元格的本金，得到每期的利息。

知识点讲解

1．相对引用、绝对引用和混合引用

例如，A1 单元格中的公式为"=B1"，那么 A1 就是 B1 的引用单元格，B1 就是 A1 的从属单元格。从属单元格与引用单元格之间的位置关系称为单元格引用的相对性。单元格具有 3 种不同的引用方式，即相对引用、绝对引用和混合引用，不同引用方式之间用美元符号"$"进行区别。

知识点讲解
认识 Excel 中的
引用方式

（1）相对引用。

当复制公式到其他单元格时，从属单元格与引用单元格的相对位置保持不变，称为相对引用。

例如，在 B2 单元格输入公式"=A1"，当向右复制公式时，将依次变为"=B1""=C1""=D1"……；当向下复制公式时，将依次变为"=A2""=A3""=A4"……，始终引用公式所在单元格的左侧 1 列、上方 1 行位置的单元格。

本例公式中的"B6"就使用了相对引用的方式，当向下复制公式时，其会依次变成 B7、B8、B9……

（2）绝对引用。

当复制公式到其他单元格时，公式所引用的单元格的绝对位置保持不变，称为绝对引用。

如果希望复制公式时能够固定引用某个单元格，需要在行号或列标前使用绝对引用符号"$"。如在 B2 单元格输入公式"=$A$1"，当向右复制公式或向下复制公式时，其始终为"=$A$1"，保持引用 A1 单元格不变。

本例中的"$C$2"和"$C$3"就使用了绝对引用的方式，当向下复制公式时，引用位置始终不会发生变化。

（3）混合引用。

当复制公式到其他单元格时，仅保持所引用单元格的行或列方向之一的绝对位置不变，而另一个方向位置发生变化，这种引用方式称为混合引用。混合引用可分为对行绝对引用、对列相对引用和对行相对引用、对列绝对引用。

编辑公式时，在编辑栏内选中单元格地址部分，然后依次按"F4"键，可以在不同单元格引用方式之间进行如下切换。

绝对引用→对行绝对引用、对列相对引用→对行相对引用、对列绝对引用→相对引用。

例如，在 B1 单元格输入公式"=A1"，选中 B1 单元格后，再单击编辑栏，依次按下"F4"键时，公式中的"A1"部分会依次显示为：$A$1→A$1→$A1→A1。

单元格引用方式及特性如表 2-2 所示。

表 2-2   单元格引用方式及特性

引用方式	A1 样式	特性
绝对引用	=$A$1	向右、向下复制公式时，都不会改变引用关系
行绝对引用、列相对引用	=A$1	向下复制公式时，不改变引用关系。向右复制公式时，引用的列标发生变化
行相对引用、列绝对引用	=$A1	向右复制公式时，不改变引用关系。向下复制公式时，引用的行号发生变化
相对引用	=A1	向右、向下复制公式均会改变引用关系

决定引用方式的"$"，可以看作一个"S"形的挂钩，当使用"对行绝对引用、对列相对引用"方式时，"$"的位置在单元格行号之前，即表示在水平方向（列与列之间）可以自由移动，但在垂直方向（行与行之间）则无法移动，如图 2-10 所示。

图 2-10 "列相对引用、行绝对引用"方式示意

如果将图 2-10 逆时针旋转 90 度，则可以看作"对行相对引用、对列绝对引用"的示意图。"$"的位置在单元格列标之前，即表示在垂直方向（行与行之间）可以自由移动，但在水平方向（列与列之间）无法移动。

2．公式的复制和填充

当在相邻单元格中需要使用已有的计算方法时，可以单击已输入公式的单元格，将鼠标指针移至该单元格右下角，当鼠标指针变为黑色"+"字形填充柄时，按住鼠标左键向下拖动填充柄。

如果相邻列的单元格内已经输入其他内容，可以单击已输入公式单元格，然后双击该单元格的右下角，公式将向下填充到连续数据区域的最后一行。

2.3.2 | 使用图表展示不同计息方式的差异

相对于普通的数据内容，使用图表可以更加直观地展示两种计息方式所获得收益的差异。

单击数据区域的任意单元格，如 B7 单元格，选择【插入】→【散点图】→【带平滑线和数据标记的散点图】命令，插入一个默认效果的散点图，如图 2-11 所示。

从图中可以看出，单利终值和复利终值都会随着期数变化逐步增加。随着期数的增加，使用两种计息方法所获利益的差异越来越大。

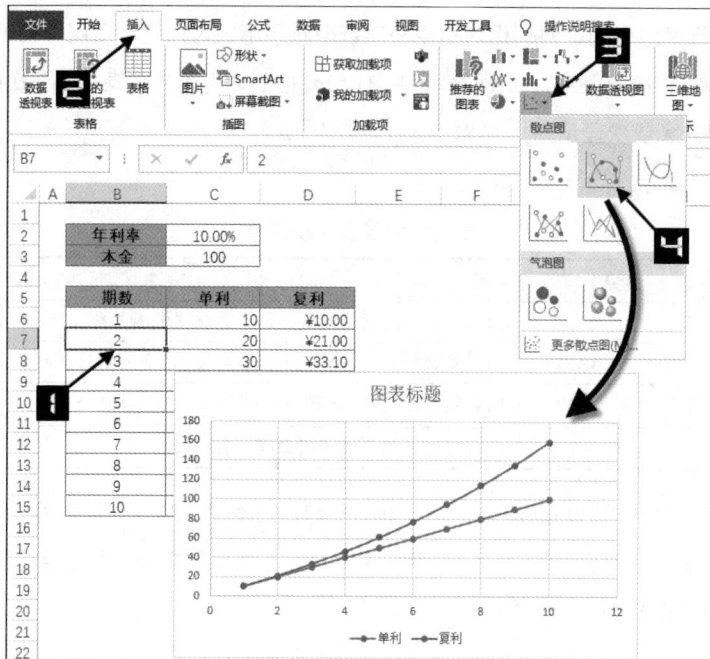

图 2-11　插入散点图

知识点讲解

1．不同的图表类型

Excel 2016 内置了多种图表类型，包括柱形图、折线图、饼图、条形图、面积图、散点图、股价图、曲面图、圆环图、气泡图、雷达图、树状图、旭日图、瀑布图、组合图等，每种图表类型还包含多种子图表类型。

柱形图通常用于反映不同项目之间的分类对比，也可以用来反映数据随时间变化的趋势。图 2-12 所示的簇状柱形图反映了不同分公司销售额之间的对比关系。

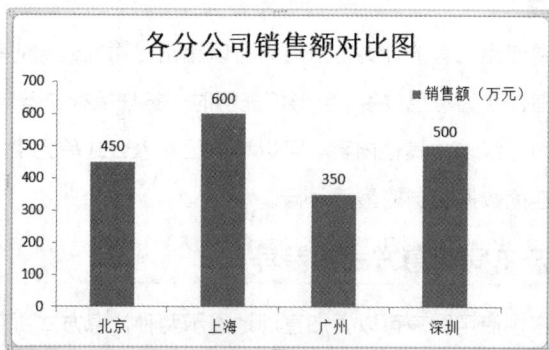

图 2-12　各分公司销售额对比

折线图用于反映数据随时间变化的趋势。与同样可以反映时间趋势的柱形图相比，折线图更加强调数据起伏变化的波动趋势。图 2-13 所示的折线图展现了全年各月销售额走势。

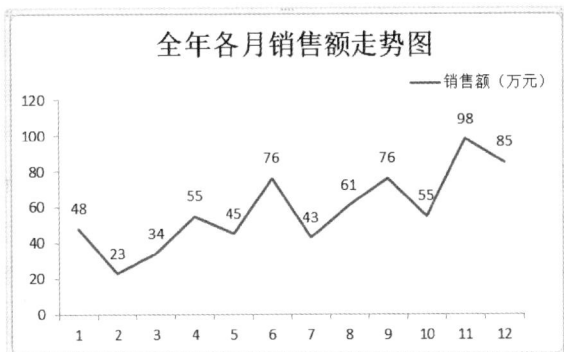

图 2-13　全年各月销售额走势

饼图用于反映各部分数据在总体中的构成及占比情况，一个扇形区域表示一个数据系列，扇形区域面积越大，表示占比越高。使用饼图时需要注意选取的数值应没有负值和零值。图 2-14 所示的饼图展示了总销售额中各区域的占比情况。

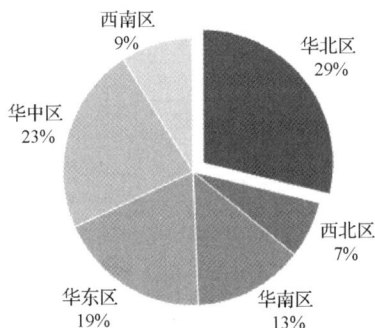

图 2-14　总销售额中各区域的占比

条形图用于反映不同项目之间的对比情况。与柱形图相比，条形图更适用于展现排名。图 2-15 所示的条形图展示了各分公司的销售额排名情况。

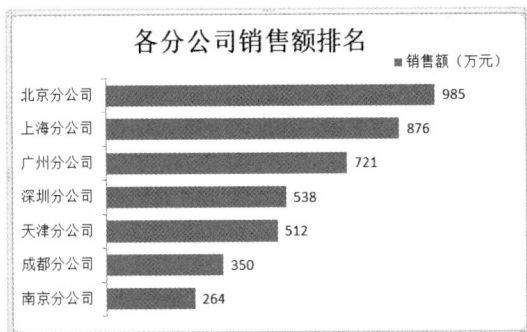

图 2-15　各分公司销售额排名

散点图通常用于反映成对数据之间的相关性和分布特性。图 2-16 所示的散点图展示了某企业在不同产品上投入的广告费以及产出的情况。

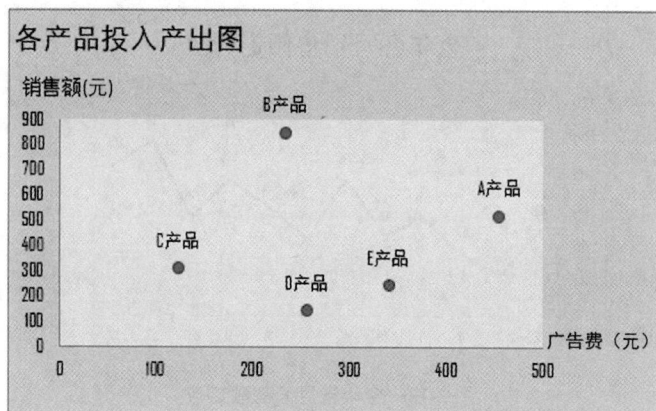

图 2-16　各产品的广告费投入及产出

除了内置的图表类型，用户还可以根据需要设置多种样式的组合类图表。

2．认识图表元素

Excel 图表由图表区、绘图区、标题、数据系列、坐标轴、图例项等基本元素构成，各个元素能够根据需要设置显示或隐藏，如图 2-17 所示。

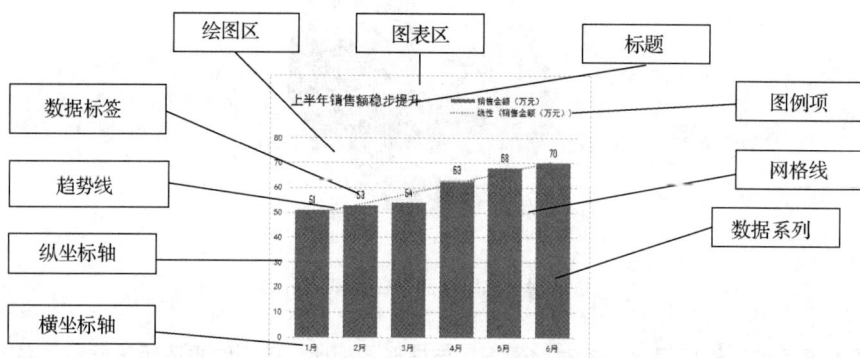

图 2-17　图表的构成元素

下面对其中几个元素进行简要介绍。

（1）图表区。

图表区是指图表的全部范围。选中图表区时，将显示图表边框和用于调整图表大小的控制点。

（2）绘图区。

绘图区是指图表区内以两个坐标轴为边组成的矩形区域。选中绘图区时，将显示绘图区边框和用于调整绘图区大小的控制点。

（3）标题。

标题显示在绘图区上方，用于说明图表要表达的主要内容，体现图表要表达的主题。

（4）数据系列。

一个或多个数据点构成数据系列，一个数据点对应数据源中一个单元格的数据。

（5）坐标轴。

坐标轴按位置不同分为主坐标轴和次坐标轴，默认显示左侧主要纵坐标轴和底部主要横坐标轴。

（6）图例。

图例位于一个无边框的矩形区域，用于对图表中的不同数据系列进行标注说明，默认显示在绘图区右侧。

2.4 计息周期与终值和现值

2.4.1 名义利率与实际利率

素材所在位置：

素材\第 2 章 货币时间价值\2.4.1 名义利率与实际利率.xlsx

在经济分析中，复利计息通常以年为计息周期。但在实际经济活动中，计息周期有半年、季、月、周、日等多种形式。当利率的时间单位与计息周期不一致时，名义利率和实际利率的问题就会出现。

（一）名义利率转换为实际利率

以图 2-18 为例，已知名义利率（年利率）为 6%，一年内计息 4 次，要求计算实际利率。

	A	B	C
1			
2		名义利率	6.00%
3		一年计息次数	4
4			
5		实际利率	

图 2-18　计算实际利率

实际利率与名义利率之间的关系为：

$$R=(1+\frac{i}{m})^m-1$$

其中 R 为实际利率，i 为名义利率，m 为一年内计息的次数。使用以下公式可以计算出图 2-18 中的实际利率为 6.14%。

```
=(1+C2/C3)^C3-1
```

也可以使用 EFFECT 函数快速将名义利率转换为实际利率。在 C5 单元格输入以下公式，计算结果为 6.14%。

```
=EFFECT(C2,C3)
```

知识点讲解

EFFECT 函数

该函数表示利用给定的名义年利率和每年的复利期数，计算实际年利率。该函数语法为：

```
EFFECT(nominal_rate, npery)
```

第一参数 nominal_rate 是名义年利率，本例中为 C2 单元格的 6%。

第二参数 npery 为每年的复利期数，本例中为 C3 单元的 4。

计算结果保留 2 位小数，结果为 6.14%。这表示如果名义利率是 6%，在一年内 4 次付息的情况下，实际利率为 6.14%。

小技巧

自动重算和手动重算

在打开以及编辑工作簿中的数据时，默认对公式进行重新计算。如果使用了较多的公式，录入数据期间会因为不断地重新计算而导致工作表运行缓慢。通过选择【公式】→【计算选项】→【手动】命令，设置 Excel 重新计算的方式，能够避免不必要的公式重算，减少对系统资源的占用，如图 2-19 所示。

图 2-19 设置手动重算

（二）实际利率转换为名义利率

用户可以根据需要，通过已知实际利率计算出名义利率。以图 2-20 为例，已知实际利率为 6.14%，一年内计息次数为 4 次，要求计算该条件下的名义利率（年利率）。

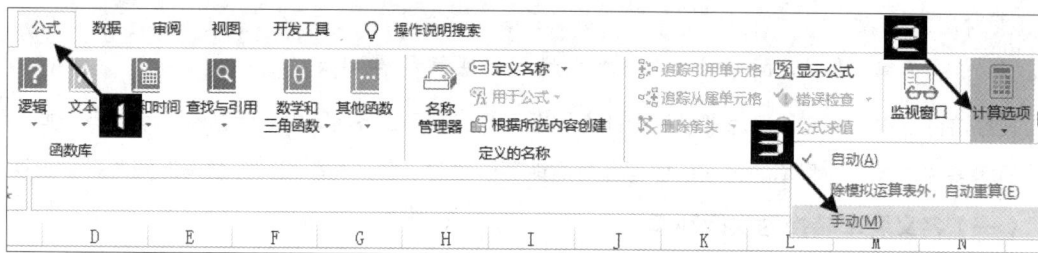

图 2-20 将实际利率转换为名义利率

实际利率转换为名义利率的公式为：

$$I = m\left[(r+1)^{\frac{1}{m}} - 1\right]$$

其中 I 为名义利率，r 为实际利率，m 为一年内计息的次数。使用以下公式可以计算出图 2-20 中的名义利率为 6%。

```
=C3*((C2+1)^(1/C3)-1)
```

也可以使用 NOMINAL 函数快速将实际利率转换为名义利率。在 C5 单元格输入以下公式，计算结果为 6%。

```
=NOMINAL(C2,C3)
```

知识点讲解

NOMINAL 函数

NOMINAL 函数能够基于给定的实际年利率和年复利期数，返回名义年利率。该函数语法为：

```
NOMINAL(effect_rate, npery)
```

第一参数 effect_rate 为实际年利率，本例中为 C2 单元格的 6.14%。

第二参数 npery 为每年的复利期数，本例中为 C3 单元格的 4。

计算结果为 6%。这表示如果实际利率是 6.14%，在一年内 4 次付息的情况下，名义利率为 6%。

2.4.2 每年多次计息的终值与现值计算

在每年多次计息的情况下，可以使用两种方法计算终值或现值。

素材所在位置：

素材\第 2 章 货币时间价值\2.4.2 每年多次计息的终值与现值计算.xlsx

（一）每年多次计息的终值计算

以图 2-21 为例，已知年利率为 6.85%，期限为 5 年，一年计息 4 次，现值为 50,000，需要计算该笔资金的终值。

	A	B	C
1			
2		年利率	6.85%
3		期限（年）	5
4		一年计息次数	4
5		现值	50000
6		终值	

图 2-21　每年多次计息的终值计算

使用 EFFECT 函数计算出实际年利率，再以期限年数为总的计息期数，用 FV 函数计算出终值。

在 C6 单元格输入以下公式，计算结果为 70,219.31。

```
=FV(EFFECT(C2,C4),C3,0,-C5)
```

（二）每年多次计息的现值计算

以图 2-22 为例，已知年利率为 6.85%，期限为 5 年，一年计息 4 次，终值为 70,219.31，需要计算该笔资金的现值。

	A	B	C
1			
2		年利率	6.85%
3		期限（年）	5
4		一年计息次数	4
5		终值	70219.31
6		现值	

图 2-22　每年多次计息的现值计算

在 C6 单元格输入以下公式，计算结果为 50,000。

```
=PV(EFFECT(C2,C4),C3,0,-C5)
```

计算思路与每年多次计息的终值计算思路相同。

嵌套函数

当一个函数的结果用作另一个函数的参数时，其被称为嵌套函数。以本例中的公式为例，EFFECT 函数就是 PV 函数的参数，如图 2-23 所示。

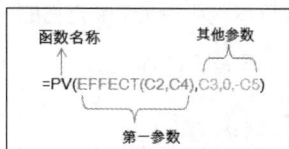

图 2-23　第一参数使用嵌套函数

可选参数与必需参数

一些函数可以仅使用部分参数，如 SUM 函数可使用 255 个参数，其中第 1 个参数为必需参数不能省略，而第 2 个至第 255 个参数都可以省略。

在函数语法中，可选参数一般被一对方括号"[ ]"括起来。当函数有多个可选参数时，可从右向左依次省略参数，如图 2-24 所示。

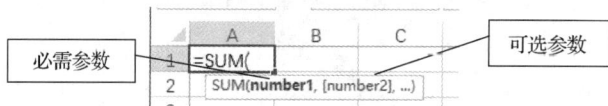

图 2-24　SUM 函数的必需参数与可选参数

此外，公式中有些参数可以省略参数值，在前一个参数后仅跟一个逗号，用以保留参数的位置，这种方式称为"省略参数的值"或"简写"，常用于代替逻辑值 FALSE、数值 0 或空文本等参数值。

本章小结

本章以货币时间价值为主线，讲解了普通复利现值计算和普通复利终值计算，名义利率与实际利率的转换方法；还讲解了公式中的运算符、函数的输入与编辑方法，以及相对引用、绝对引用和混合引用的概念，图表类型以及图表中的主要元素等。

思考与练习

（1）运算符是构成公式的基本元素之一，一个运算符代表一种运算方式。Excel 中的运算符有（＿＿）（＿＿）（＿＿）和（＿＿）等类型。

（2）函数公式通常由表示公式开始的（＿＿＿）（＿＿＿）（＿＿＿）、以半角逗号相间隔的参数和（＿＿＿）构成。

（3）数学计算式中使用小括号()、中括号[ ]和大括号{ }，以改变运算的优先级别。在 Excel 中均使用（＿＿＿）代替。

（4）Excel 2016 内置了多种图表类型，每种图表类型还包含多种子图表类型，请说出五种以上的图表类型名称。

（5）Excel 图表由（＿＿＿）（＿＿＿）（＿＿＿）（＿＿＿）（＿＿＿）、图例等基本元素构成。

（6）在工作表中输入一组数据，然后分别插入不同的内置图表类型，观察不同图表类型在展示数据方面的特点。

（7）说说设置手动重算的步骤。

（8）在 Excel 中，可以使用（＿＿＿）函数快速将实际利率转为名义利率。

（9）在函数语法中，可选参数一般被（＿＿＿）括起来。

（10）以素材\第 2 章\练习 2-1.xlsx 中提供的数据，计算单利现值。

（11）以素材\第 2 章\练习 2-2.xlsx 中提供的数据，计算复利现值。

（12）以素材\第 2 章\练习 2-3.xlsx 中提供的数据，计算复利终值。

（13）以素材\第 2 章\练习 2-4.xlsx 中提供的数据，将已知实际利率转换为名义利率。

（14）以素材\第 2 章\练习 2-5.xlsx 中提供的数据，将已知名义利率转换为实际利率。

第 3 章

内部长期投资

　　企业把资金投放到企业内部生产经营所需的长期资产上，称为内部长期投资。内部长期投资包括固定资产投资和无形资产投资两种，本章主要讲解 Excel 在固定资产投资评估中的应用方法。

3.1　固定资产折旧管理

在进行内部长期投资决策时，通常需要计算投资项目的现金流量，因此需要先了解固定资产折旧的概念和计算方法。

固定资产是指企业为生产产品、提供劳务、出租或者经营管理而持有的，使用寿命超过一个会计年度，价值达到一定标准的非货币性资产，包括建筑物、机器、机械、运输工具以及其他与生产经营活动有关的设备、器具、工具等。固定资产折旧是指固定资产在使用过程中，随着实物损耗而转移到产品成本中去的那部分价值。该部分价值以折旧费用的形式计入各期成本费用，并从企业的营业收入中得到补偿，转化为货币资金。

固定资产折旧的方法主要包括直线折旧法和加速折旧法两类，大部分企业一般采用直线折旧法计算固定资产折旧。

直线折旧法又称为平均年限法，是指按照一定标准平均分摊折旧总额的计算方法。采用该方法计算年折旧额的公式为：

年折旧额=（固定资产原值-预计净残值）/预计使用年限

其中，预计净残值是指固定资产报废时预计可以收回的残余价值。净残值率是指净残值占固定资产原值的百分比。

加速折旧法是指在固定资产使用前期计提较多的折旧，在后期计提较少的折旧，使固定资产的价值在使用年限内尽早得到补偿。加速折旧法具体可分为余额递减法、双倍余额递减法和年数总和法。

3.1.1　制作固定资产管理表

企业管理固定资产的内容不仅包括录入固定资产的名称、原值、折旧年限、净残值率等，还包括年折旧额、净残值、累计折旧额、账面价值等计算。如果手动进行，不仅工作量大，而且录入的准确率低。

应用 Excel 管理固定资产主要有以下优势。

（1）可以根据录入的基础信息自动生成各种计算结果，且支持数据源变更后自动更新结果。

（2）可以根据企业需求选择不同的折旧计算方式计提折旧，简单、准确、高效地完成工作。

（3）便于快速查询、统计和分析固定资产的使用状况，使管理者及时掌握企业真实的财务状况。

使用 Excel 制作固定资产管理表，可以使会计人员更加方便地记录、修改、查询和删除固定资产信息。

下面介绍在 Excel 中制作固定资产管理表的方法。

素材所在位置：
素材\第 3 章　内部长期投资\3.1.1 制作固定资产管理表.xlsx

操作步骤如下。

步骤1　创建一个新工作簿，按"Ctrl+S"组合键，保存为"固定资产管理表"。插入一个新工作表，将工作表分别命名为"设置"和"固定资产管理表"。

步骤2 在"设置"工作表中输入当前核算日期和资产类型，设置字体字号，添加边框并为单元格填充颜色，如图 3-1 所示。

图 3-1 "设置"工作表

步骤3 在"固定资产管理表"工作表中的 A1:M1 单元格区域中依次输入基础字段标题，包括"购置日期""资产类型""资产名称""数量""原值""使用年限""净残值率""净残值""年折旧额""核算日期""已计提年数""累计折旧额""账面价值"等。

步骤4 设置数据验证。

选中 B2:B14 单元格区域，在【数据】选项卡下单击【数据验证】按钮。在打开的【数据验证】对话框中单击"允许"右侧的下拉按钮，在下拉列表中选择"序列"。

数据验证

单击"来源"编辑框右侧的折叠按钮，然后单击"设置"工作表标签切换到"设置"工作表，拖动鼠标选中 B2:B5 单元格区域，再次单击折叠按钮返回【数据验证】对话框，最后单击【确定】按钮，如图 3-2 所示。

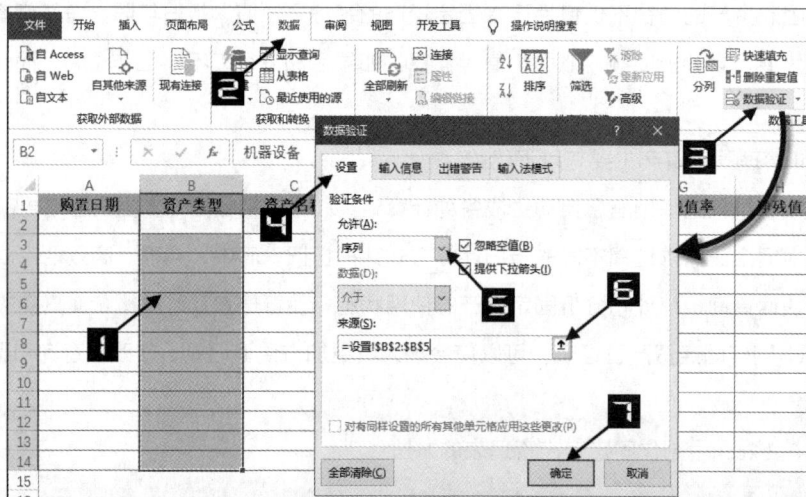

图 3-2 设置"资产类型"序列来源

设置完成后，在 B2:B14 单元格区域中单击单元格右侧的下拉按钮，即可选取不同的类型以在单元格中快速输入内容，如图 3-3 所示。

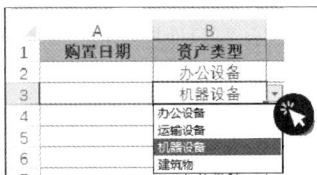

图 3-3　使用下拉列表选择输入内容

步骤 5　在固定资产管理表中输入对应的固定资产信息，如图 3-4 所示。

	A	B	C	D	E	F	G
1	购置日期	资产类型	资产名称	数量	原值	使用年限	净残值率
2	2016/8/26	办公设备	车床	10	60,000.00	10	8%
3	2016/8/26	机器设备	液压机	2	380,000.00	10	8%
4	2016/8/26	机器设备	天车	2	250,000.00	10	8%
5	2016/11/28	建筑物	车间	2	2,000,000.00	30	3%
6	2016/12/6	办公设备	台式电脑	6	5,000.00	5	5%
7	2017/1/26	办公设备	针式打印机	3	5,500.00	5	5%
8	2017/6/18	办公设备	激光打印机	3	3,000.00	5	5%

图 3-4　输入固定资产信息

步骤 6　在 H2 单元格输入以下公式计算净残值，然后将公式向下复制到 H14 单元格，如图 3-5 所示。

```
=E2*G2
```

图 3-5　计算净残值

步骤 7　在 I2 单元格输入以下公式计算年折旧额，然后将公式向下复制到 I14 单元格，如图 3-6 所示。

```
=D2*SLN(E2,H2,F2)
```

图 3-6　计算年折旧额

步骤 8　在 J2 单元格输入以下公式，调取"设置"工作表中的"核算日期"，然后将公式向下复制到 J14 单元格。

```
=设置!$A$2
```

步骤 9 在 K2 单元格输入以下公式计算已计提年数，将公式向下复制到 K14 单元格，如图 3-7 所示。

```
=MIN(F2,DATEDIF(A2,J2,"y"))
```

	A	B	C	D	E	F	G	H	I	J	K
											K2 ✕ ✓ fx =MIN(F2,DATEDIF(A2,J2,"y"))

	A	B	C	D	E	F	G	H	I	J	K
1	购置日期	资产类型	资产名称	数量	原值	使用年限	净残值率	净残值	年折旧额	核算日期	已计提年数
2	2016/8/26	办公设备	车床	10	60,000.00	10	8%	4,800.00	55,200.00	2020/12/31	4
3	2016/8/26	机器设备	液压机	2	380,000.00	10	8%	30,400.00	69,920.00	2020/12/31	4
4	2016/8/26	机器设备	天车	2	250,000.00	10	8%	20,000.00	46,000.00	2020/12/31	4
5	2016/11/28	建筑物	车间	2	2,000,000.00	30	3%	60,000.00	129,333.33	2020/12/31	4

图 3-7　计算已计提年数

步骤 10 在 L2 单元格输入以下公式计算累计折旧额，将公式向下复制到 L14 单元格，如图 3-8 所示。

```
=I2*K2
```

	H	I	J	K	L
					L2 ✕ ✓ fx =I2*K2
1	净残值	年折旧额	核算日期	已计提年数	累计折旧额
2	4,800.00	55,200.00	2020/12/31	4	220,800.00
3	30,400.00	69,920.00	2020/12/31	4	279,680.00
4	20,000.00	46,000.00	2020/12/31	4	184,000.00
5	60,000.00	129,333.33	2020/12/31	4	517,333.33

图 3-8　计算累计折旧额

步骤 11 在 M2 单元格输入以下公式计算账面价值，将公式向下复制到 M14 单元格，如图 3-9 所示。

```
=E2*D2-L2
```

	D	E	F	G	H	I	J	K	L	M
										M2 ✕ ✓ fx =E2*D2-L2
1	数量	原值	使用年限	净残值率	净残值	年折旧额	核算日期	已计提年数	累计折旧额	账面价值
2	10	60,000.00	10	8%	4,800.00	55,200.00	2020/12/31	4	220,800.00	379,200.00
3	2	380,000.00	10	8%	30,400.00	69,920.00	2020/12/31	4	279,680.00	480,320.00
4	2	250,000.00	10	8%	20,000.00	46,000.00	2020/12/31	4	184,000.00	316,000.00
5	2	2,000,000.00	30	3%	60,000.00	129,333.33	2020/12/31	4	517,333.33	3,482,666.67

图 3-9　计算账面价值

步骤 12 选中 E2:E14 单元格区域，然后按住"Ctrl"键不放，依次选中 H2:I14 单元格区域和 L2:M14 单元格区域。在【开始】选项卡下单击【数字】命令组中的【千位分隔样式】按钮，如图 3-10 所示。

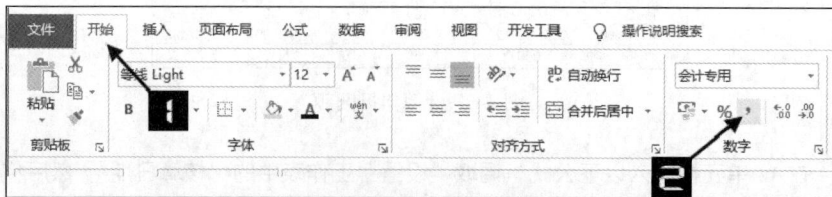

图 3-10　设置单元格格式

（1）H2 单元格计算净残值的公式为"=E2*G2"，即原值乘以净残值率。

（2）SLN 函数用于返回某项资产在一个期间中的线性折旧值。该函数语法为：

```
SLN(cost,salvage,life)
```

第一参数 cost 表示资产原值。第二参数 salvage 表示资产在折旧期末的价值（有时也称为资产残值）。第三参数 life 表示资产的折旧期数（有时也称作资产的使用寿命）。

I2 单元格计算年折旧额的公式为：

```
=D2*SLN(E2,H2,F2)
```

首先用 SLN 函数计算出一台设备每年的折旧额，然后乘以 D2 单元格的设备数量，计算出所有设备的年折旧额。

（3）K2 单元格已计提年数的公式为：

```
=MIN(F2,DATEDIF(A2,J2,"y"))
```

先使用 DATEDIF 函数计算从资产购置日期到核算日期的整年数，再利用 MIN 函数实现当已计提年数超出固定资产的使用年限时，按最大使用年限计算。

（4）L2 单元格计算累计折旧额的公式为"=I2*K2"，即年折旧额乘以已计提年数。

（5）M2 单元格计算账面价值的公式为"=E2*D2-L2"，即原值乘以设备数量再减去累计折旧额。

1. DATEDIF 函数

DATEDIF 函数用于计算两个日期之间的天数、月数或年数。该函数是一个隐藏的日期函数，在 Excel 的函数列表中没有显示此函数，帮助文件中也没有相关说明。其基本语法为：

知识点讲解
使用 DATEDIF
函数计算日期间隔

```
DATEDIF(start_date,end_date,unit)
```

第一参数 start_date 表示时间段的起始日期，日期可以是单元格引用，也可以写成带引号的字符串（如"2020-12-31"）。第二参数 end_date 代表时间段的结束日期。第三参数 unit 为所需信息的返回类型，该参数不区分大小写。不同第三参数返回的结果如表 3-1 所示。

表 3-1 DATEDIF 函数不同第三参数返回的结果

第三参数	函数返回结果
"Y"	时间段中的整年数
"M"	时间段中的整月数
"D"	时间段中的天数
"MD"	日期中天数的差。忽略日期中的月和年
"YM"	日期中月数的差。忽略日期中的日和年
"YD"	日期中天数的差。忽略日期中的年

DATEDIF 函数在使用"MD""YM""YD"三个参数时会存在一些软件错误（bug），导致计算结果不准

确。而在计算两个日期的间隔天数时，用结束日期直接减去开始日期的方法会更加简便，因此该函数的第三参数最常使用"M"计算间隔月份和使用"Y"计算间隔年份。

本例中，先使用 DATEDIF 函数计算出从 A2 单元格的购置日期到 J2 单元格的核算日期之间的整年数，不满整年的部分将被舍去。

2．MIN 函数

MIN 函数用于返回一组值中的最小值。本例中对已计提年数和固定资产使用年限两个数值进行判断并返回最小值，目的是在已计提年数超出固定资产的使用年限时，按最大使用年限计算。

与 MIN 函数对应的是 MAX 函数，作用是返回一组值中的最大值。

3．数据验证

数据验证用于定义允许在单元格中输入哪些数据，防止用户输入无效数据。使用数据验证，不仅能够限制数值输入位数和限定数值输入的范围，而且能够防止数据重复输入，从而提高输入的准确性。

在【数据验证】对话框的【设置】选项卡下，单击"允许"右侧的下拉按钮，可以选择允许输入的类型和范围，包括"任何值""整数""小数""序列""日期""时间""文本长度"和"自定义"等选项，用户可以根据需要选择。

例如，输入员工年龄时，就可以通过数据验证设置年龄输入的范围。首先选中需要输入年龄的单元格区域，选择【数据】→【数据验证】命令，打开【数据验证】对话框。在【设置】选项卡下，"允许"类型选择"整数"，"数据"选择"介于"，再分别设置最小值为 16、最大值为 60，最后单击【确定】按钮，如图 3-11 所示。

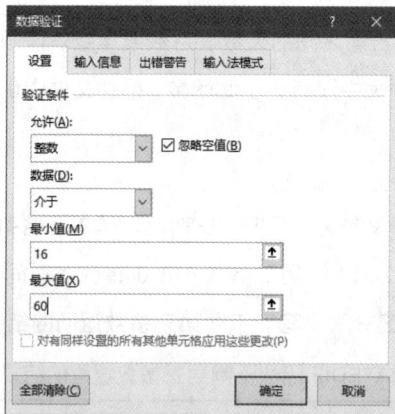

图 3-11　设置数据输入的范围

在数据验证的有效性条件设置为"自定义"时，还可以使用函数公式指定规则。数据验证中公式的用法与在工作表中应用函数公式类似：当公式结果返回 TRUE 或不等于 0 的数值时，Excel 允许输入；如果公式结果返回 FALSE 或数值 0，则拒绝输入。

4．使用数据验证限制录入重复数据

素材所在位置：
素材\第 3 章　内部长期投资\使用数据验证限制录入重复数据.xlsx

在数据验证中使用函数公式，可以使数据验证的应用场景更加多样化。例如，可以在客户信息表或员工信息表中限制重复录入姓名。

操作步骤如下。

步骤1 选中需要输入内容的单元格区域，如 B2:B10 单元格区域，选择【数据】→【数据验证】命令，打开【数据验证】对话框。

步骤2 在【设置】选项卡下，"允许"类型选择"自定义"，在公式编辑框中输入以下公式。

```
=COUNTIF(B:B,B2)=1
```

COUNTIF 函数的作用是对区域中符合指定条件的单元格进行计数。第一参数 range 是要统计的区域，第二参数 criteria 是要统计的条件。

本例先使用 COUNTIF 函数，统计 B 列中有多少个与 B2 单元格中的姓名相同的单元格；再使用数据验证限制 COUNTIF 函数的结果只能等于 1。

在数据验证中使用公式时，可以针对活动单元格进行设置，设置完成后，Excel 会将该规则应用到所选单元格区域的每个单元格。

设置完毕，如果在 B2:B9 单元格区域中输入该区域已有内容，则公式"COUNTIF(B:B,B2)"的计算结果超过 1。数据验证的公式"COUNTIF(B:B,B2)=1"返回逻辑值 FALSE，Excel 会打开警告对话框，拒绝输入，如图 3-12 所示。

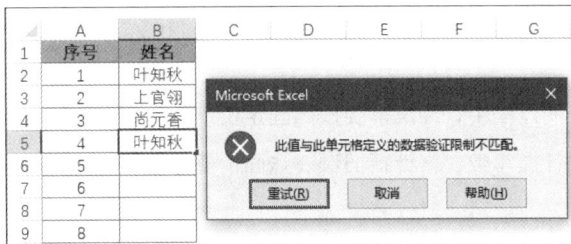

图 3-12　输入重复信息

5. 使用数据验证设置屏幕提示信息

素材所在位置：

素材\第 3 章　内部长期投资\使用数据验证设置屏幕提示信息.xlsx

使用数据验证的输入信息功能，能够设置在单击单元格时显示屏幕提示信息，提高数据录入的准确性，如图 3-13 所示。

图 3-13　屏幕提示信息

操作步骤如下。

步骤1 选中要设置屏幕提示信息的 C2:C8 单元格区域，选择【数据】→【数据验证】命令，打开【数据验证】对话框。

步骤2 切换到【数据验证】对话框的【输入信息】选项卡，在"输入信息"编辑框内输入提示信息"请输入 11 位手机号码"，最后单击【确定】按钮，如图 3-14 所示。

图 3-14　设置输入信息

3.1.2 快速查询固定资产状况

> 素材所在位置：
> 素材\第 3 章　内部长期投资\3.1.2 快速查询固定资产状况.xlsx

企业在管理固定资产的过程中，经常需要按照固定资产类型或名称查询固定资产的状况，如查询固定资产的年折旧额、已计提年数、累计折旧额、账面价值等。使用高级筛选功能可以完成复杂条件的数据筛选。

（一）利用高级筛选查询固定资产记录

如需在固定资产管理表中筛选出所有净残值大于 10,000 的资产记录。

操作步骤如下。

步骤1 首先在固定资产管理表的首行之前插入三行空行，用于存放高级筛选的条件。

高级筛选

步骤2 在 A1 单元格输入列标题，此处的列标题必须与数据表中的字段标题相同。在 A2 单元格输入高级筛选的条件">10000"，添加边框并设置单元格填充颜色，如图 3-15 所示。

购置日期	资产类型	资产名称	数量
2016/8/26	机器设备	车床	10
2016/8/26	机器设备	液压机	2
2016/8/26	机器设备	天车	2
2016/11/28	建筑物	车间	2

净残值 >10000

图 3-15　设置高级筛选条件

步骤3 单击数据区域的任意单元格，如 A6 单元格，选择【数据】→【高级】命令，打开【高级筛选】对话框。选中"将筛选结果复制到其他位置"单选项，然后单击"列表区域"编辑框右侧的折叠按钮，选中需要筛选的数据区域后再次单击该折叠按钮。再单击"条件区域"编辑框右侧的折叠按钮，选中 A1:A2 单元格区域中的筛选条件后再次单击该折叠按钮。

在"复制到"编辑框内单击，然后选择存放筛选结果的起始单元格，如 O1 单元格，最后单击【确定】按钮，如图 3-16 所示。

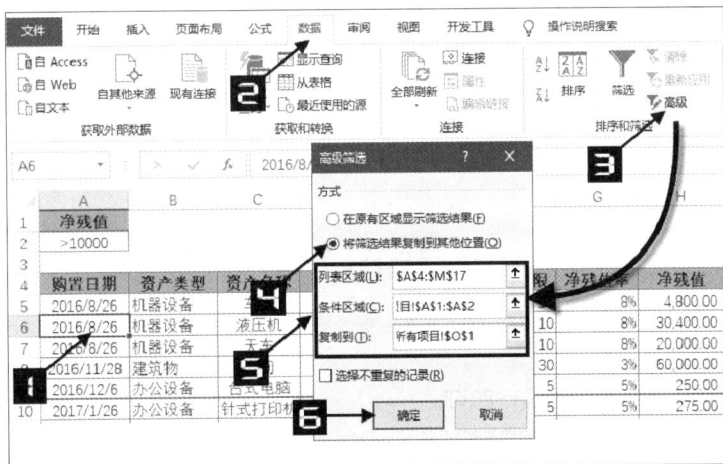

图 3-16　高级筛选

筛选后的结果（局部）如图 3-17 所示。

图 3-17　筛选后的结果（局部）

（二）筛选符合条件的部分项目

如果仅需要符合高级筛选条件的部分项目，可以在存放筛选结果的单元格区域中预先输入需要保留的字段标题。例如，在 O1:R1 单元格区域中依次输入"资产名称""数量""净残值""账面价值"，注意列标题应和数据表中的标题相同。

然后在【高级筛选】对话框中选择将筛选结果复制到 O1:R1 单元格区域，最后单击【确定】按钮，即可得到符合条件的部分项目。

（三）筛选同时符合多个条件的资产记录

设置高级筛选条件时，位于同一行的各个条件相互之间是"与"的关系。如需在固定资产管理表中筛选出所有资产类型为"机器设备"并且净残值在 10,000 以上的资产记录，可以在 A1:B1 单元格区域中分别输入筛选的字段标题"资产类型"和"净残值"，在 A2:B2 单元格区域中依次输入筛选条件"机器设备”和“>10000”，如图 3-18 所示。

	A	B
1	资产类型	净残值
2	机器设备	>10000

图 3-18　筛选条件之间为“与”的关系

设置完成后，再执行高级筛选操作即可。

（四）筛选符合多个条件之一的资产记录

两个筛选条件放在不同行，表示两个条件相互之间为“或”的关系。如需在固定资产管理表中筛选出所有资产类型为“机器设备”，或者净残值在 10,000 以上的资产记录，可以在 A1:B3 单元格区域中分别输入图 3-19 所示的筛选字段标题和筛选条件。

	A	B
1	资产类型	净残值
2	机器设备	
3		>10000

图 3-19　筛选条件之间为“或”的关系

设置完成后，再执行高级筛选操作即可。

知识点讲解

高级筛选

高级筛选功能不仅可实现自动筛选，而且能够设置更多、更复杂的筛选条件。

高级筛选的筛选条件需要单独放在一个工作表区域内，并需要与基础数据区域分开。通常情况下，高级筛选的条件区域放置在数据表的顶部或底部。一个高级筛选的条件区域至少要包含两行：第一行是列标题，列标题应和数据表中的标题相同；第二行是高级筛选的筛选条件。

高级筛选使用“或”条件时，设置的条件区域范围和使用“与”条件有所不同。使用两种不同关系的高级筛选，首行都要求必须是标题行，区别在于条件值的描述区域。

（1）位于同一行的各个条件表示相互之间是“与”的关系。

（2）位于不同行的各个条件表示相互之间是“或”的关系。

如果数据区域中有多个符合条件的重复记录，可以在【高级筛选】对话框中选中“选择不重复的记录”复选框，即可得到符合条件的不重复记录。

3.1.3　利用数据透视表查询固定资产状况

素材所在位置：

素材\第 3 章 内部长期投资\3.1.3 利用数据透视表查询固定资产状况.xlsx

扩展知识点
创建数据透视表

在管理固定资产时，不仅需要查询固定资产明细记录，有时还要对查询出来的数据进行汇总。利用数据透视表可以实现快速从多个角度汇总、分析数据。

例如，要求查询固定资产类型为"办公设备"的记录，并对查询结果进行汇总，计算所有办公设备的年折旧额、累计折旧额和账面价值。

操作步骤如下。

步骤 1 以固定资产管理表为数据源，单击数据区域任意单元格，如 A5 单元格，单击【插入】选项卡下的【数据透视表】按钮，打开【创建数据透视表】对话框，Excel 会自动选取当前连续的数据区域，单击【确定】按钮，在新工作表内创建一个空白的数据透视表，如图 3-20 所示。

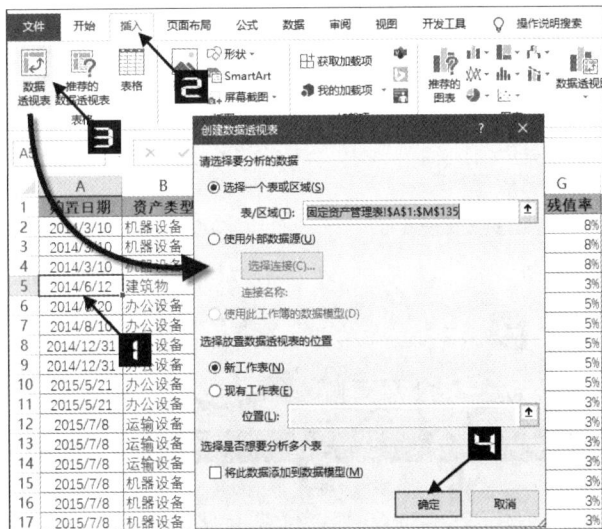

图 3-20　创建数据透视表

步骤 2 在"数据透视表字段"任务窗格中，将"资产类型"和"资产名称"字段拖动到行区域，将"数量""年折旧额""累计折旧额"和"账面价值"等字段拖动到值区域，如图 3-21 所示。

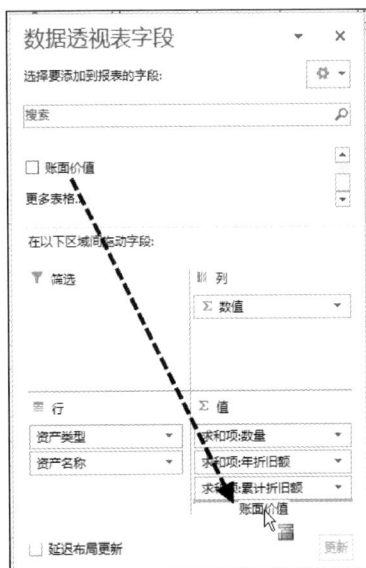

图 3-21　调整数据透视表布局

步骤3　按"Ctrl+H"组合键打开【查找和替换】对话框，将"求和项:"全部替换为空格。

步骤4　右击"年折旧额"字段的任意单元格，如 C4 单元格，在弹出的快捷菜单中选择【值字段设置】命令，打开【值字段设置】对话框，单击【数字格式】按钮，在打开的【设置单元格格式】对话框中，数字格式选择"会计专用"，货币符号选择"无"，最后依次单击【确定】按钮关闭对话框，如图 3-22 所示。

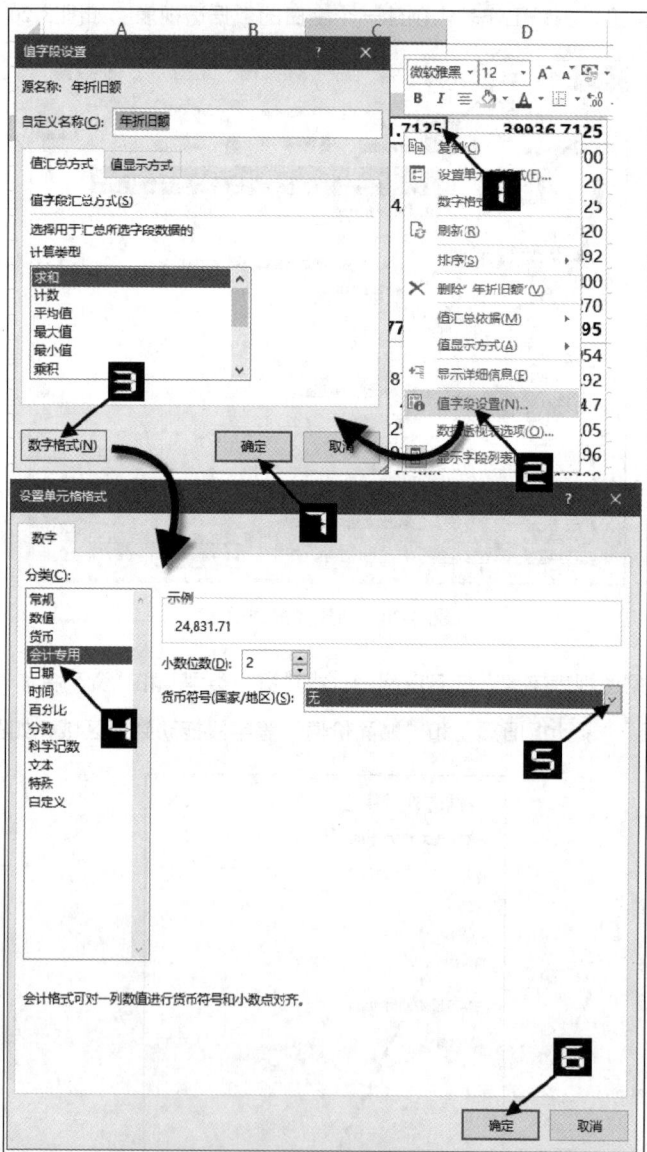

图 3-22　值字段设置

用同样的方法将"累计折旧额"和"账面价值"字段的数字格式设置为"会计专用"。

步骤5　选中 A3 单元格，在【数据透视表工具】→【设计】选项卡下选择一种数据透视表样式，然后单击【报表布局】按钮，在下拉列表中选择【以表格形式显示】命令，如图 3-23 所示。

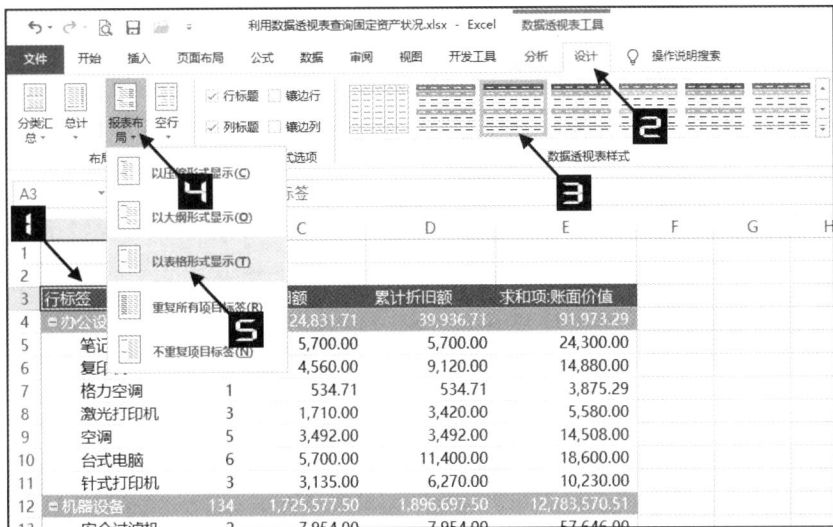

图 3-23　设置数据透视表样式

步骤6　选中 A3 单元格，切换到【数据透视表工具】→【分析】选项卡，单击【插入切片器】按钮，在打开的【插入切片器】对话框中选中"资产类型"复选框，最后单击【确定】按钮，如图 3-24 所示。

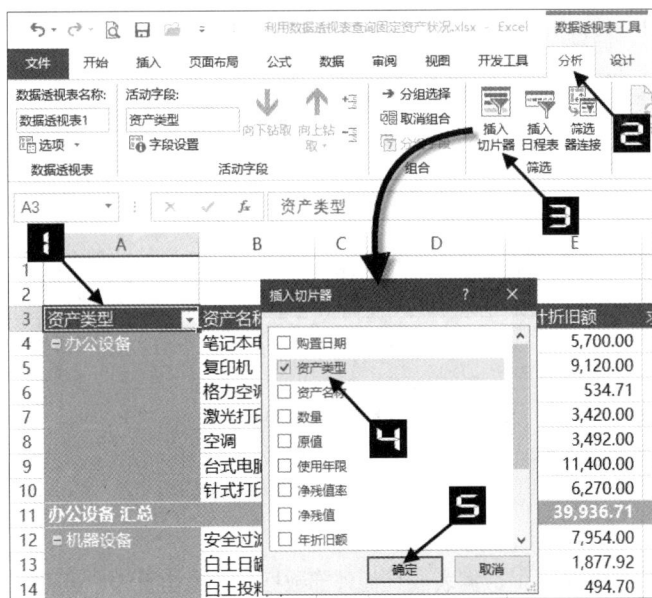

图 3-24　插入切片器

步骤7　选中切片器，在【切片器工具】→【选项】选项卡下，通过"列"右侧的微调按钮，将列数设置为"4"，如图 3-25 所示。

设置完成后，单击【资产类型】切片器中的选择按钮，如"办公设备"，即可快速查询到固定资产类型为"办公设备"的所有记录及其汇总数据。

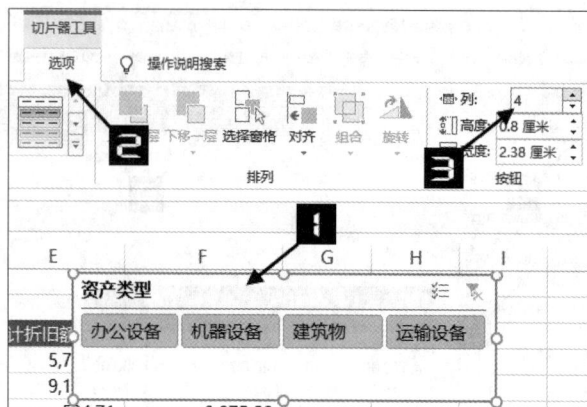

图 3-25　借助切片器快速查询

用户可以根据实际需要插入多个切片器，并将这些切片器作为条件筛选器，以实现快速查询，相应查询结果为同时满足多个切片器中的筛选条件的数据。当切片器中的筛选条件变更时，数据透视表结果可以同步更新。

如需清除切片器中的筛选条件，可以单击切片器右上角的【清除筛选器】按钮，如图 3-26 所示。

图 3-26　清除筛选条件

选中切片器之后按"Delete"键，可以快速删除切片器。

知识点讲解

1．数据透视表

数据透视表是用来总结 Excel 数据表或其他外部数据源中的信息的分析工具。用户利用数据透视表可以快速对基础数据进行分析汇总，并可以通过选择其中的不同元素，从多个角度进行分析汇总。

数据透视表综合了数据排序、筛选、分类汇总等数据分析工具的功能，能够方便地调整分类汇总的方式，以多种不同方式展示数据的特征。数据透视表功能强大，但是操作却比较简单，仅靠移动字段位置，即可形成各种不同类型的报表。该工具也是常用的 Excel 数据分析工具之一。

（1）数据透视表结构。

数据透视表分为 4 个部分，如图 3-27 所示。

图 3-27　数据透视表结构

① 筛选区域，该区域的字段将作为数据透视表的报表筛选字段。

② 行区域，该区域中的字段将作为数据透视表的行标签显示。

③ 列区域，该区域中的字段将作为数据透视表的列标签显示。

④ 值区域，该区域中的字段将作为数据透视表显示的汇总数据。

单击数据透视表，默认显示"数据透视表字段"任务窗格，字段列表中会反映数据透视表的结构。借助"数据透视表字段"任务窗格，用户可以方便地在数据透视表内添加、删除和移动字段。

（2）数据透视表的刷新。

如果数据透视表的数据源内容发生变化，数据透视表中的汇总结果不会实时更新，需要用户手动更新才能得到最新的结果。选中数据透视表的任意单元格并右击，在弹出的快捷菜单中选择【刷新】命令；或选中数据透视表的任意单元格，选择【数据透视表工具】→【分析】→【刷新】命令即可，如图 3-28 所示。

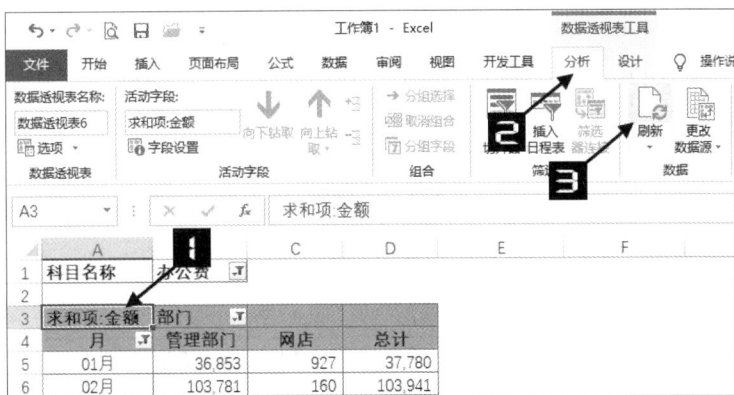

图 3-28　刷新数据透视表

（3）值汇总依据和值显示方式。

在数据透视表的值区域单击鼠标右键，在弹出的快捷菜单中选择【值汇总依据】命令，可以根据需要选择求和、计数、平均值、最大值、最小值、乘积等多种汇总方式，如图 3-29 所示。

在数据透视表的值区域单击鼠标右键，在弹出的快捷菜单中选择【值显示方式】命令，能够按照不同字段对数据做相对比较，如图 3-30 所示。

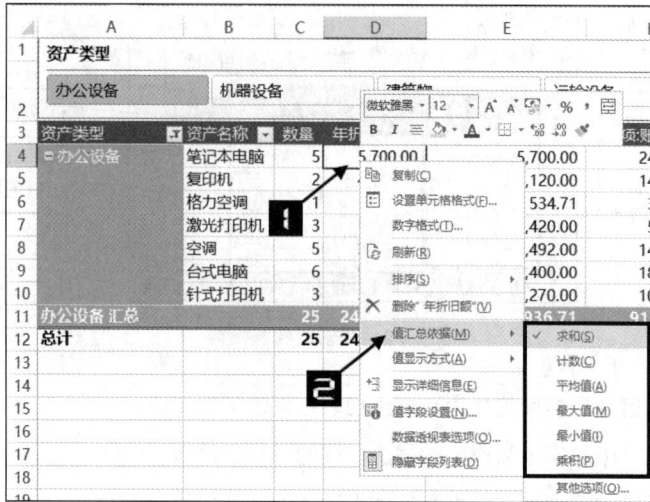

图 3-29　多种值汇总依据

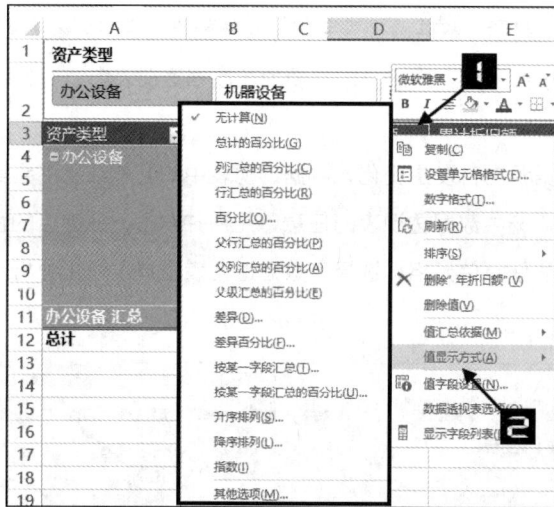

图 3-30　值显示方式

有关数据透视表值显示方式的简要说明如表 3-2 所示。

表 3-2　　　　　　　　　　　　　数据透视表值显示方式

选项	值区域字段显示
无计算	数据透视表中的原始数据
总计的百分比	每个数值项占总体汇总数的百分比
列汇总的百分比	每个数值项占列汇总数的百分比
行汇总的百分比	每个数值项占行汇总数的百分比
百分比	以选定的参照项为 100%，其余项基于该项的百分比
父行汇总的百分比	在存在多个行字段的情况下，以上一级行字段的汇总数为 100%，计算每个数值项的百分比
父列汇总的百分比	在多个列字段的情况下，以上一级列字段的汇总数为 100%，计算每个数值项的百分比

续表

选项	值区域字段显示
父级汇总的百分比	在存在多个行字段或列字段的情况下，以指定行、列字段的汇总数为 100%，计算每个数值项的百分比
差异	以选中的某个基本项为参照，显示其余项与该项的差异值
差异百分比	以选中的某个基本项为参照，显示其余项与该项的差异值百分比
按某一字段汇总	根据选定的某一字段进行汇总
按某一字段汇总的百分比	根据字段汇总的结果显示为百分比
升序排列	对某一字段进行排名，显示按升序排列的序号
降序排列	对某一字段进行排名，显示按降序排列的序号
指数	计算数据的相对重要性。使用的公式为：单元格的值×总体汇总数/（行汇总数×列汇总数）

（4）调整数据透视表布局。

数据透视表创建完成后，可以调整数据透视表的布局得到新的报表，满足不同角度的数据分析需求。

在"数据透视表字段"任务窗格中拖动字段到不同区域或不同位置，可以重新安排数据透视表的布局；也可以将字段拖动到"数据透视表字段"任务窗格之外的区域，将该字段从数据透视表中删除。

（5）报表筛选器的使用。

当字段显示在列区域或行区域时，数据透视表能够显示字段中的所有项。当字段位于筛选区域时，字段中的所有项都会成为数据透视表的筛选条件，筛选区域的使用与常规筛选方式相同。

（6）整理数据透视表字段。

向数据透视表中添加字段后，Excel 会自动对其重命名，即在数据源字段标题基础上加上"求和项："
"计数项："等前缀。修改数据透视表的字段名称，能够使标题更加简洁，但是数据透视表字段名称与数据源的标题行名称不能相同。

常用的方法是按"Ctrl+H"组合键，使用替换功能将"求和项：""计数项："等替换为空格，也可以直接输入其他内容作为字段标题。

（7）改变数据透视表的报告格式。

数据透视表的报表布局分为"以压缩形式显示""以大纲形式显示"和"以表格形式显示"3 种显示形式，新创建的数据透视表的显示方式默认为"以压缩形式显示"，所有行字段都压缩在一列内，不便于数据的观察。此时可以选择"以表格形式显示"，使数据透视表以表格的形式显示。以表格形式显示的数据透视表会更加直观，并且便于阅读，多数情况下数据透视表都会以此形式显示。

如果在【数据透视表工具】→【设计】选项卡下的【报表布局】下拉列表中选择【重复所有项目标签】命令，能够为数据透视表中的空白字段填充相应的数值，使数据透视表的显示方式更接近于常规表格形式。

（8）分类汇总的显示方式。

以表格形式显示的数据透视表中会自动添加分类汇总。如果不需要使用分类汇总，可以选中数据透视表的任意单元格，在【数据透视表工具】→【设计】选项卡下单击【分类汇总】按钮，在打开的下拉列表中选择【不显示分类汇总】命令，如图 3-31 所示。

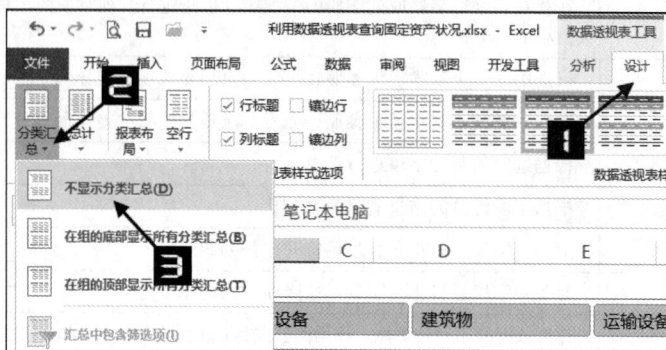

图 3-31　不显示分类汇总

除此之外，也可以在数据透视表的相应字段单击鼠标右键，在弹出的快捷菜单中选择【分类汇总"字段名"】命令，实现显示或隐藏分类汇总的切换。

（9）套用数据透视表样式。

数据透视表创建完成后，可以对其进行进一步的修饰、美化。除了常规的单元格格式设置，Excel还内置了数十种数据透视表样式，并允许用户自定义修改设置。单击数据透视表，在【数据透视表工具】→【设计】选项卡下的【数据透视表样式】命令组中单击某种内置样式，数据透视表则会自动套用该样式。在【数据透视表样式选项】命令组中选中"行标题"和"列标题"复选框时，将对数据透视表的行标题和列标题应用特殊格式，如图 3-32 所示。选中"镶边行"和"镶边列"复选框时，将对数据透视表的奇数行（列）和偶数行（列）分别应用不同的格式。

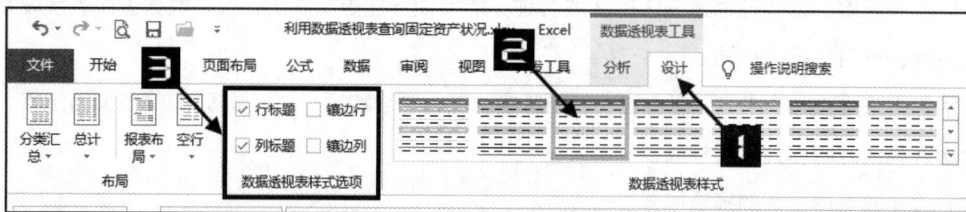

图 3-32　套用数据透视表样式

2．切片器

使用切片器功能，不仅能够对数据透视表字段进行筛选操作，而且能够直观地在切片器中查看该字段的所有数据项。

数据透视表的切片器可以看作一种图形化的筛选方式，相当于为数据透视表中的每个字段创建一个选取器，浮动于数据透视表之上。使用切片器进行筛选比使用字段下拉列表筛选更加方便、灵活。

如需同时查看多个选项的数据，可以单击切片器右上角的【多选】按钮，如图 3-33 所示。

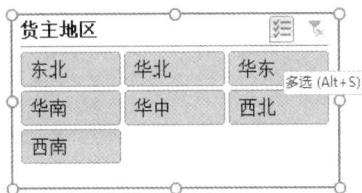

图 3-33　切片器中的【多选】按钮

（1）清除切片器的筛选条件。

清除切片器的筛选条件有多种方法：一是单击切片器内右上角的【清除筛选器】按钮；二是单击切片器，按"Alt+C"组合键；三是在切片器内右击，从弹出的快捷菜单中选择【从"字段名"中清除筛选器】命令。

（2）删除切片器。

如需删除切片器，可以选中切片器并按"Delete"键；也可以在切片器内单击鼠标右键，在弹出的快捷菜单中选择【删除"字段名"】命令。

扩展知识点

快速实现销售汇总和销售排名

素材所在位置：

素材\第 3 章　内部长期投资\快速实现销售汇总和销售排名.xlsx

图 3-34 所示是某超市的部分销售记录。要求快速汇总出每个销售员的销售总额、销售占比，以及实现销售排名。

图 3-34　销售记录

操作步骤如下。

步骤 1　单击数据区域的任意单元格，如 A4 单元格，在【插入】选项卡下单击【数据透视表】按钮，生成一个空白的数据透视表。

步骤 2 在"数据透视表字段"任务窗格中将"业务员"字段拖动到行区域，重复拖动三次"金额"字段到值区域，如图 3-35 所示。

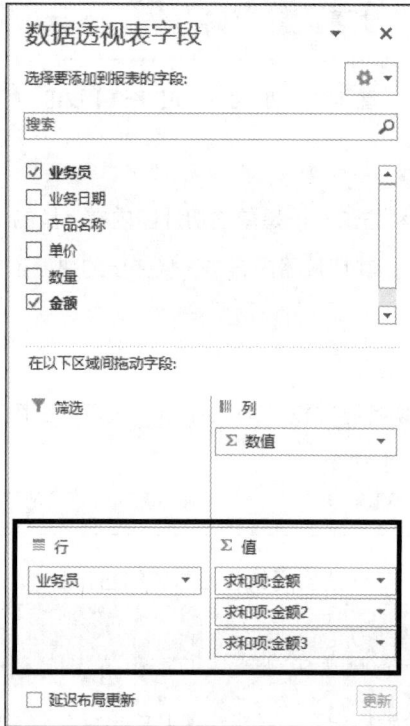

图 3-35　调整数据透视表字段布局

步骤 3 在"求和项：金额 2"字段的任意单元格中单击鼠标右键，如 C4 单元格，在弹出的快捷菜单中选择【值显示方式】→【列汇总的百分比】命令，如图 3-36 所示。

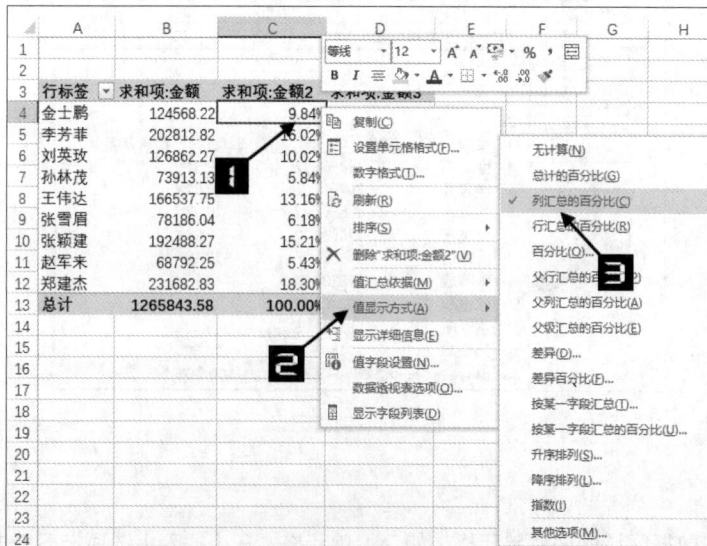

图 3-36　设置"求和项：金额 2"字段的值显示方式

步骤4 在"求和项：金额 3"字段的任意单元格中单击鼠标右键，如 D4 单元格，在弹出的快捷菜单中选择【值显示方式】→【降序排列】命令，在打开的【值显示方式（求和项：金额 3）】对话框中保留默认设置，单击【确定】按钮，如图 3-37 所示。

图 3-37　设置"求和项：金额 3"字段的值显示方式

步骤5 单击数据透视表中的"行标签"标题，即 A3 单元格，输入新的标题"姓名"。

用同样的方法，将 B3 单元格中的"求和项：金额"修改为"销售总额"，将 C3 单元格中的"求和项：金额 2"修改为"销售占比"，将 D3 单元格中的"求和项：金额 3"修改为"销售排名"即可。

3.1.4　固定资产折旧计算

手动计算固定资产折旧的过程较为烦琐，利用 Excel 提供的函数可以快捷、准确地自动生成固定资产的折旧金额。Excel 有 5 个函数可用于折旧计算，分别使用不同的规则计提固定资产折旧。

素材所在位置：
素材\第 3 章　内部长期投资\3.1.4　固定资产折旧计算.xlsx

（一）准备数据

要进行固定资产折旧计算，需要固定资产的初始购置成本、固定资产的残值（预估金额）以及固定资产的使用年限等基础数据。

操作步骤如下。

步骤1 首先在 Excel 中输入基础数据，包括购置日期、资产类型、资产名称、数量、原值、使用年限和净残值率，如图 3-38 所示。

步骤2 在 B8 单元格输入以下公式，根据原值和净残值率计算得出净残值。

=B5*B7

	A	B
1	购置日期	2014/3/10
2	资产类型	机器设备
3	资产名称	车床
4	数量	10
5	原值	60000
6	使用年限	10
7	净残值率	8%
8	净残值	

图 3-38　输入基础数据

步骤 3　在 D1:I1 单元格区域分别输入“使用年限”“直线折旧法”“双倍余额递减法”“年数总和法”“可变余额递减法”“固定余额递减法”。

步骤 4　在 D2:D11 单元格区域内依次输入数字 1～10，表示固定资产使用年限。

（二）直线折旧法

直线折旧法是常用的一种折旧计提法，表示按固定资产的使用年限平均计提折旧，又称直线法或平均法。其具体方法是将固定资产的原值减去净残值后的净额，按照使用年限平均分配到每一年。

在 E2 单元格输入以下公式后向下复制，如图 3-39 所示。

```
=SLN($B$5,$B$8,$B$6)
```

E2　=SLN($B$5,$B$8,$B$6)

	A	B	C	D	E	
1	购置日期	2018/3/10		使用年限	直线折旧法	双倍
2	资产类型	机器设备		1	¥5,520.00	
3	资产名称	车床		2	¥5,520.00	
4	数量	10		3	¥5,520.00	
5	原值	60000		4	¥5,520.00	
6	使用年限	10		5	¥5,520.00	
7	净残值率	8%		6	¥5,520.00	
8	净残值	4800		7	¥5,520.00	
9				8	¥5,520.00	
10				9	¥5,520.00	
11				10	¥5,520.00	

图 3-39　直线折旧法

知识点讲解

SLN 函数用于返回使用直线折旧法计算出的固定资产每期折旧金额。

本例中 B5 单元格中的数据表示固定资产原值，即初始购置成本，B8 单元格中的数据是固定资产的净残值，B6 单元格中的数据是固定资产的使用年限。

（三）双倍余额递减法

双倍余额递减法是在固定资产使用年限最后两年的前面各年，用平均法折旧率的两倍作为固定的折旧率，乘以逐年递减的固定资产期初净值，得出各年应计提折旧额的方法。在固定资产使用年限的最后两年改用平均法，将倒数第二年年初的固定资产账面净值扣除预计净残值后的余额平均分摊到最后两年。

双倍余额递减法是加速折旧法的一种，其假设固定资产的服务潜力在前期消耗较大，在后期消耗较少，为此在前期多计提折旧，后期少计提折旧，从而相对加速折旧。

在 F2 单元格输入以下公式，向下填充到 F9 单元格，如图 3-40 所示。

```
=DDB($B$5,$B$8,$B$6,D2)
```

在 F10 单元格输入以下公式，向下填充到 F11 单元格，计算最后两年的平均折旧额。

```
=ROUND((B$5-B$8-SUM(F$2:F$9))/2,2)
```

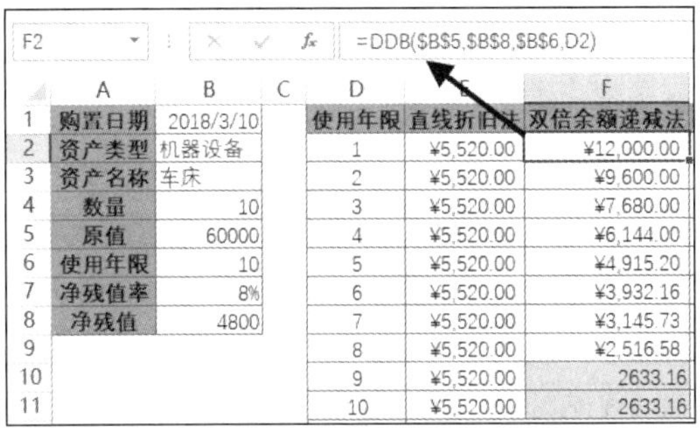
F2 =DDB($B$5,$B$8,$B$6,D2)

	A	B	C	D	E	F
1	购置日期	2018/3/10		使用年限	直线折旧法	双倍余额递减法
2	资产类型	机器设备		1	¥5,520.00	¥12,000.00
3	资产名称	车床		2	¥5,520.00	¥9,600.00
4	数量	10		3	¥5,520.00	¥7,680.00
5	原值	60000		4	¥5,520.00	¥6,144.00
6	使用年限	10		5	¥5,520.00	¥4,915.20
7	净残值率	8%		6	¥5,520.00	¥3,932.16
8	净残值	4800		7	¥5,520.00	¥3,145.73
9				8	¥5,520.00	¥2,516.58
10				9	¥5,520.00	2633.16
11				10	¥5,520.00	2633.16

图 3-40　双倍余额递减法

知识点讲解

1. DDB 函数

DDB 函数用于以双倍余额递减法或其他指定方法计算资产在给定期间内的折旧值。其语法如下：

```
DDB(cost,salvage,life,period,[factor])
```

第一参数 cost 指固定资产原值，即初始购置成本。

第二参数 salvage 指固定资产的净残值。

第三参数 life 指固定资产的使用年限。

第四参数 period 指要计算折旧的日期，必须与第三参数使用相同的单位。

第五参数 factor 用于指定余额递减的速率。如果该参数被省略，则假定值为 2，即双倍余额递减法。

F10 单元格中的公式使用 B5 单元格中的原值依次减去 B8 单元格中的净残值和已计提折旧额 SUM(F$2:F$9)，得到的余额除以 2，即将余额平均分摊到最后两年。最后使用 ROUND 函数，使结果四舍五入并保留两位小数。

2. ROUND 函数

ROUND 函数是常用的取舍函数之一，用于将数字四舍五入到指定的位数。该函数对需要保留位数的右边 1 位数值进行判断，若小于 5 则舍弃，若大于等于 5 则进位。

该函数语法为：

```
ROUND(number,num_digits)
```

第二参数 num_digits 是小数位数。如果该参数是正数，则对小数部分进行四舍五入；如果该参数为负数，则对整数部分进行四舍五入。

例如，对数值 728.49 四舍五入保留 1 位小数，可以使用以下公式，结果为 728.5。

```
=ROUND(728.49,1)
```

以下公式可以将数值-257.1 四舍五入到十位，结果为-260。

```
=ROUND(-257.1,-1)
```

扩展知识点

常用的取舍函数

在对数值的处理中，经常会遇到进位或舍去的情况，如去掉某数值的小数部分、按 1 位小数四舍五入或保留 4 位有效数字等。

常用的取舍函数及其主要功能如表 3-3 所示。

表 3-3 常用的取舍函数及其主要功能

函数名称	功能描述	用法示例
INT	取整函数，将数字向下取整为最接近的整数	=INT(1.852)，结果=1
TRUNC	根据指定取整精度，将数字截为整数	=TRUNC(1.852,1)，结果=1.8
ROUND	将数字四舍五入到指定位数	=ROUND(1.852,1)，结果=1.9
MROUND	返回参数按指定基数进行四舍五入后的数值	=MROUND(1.852,2)，结果=2
ROUNDUP	将数字朝远离零的方向舍入，即向上舍入	=ROUNDUP(1.852,2)，结果=1.86
ROUNDDOWN	将数字朝接近零的方向舍入，即向下舍入	=ROUNDDOWN(1.852,2)，结果=1.85
CEILING	将数字向上舍入为最接近的整数，或最接近的指定基数的整数倍	=CEILING(1.852,2)，结果=2
FLOOR	将数字向下舍入为最接近的整数，或最接近的指定基数的整数倍	=FLOOR(1.852,1)，结果=1
EVEN	将正数向上舍入、负数向下舍入为最接近的偶数	=EVEN(1.852)，结果=2 =EVEN(-1.852)，结果=-2
ODD	将正数向上舍入、负数向下舍入为最接近的奇数	=ODD(1.852)，结果=3 =ODD(-1.852)，结果=-3

（四）年数总和法

年数总和法又称总和年限法、折旧年限积数法、年数比率法、级数递减法或年限合计法，是固定资产加速折旧法的一种。

在 G2 单元格输入以下公式，向下填充到 G11 单元格。

```
=SYD($B$5,$B$8,$B$6,D2)
```

知识点讲解

SYD 函数

SYD 函数用于返回指定固定资产在某段时期内按年数总和法计算出的每期折旧金额。该函数语法为：

```
SYD(cost,salvage,life,per)
```

第一参数 cost 指固定资产原值，即初始购置成本。

第二参数 salvage 指固定资产的净残值。

第三参数 life 指固定资产的使用年限。

第四参数 per 指要计算的某段时期，必须与第三参数使用相同的单位。

（五）可变余额递减法

可变余额递减法也是加速折旧法的一种，是指以不同倍率的余额递减速率，计算一个时期内折旧额的方法。

在 H2 单元格输入以下公式，向下填充到 H11 单元格。

```
=VDB($B$5,$B$8,$B$6,D2-1,D2)
```

知识点讲解

VDB 函数

VDB 函数用于以双倍余额递减法或其他指定的方法，返回指定的任何期间内的资产折旧值。其语法如下：

```
VDB(cost,salvage,life,start_period,end_period,[factor],[no_switch])
```

第一参数 cost 指固定资产原值，即初始购置成本。

第二参数 salvage 指固定资产的净残值。

第三参数 life 指固定资产的使用年限。

第四参数 start_period 用于指定折旧数额的计算是从第几期开始，必须与第三参数使用相同的单位。

第五参数 end_period 用于指定折旧数额的计算是到第几期为止，必须与第三参数使用相同的单位。

第六参数 factor 用于指定余额递减的速率。如果省略该参数，则使用默认值 2，即采用双倍余额递减法。

第七参数 no_switch 为逻辑值，用于指定当折旧值大于余额递减计算值时，是否转用直线折旧法。

使用 VDB 函数计算每年的折旧额时需要指定开始期次和结束期次，如计算第一年的折旧额时，开始期次应为 0，结束期次应为 1。

（六）固定余额递减法

固定余额递减法也是加速折旧法之一，其特点是在使用年限内将后期折旧的一部分移到前期，在前期加速计提折旧。

在 D12 单元格输入 11，然后在 I2 单元格输入以下公式，向下填充到 I12 单元格。

```
=DB($B$5,$B$8,$B$6,D2,9)
```

知识点讲解

DB 函数

DB 函数用于返回利用固定余额递减法计算的一定时期内固定资产的折旧值。其语法如下：

```
DB(cost,salvage,life,period,[month])
```

第一参数 cost 指固定资产原值，即初始购置成本。

第二参数 salvage 指固定资产的净残值。

第三参数 life 指固定资产的使用年限。

第四参数 period 指要计算折旧的期间，必须与第三参数使用相同的单位。

第五参数 month 用于指定第 1 年的月份数。如果省略该参数，则默认其值为 12。

本例中第 1 期是从 3 月份开始计提，所以第五参数写成 9，表示第 1 年的折旧月份数是 9。由于第 1 年只计提 9 个月，因此在第 11 个会计年度还需要计提固定资产第 10 个折旧年度剩余 3 个月的折旧，即第 1 年度的折旧月份数是 9，第 11 个会计年度的折旧月份数是 3，其余年度折旧的月份数均为 12。

输入完成后的效果如图 3-41 所示。

	A	B	C	D	E	F	G	H	I
1	购置日期	2018/3/10		使用年限	直线折旧法	双倍余额递减法	年数总和法	可变余额递减法	固定余额递减法
2	资产类型	机器设备		1	¥5,520.00	¥12,000.00	¥10,036.36	¥12,000.00	¥10,035.00
3	资产名称	车床		2	¥5,520.00	¥9,600.00	¥9,032.73	¥9,600.00	¥11,142.20
4	数量	10		3	¥5,520.00	¥7,680.00	¥8,029.09	¥7,680.00	¥8,657.49
5	原值	60000		4	¥5,520.00	¥6,144.00	¥7,025.45	¥6,144.00	¥6,726.87
6	使用年限	10		5	¥5,520.00	¥4,915.20	¥6,021.82	¥4,915.20	¥5,226.78
7	净残值率	8%		6	¥5,520.00	¥3,932.16	¥5,018.18	¥3,932.16	¥4,061.20
8	净残值	4800		7	¥5,520.00	¥3,145.73	¥4,014.55	¥3,145.73	¥3,155.56
9				8	¥5,520.00	¥2,516.58	¥3,010.91	¥2,594.30	¥2,451.87
10				9	¥5,520.00	2633.16	¥2,007.27	¥2,594.30	¥1,905.10
11				10	¥5,520.00	2633.16	¥1,003.64	¥2,594.30	¥1,480.26
12				11					¥287.54

图 3-41　不同折旧方法的计算结果

提示

使用固定余额递减法计算固定资产折旧，在使用年限结束时，固定资产的折余价值有可能与净残值不完全相等。

3.1.5 不同折旧计算方法的对比分析

不同的折旧计算方法得到的折旧金额有所差异，企业在选择折旧计算方法时，需要考虑每一种折旧计算方法对企业自身发展的影响，因此需要对不同的折旧计算方法计算出来的折旧额进行对比分析，从中选出最适合企业的折旧计算方法。不同折旧计算方法下的年折旧额变化情况如图 3-42 所示。

从以上的不同折旧计算方法对比图可以看出，直线折旧法是最简单的计算方法，每一年的折旧金额相同，因此直线折旧法也是计提固定资产折旧时使用得最普遍的方法。

年数总和法的曲线斜率固定，折旧率平稳减少。其他三种方法在初期折旧率较高，随着期数增加折旧率快速降低，到后期折旧率的变化趋于平缓。

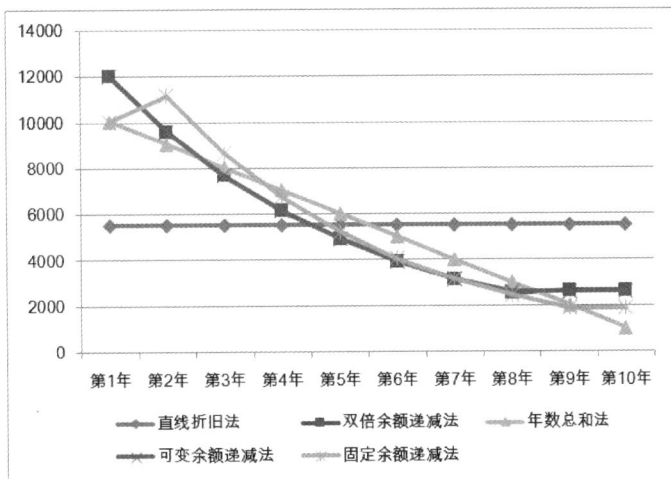

图 3-42　不同折旧计算方法对比

3.2　长期投资决策

长期投资决策是指先拟定长期投资方案，然后用科学的方法对长期投资方案进行分析、评价，从而选出最佳长期投资方案的过程，最终目的是提高企业总体经营能力和获利能力。对投资项目的经济可行性进行评估是长期投资决策中比较重要的环节，主要使用平均报酬率法、投资回收期法、净现值法、以及内部收益率法等。

3.2.1　平均报酬率计算

平均报酬率是指投资项目经营期各年度平均净现金流量占初始投资额的百分比，计算公式为：

平均报酬率=年均净现金流量/初始投资×100%

用平均报酬率法对投资项目进行评价时，需要将项目的平均报酬率与投资者预期的报酬率进行比较。当项目的平均报酬率不低于投资者的预期报酬率时，该项目即为可行项目。

平均报酬率的优点是容易计算，缺点是没有考虑资金的时间价值，因此在多数情况下，平均报酬率法仅作为辅助评价方法使用。

> 素材所在位置：
> 素材\第 3 章　内部长期投资\3.2.1 平均报酬率计算.xlsx

以图 3-43 为例，图中所示的数据是某公司拟定的新项目的有关数据，需要计算其平均报酬率。

	A	B	C	D	E	F
1	年净现金流量（万元）					
2	初始投资	第1年	第2年	第3年	第4年	第5年
3	-3200	500	510	575	620	760
4						
5						
6	平均报酬率					

图 3-43　计算平均报酬率

步骤 1 在 B6 单元格输入以下公式。

`=AVERAGE(B3:F3)/-A3`

步骤 2 选中 B6 单元格，在【开始】选项卡下单击【百分比样式】按钮，单击两次【增加小数位数】按钮，如图 3-44 所示。

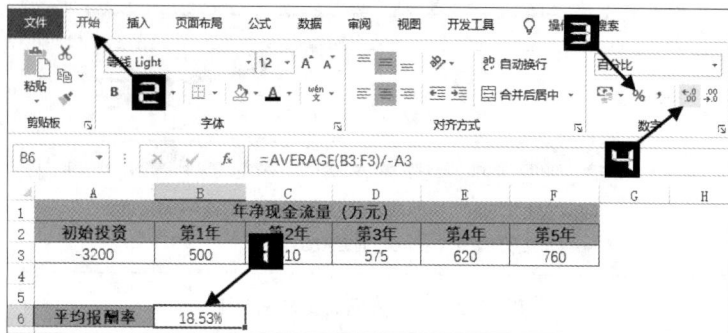

图 3-44　设置百分比样式和小数位数

知识点讲解

AVERAGE 函数

AVERAGE 函数用于返回参数的算术平均值，如果参数中包含文本、逻辑值或空单元格，则这些值将被忽略，但包含零值的单元格将被计算在内。

本例中，先使用 AVERAGE 函数计算 B3:F3 单元格区域中各年度净现金流量的平均值，然后用计算结果除以 A3 单元格中的初始投资额。因为 A3 单元格中的初始投资额以负数表示，所以使用负号将其转换为正数再进行计算。

3.2.2　投资回收期计算

投资回收期是指累计的经济效益达到与最初的投资费用相等所需的时间，包括静态投资回收期和动态投资回收期两种。投资回收期法的优点是计算比较简单，缺点是只考虑了投资回收期以内的净现金流量，没有考虑资金时间价值和回收期满后的现金流量，不能准确反映投资方式不同对项目的影响。

素材所在位置：

素材\第 3 章　内部长期投资\3.2.2　投资回收期计算.xlsx

（一）静态投资回收期计算

静态投资回收期是指在不考虑资金时间价值的条件下，以项目的净收益回收其全部投资所需要的时间，计算公式为：

静态投资回收期=最后一项为负值的累计净现金流量对应的年数+

最后一项为负值的累计净现金流量的绝对值/下年净现金流量

以图 3-45 为例，某项目初始投资为 100,000 元，经营期为 5 年，C7:H7 单元格区域中是每年的的净现金流量，需要计算该项目的静态投资回收期。

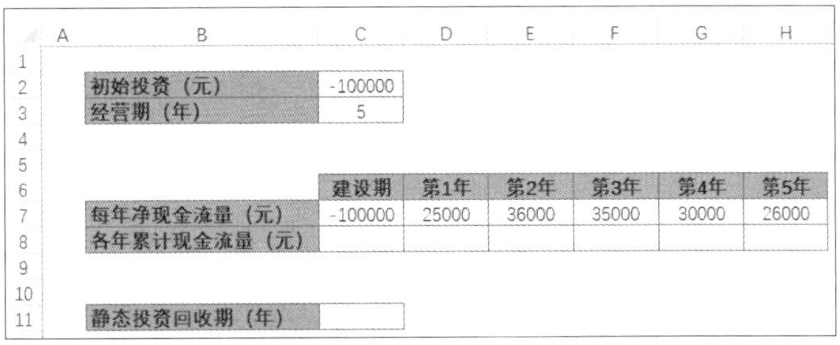

	A	B	C	D	E	F	G	H
1								
2		初始投资（元）	-100000					
3		经营期（年）	5					
4								
5								
6			建设期	第1年	第2年	第3年	第4年	第5年
7		每年净现金流量（元）	-100000	25000	36000	35000	30000	26000
8		各年累计现金流量（元）						
9								
10								
11		静态投资回收期（年）						

图 3-45 计算静态投资回收期 1

操作步骤如下。

步骤 1 在 C8 单元格中输入以下公式，向右填充到 H8 单元格，计算各年累计现金流量。

```
=SUM($C7:C7)
```

步骤 2 在 C11 单元格输入以下公式计算静态投资回收期，结果为 4.13，如图 3-46 所示。

```
=ROUND(MATCH(0,C8:H8)+ABS(INDEX(C8:H8,MATCH(0,C8:H8)))/INDEX(C7:H7,MATCH(0,C8:H
8)+1),2)
```

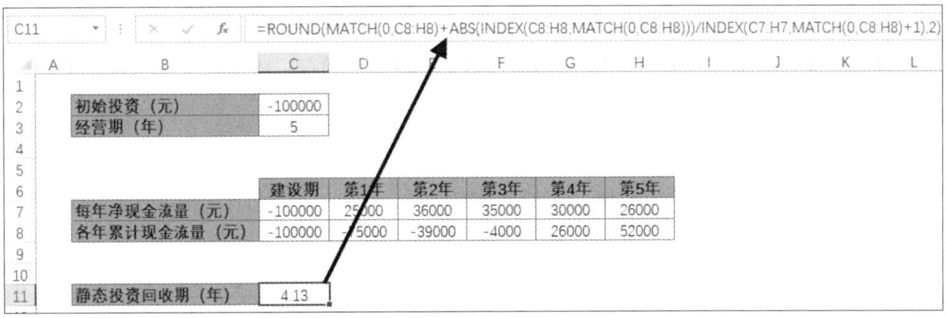

	A	B	C	D	E	F	G	H
1								
2		初始投资（元）	-100000					
3		经营期（年）	5					
4								
5								
6			建设期	第1年	第2年	第3年	第4年	第5年
7		每年净现金流量（元）	-100000	25000	36000	35000	30000	26000
8		各年累计现金流量（元）	-100000	-75000	-39000	-4000	26000	52000
9								
10								
11		静态投资回收期（年）	4.13					

图 3-46 计算静态投资回收期 2

知识点讲解

1. ABS 函数

ABS 函数的作用是返回数字的绝对值。

2. MATCH 函数

素材所在位置：

素材\第 3 章 内部长期投资\MATCH 函数.xlsx

扩展知识点
使用 MATCH 函数和 INDEX 函数查询数据

MATCH 函数用于返回指定的搜索内容在一行或一列数据区域中的相对位置，其结果常作为其他函数的参数。其基本语法为：

```
MATCH(lookup_value,lookup_array,[match_type])
```

第一参数 lookup_value 是需要查找的内容，第二参数 lookup_array 是要进行查询的一行或一列的单元格区域，第三参数 match_type 用于指定查找时的匹配方式。当第三参数为 0、1（或省略）、-1 时，分别表示精确匹配、升序查找、降序查找模式。

其可以理解为：

MATCH(查找的内容,在哪里查找,[查找时匹配的方式])

（1）当第三参数为 0 时，第二参数不需要预先排序处理。使用以下公式能够精确查找出"白如雪"在 A2:A9 单元格区域中首次出现的位置，结果为 3，如图 3-47 所示。

=MATCH(D3,A2:A9,0)

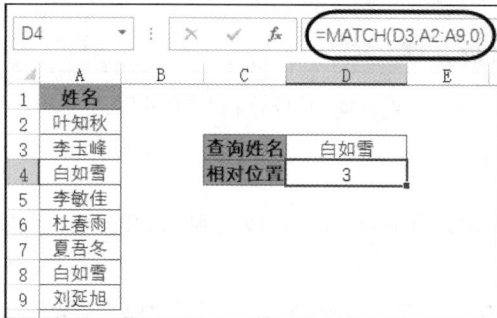

图 3-47　MATCH 函数的精确匹配方式

> **提示**
>
> 使用精确匹配方式时，如果查询区域中有多个符合条件的内容，MATCH 函数只能返回首次出现该内容的位置。

（2）当第三参数为 1 或省略时，第二参数需要按升序排序。MATCH 函数在第二参数中查找指定内容的相对位置，如果在第二参数中找不到查找值，则以小于查找值的最大值进行匹配，并返回对应的位置。

如本例中的"MATCH(0,C8:H8)"，就是以 0 作为查找值，在 C8:H8 单元格区域中查询 0 所处的相对位置。由于 C8:H8 单元格区域中没有 0，因此以该区域中小于查找值 0 的最大值"-4000"进行匹配，并返回"-4000"在该区域中的相对位置 4。其得到的结果就是最后一项为负值的累计净现金流量对应的年数。

（3）当第三参数为-1 时，第二参数要按降序排列。MATCH 函数在第二参数中查找指定内容的相对位置，如果在第二参数中找不到查找值，则以大于查找值的最小值进行匹配，并返回对应的位置。

3. INDEX 函数

素材所在位置：
素材\第 3 章　内部长期投资\INDEX 函数.xlsx

INDEX 函数是常用的引用类函数之一，能够根据指定的行号或列标来返回一个区域中对应位置的内容，该函数的常用语法如下：

INDEX(reference,row_num,[column_num],[area_num])

第一参数 reference 可以是多行多列的单元格区域，也可以是一行或是一列的单元格区域。

如果第一参数为多行多列的单元格区域，可以分别使用第二参数和第三参数指定要在单元格区域中返回第几行与第几列的交叉处的内容。使用以下公式可以返回 B2:F6 单元格区域中第 3 行与第 4 列的交叉处的内容，即 E4 单元格的内容，如图 3-48 所示。

```
=INDEX(B2:F6,3,4)
```

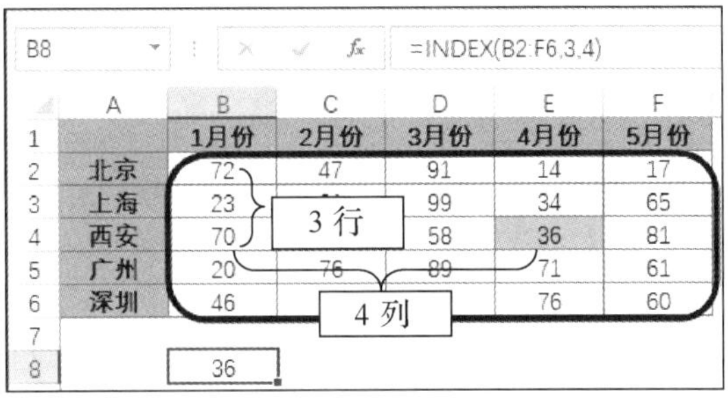

图 3-48　INDEX 函数第一参数为多行多列单元格区域

如果第一参数为单行或单列的单元格区域，则可以根据第二参数指定的位置，返回对应位置的内容。

（1）本例中计算各年累计现金流量的公式为：

```
=SUM($C7:C7)
```

公式中的参数分别使用了混合引用和相对引用，公式向右复制时，参数会依次变成 "$C7:C8" "$C7:C9" "$C7:C10" ……也就是 SUM 函数的求和区域从 C7 单元格开始不断扩展，依次得到各年累计现金流量。

（2）本例中计算静态投资回收期的公式为：

```
=ROUND(MATCH(0,C8:H8)+ABS(INDEX(C8:H8,MATCH(0,C8:H8)))/INDEX(C7:H7,MATCH(0,C8:H8)+1),2)
```

"MATCH(0,C8:H8)" 部分，用于计算最后一项为负值的累计净现金流量对应的年数，结果为 4。

"INDEX(C8:H8,MATCH(0,C8:H8))" 部分，INDEX 函数以 MATCH 函数的结果作为索引值，返回 C8:H8 单元格区域中的第 4 个单元格的内容，也就是最后一项为负值的累计净现金流量，结果为-4,000。然后使用 ABS 函数计算出-4,000 的绝对值，结果为 4,000。

"INDEX(C7:H7,MATCH(0,C8:H8)+1)" 部分，INDEX 函数以 MATCH 函数的结果加 1 作为索引值，返回 C7:H7 单元格区域中的第 5 个单元格的内容，也就是下年的净现金流量 30,000。

依据静态投资回收期计算公式，用最后一项为负值的累计净现金流量对应的年数 4，加上 4,000 除以 30,000 的商，结果为 4.13，最后使用 ROUND 函数使计算结果保留两位小数，结果为 4.13。

公式计算结果包括建设期在内，如需排除建设期，可以将计算结果减去 1。

使用 INDEX 函数和 MATCH 函数查询数据

INDEX 函数和 MATCH 函数结合运用能够实现灵活的数据查询。

素材所在位置：
素材\第 3 章 内部长期投资\使用 INDEX 函数和 MATCH 函数查询数据.xlsx

要求在员工信息表中，根据 E4 单元格指定的姓名查询对应的工号，如图 3-49 所示。

	A	B	C	D	E	F
1	工号	姓名	部门			
2	1001	叶知秋	质检部			
3	1082	简方达	总经办		姓名	工号
4	1635	何子良	财务部		夏吾冬	
5	1055	夏吾冬	销售部			
6	1645	白如雪	采购部			
7	1366	柳飞絮	安监部			
8	1080	万金来	质保部			
9	1128	史明飞	生产部			

图 3-49 根据姓名查询工号

在 F4 单元格输入以下公式，查询结果为“1055”。

```
=INDEX(A2:A9,MATCH(E4,B2:B9,0))
```

首先用 MATCH 函数，以精确匹配的方式返回 E4 单元格中的姓名在 B2:B9 单元格区域中的相对位置 4。再用 INDEX 函数根据此索引值，返回 A2:A9 单元格区域中的第 4 个单元格的内容。

（二）动态投资回收期计算

动态投资回收期是指在考虑货币时间价值的条件下，从投资项目开始到累计折现现金流量等于 0 时所需的时间。

其计算公式为：

动态投资回收期=（累计折现值最后一次出现负值对应的年数-1）+
该年累计折现值的绝对值/下年净现金流量的折现值

以图 3-50 为例，某项目初始投资为 100,000 元，经营期为 5 年，贴现率为 6.5%，C8:H8 单元格区域中是每年的净现金流量，需要计算该项目的动态投资回收期。

	A	B	C	D	E	F	G	H
1								
2		初始投资（元）	-100000					
3		经营期（年）	5					
4		贴现率	6.50%					
5								
6			建设期	第1年	第2年	第3年	第4年	第5年
7			0	1	2	3	4	5
8		每年净现金流量（元）	-100000	25000	36000	35000	30000	26000
9		各年净现金流量的现值（元）						
10		各年累计净现金流量现值（元						
11								
12								
13		动态投资回收期（年）						

图 3-50 动态投资回收期计算

操作步骤如下。

步骤 1 在 C9 单元格输入以下公式，向右复制到 H9 单元格，计算各年净现金流量的现值，如图 3-51 所示。

```
=PV($C4,C7,0,-C8)
```

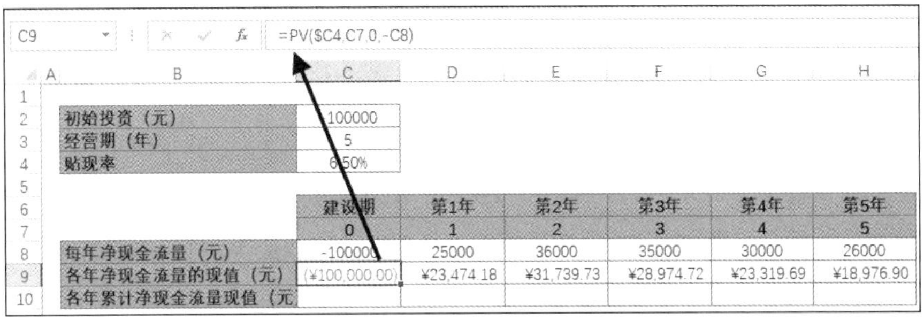

C9 =PV($C4,C7,0,-C8)

	A	B	C	D	E	F	G	H
1								
2		初始投资（元）	100000					
3		经营期（年）	5					
4		贴现率	6.50%					
5								
6			建设期	第1年	第2年	第3年	第4年	第5年
7			0	1	2	3	4	5
8		每年净现金流量（元）	-100000	25000	36000	35000	30000	26000
9		各年净现金流量的现值（元）	(¥100,000.00)	¥23,474.18	¥31,739.73	¥28,974.72	¥23,319.69	¥18,976.90
10		各年累计净现金流量现值（元						

图 3-51　计算各年净现金流量的现值

步骤 2　在 C10 单元格输入以下公式，向右复制到 H10 单元格，计算各年累计净现金流量现值。

```
=SUM($C9:C9)
```

步骤 3　在 C13 单元格输入以下公式计算动态投资回收期，结果为 3.68，表示在建设期过后需要经营 3.68 年。

```
=ROUND(MATCH(0,C10:H10)-1+ABS(INDEX(C10:H10,MATCH(0,C10:H10)))/INDEX(C9:H9,MATCH(0,C10:H10)+1),2)
```

公式讲解

（1）本例中计算各年净现金流量现值的公式为：

```
=PV($C4,C7,0,-C8)
```

PV 函数的第一参数使用 C4 单元格中的贴现率 6.5%，第二参数使用 C7 单元格中的年数期限，第三参数每期等额支付金额为 0，第四参数未来值使用 C8 单元格中的每年净现金流量。

（2）本例中计算各年累计净现金流量现值公式为：

```
=SUM($C9:C9)
```

该公式使用混合引用和相对引用的方式，依次计算各年累计数。

（3）本例中计算动态投资回收期的公式为：

```
=ROUND(MATCH(0,C10:H10)+ABS(INDEX(C10:H10,MATCH(0,C10:H10)))/INDEX(C9:H9,MATCH(0,C10:H10)+1),2)
```

“MATCH(0,C10:H10)”部分，计算累计折现值最后一次出现负值对应的年数，结果为 4。

“INDEX(C10:H10,MATCH(0,C10:H10))”部分，INDEX 函数以 MATCH 函数的结果作为索引值，返回 C10:H10 单元格区域中第 4 个单元格的内容，也就是最后一项为负值的累计折现值，结果为 -15,811.37。然后使用 ABS 函数计算出-15,811.37 的绝对值，结果为 15,811.37。

“INDEX(C9:H9,MATCH(0,C10:H10)+1)”部分，INDEX 函数以 MATCH 函数的结果加 1 作为索引值，返回 C9:H9 单元格区域中的第 5 个单元格的内容，也就是下年的净现金流量折现值，结果为 23,319.69。

依据动态投资回收期计算公式，用累计折现值最后一次出现负值对应的年数 4，加上 15,811.37 除以 23,319.69 的商，最后使用 ROUND 函数使计算结果保留两位小数，结果为 4.68。

公式计算结果包括建设期在内，如需排除建设期，可以将计算结果减去 1。

3.3 净现值计算

净现值是指在预定的贴现率下，投资项目未来各期现金流入量的总现值与未来各期现金流出量的总现值之差。如果净现值大于 0，则项目为可行项目。净现值法不但考虑了资金的时间价值，而且考虑了投资过程中的净现金流量。其缺点是净现值的计算较为麻烦，而且净现金流量和贴现率较难确定，不能从动态角度直接反映投资项目的实际收益水平。

3.3.1 现金流定期条件下的净现值计算

素材所在位置：
素材\第 3 章 内部长期投资\3.3.1 现金流定期条件下的净现值计算.xlsx

以图 3-52 为例，某项目初始投资为 100,000 元，贴现率为 6.5%，C7:H7 单元格区域是每年的净现金流量，需要计算该项目的净现值，并以此判断项目是否可行。

	A	B	C	D	E	F	G	H
1								
2		初始投资（元）	-100000					
3		贴现率	6.5%					
4								
5								
6			建设期	第1年	第2年	第3年	第4年	第5年
7		每年净现金流量（元）	-100000	38000	33000	31000	28000	12800
8								
9								
10		净现值（元）						
11		项目是否可行						

图 3-52　投资净现值计算

在 C10 单元格输入以下公式计算净现值，结果为 21,546.35。

```
=ROUND(NPV(C3,D7:H7)+C7,2)
```

在 C11 单元格输入以下公式判断项目是否可行，结果为“可行”。

```
=IF(C10>0,"可行","不可行")
```

知识点讲解

1. NPV 函数

NPV 函数能够根据设定的贴现率或基准收益率，以及一系列未来支出（负值）和收入（正值），返回一项投资的净现值。

该函数基本语法为：

```
NPV(rate,value1,[value2],…)
```

第一参数 rate 是各期的贴现率，第二参数 value1 表示各期的净现金流量。

NPV 函数假定投资开始于 value1 现金流所在日期的前一期，并结束于最后一笔现金流的当期。NPV 函数依据未来的现金流进行计算，如果第一笔现金流发生在第一个周期的期初，则第一笔现金流必须添加到 NPV 函数的结果中，而不应包含在 value1、value2 等参数中。

本例中净现值的计算公式为：

```
=ROUND(NPV(C3,D7:H7)+C7,2)
```

NPV 函数的第一参数，使用 C3 单元格指定的贴现率 6.5%。第二参数 D7:H7 是投资周期中各年的净现金流量。由于第一笔现金流，也就是 C7 单元格的"-100000"发生在期初，因此用 NPV 函数的计算结果与之相加得到投资的净现值。

2. IF 函数

IF 函数能够根据第一参数指定的条件来判断其"真"(TRUE)、"假"(FALSE)，从而返回预先定义的内容。该函数语法为：

```
IF(logical_test,[value_if_true],[value_if_false])
```

第一参数 logical_test 是需要进行判断的条件，当第一参数的计算结果为 TRUE 或者不等于 0 的数值时，IF 函数返回第二参数的值，反之则返回第三参数的值。

其可以理解为：

```
IF(要判断的条件,条件成立时返回的内容,条件不成立时返回的内容)
```

本例中判断项目是否可行的公式为：

```
=IF(C10>0,"可行","不可行")
```

该公式首先判断 C10>0 是否成立，如果 C10 大于 0，IF 函数返回第二参数指定的内容"可行"，否则返回第三参数指定的内容"不可行"。

扩展知识点

1. 用 IF 函数实现多个条件判断

在 IF 函数的第一参数中使用多个判断条件，可以实现较为复杂的条件判断。

素材所在位置：

素材\第 3 章 内部长期投资\用 IF 函数实现多个条件判断.xlsx

扩展知识点
IF函数

以图 3-53 为例，当部门为"生产"，并且岗位是"主操"时，补助标准为 100 元，其他为 50 元。在 D2 单元格输入以下公式，然后将公式向下复制到 D10 单元格，能够根据以上两个条件计算出对应的补助标准。

```
=IF(AND(B2="生产",C2="主操"),100,50)
```

姓名	部门	岗位	补助
贺子鹏	财务	出纳	50
陆远征	储运	保管	50
江浩坤	生产	部长	50
叶知秋	生产	主操	100
夏吾冬	财务	主任	50
白秋海	生产	主操	100
柳如絮	储运	保管	50
葛飞烟	质检	质检员	50
毕远达	生产	班长	50

图 3-53 多个条件判断

在 Excel 中，AND 函数、OR 函数和 NOT 函数分别对应三种常用的逻辑关系，即"与""或""非"。

对于 AND 函数，所有参数的逻辑值都为真时返回 TRUE，只要一个参数的逻辑值为假即返回 FALSE。

对于 OR 函数，只要一个参数的逻辑值为真即返回 TRUE，当所有参数的逻辑值都为假时，才返回 FALSE。

对于 NOT 函数，如果其条件参数的逻辑值为真，返回结果为假；如果其条件参数的逻辑值为假，返回结果为真。其结果是对表达式的逻辑值的反转。

本例中，IF 函数的第一参数为"AND(B2="生产",C2="主操")"，当"B2="生产""和"C2="主操""两个条件同时符合时，返回逻辑值 TRUE。IF 函数再以此返回第二参数"100"，否则返回第三参数"50"。

提示

在公式中使用文本内容时，需要在文本两侧加上半角双引号，否则公式会返回错误值#NAME?。

2. 用 IF 函数实现多个区间的判断

素材所在位置：
素材\第 3 章 内部长期投资\用 IF 函数实现多个区间的判断.xlsx

某公司规定，销售额小于 50 万元的提成比例为 0.03%，销售额在 50 万～100 万元之间的提成比例为 0.05%，销售额大于 100 万元的提成比例为 0.06%。

要求在销售记录中，根据销售额计算对应的提成比例，如图 3-54 所示。

	A	B	C
1	姓名	销售额(万元)	提成比例
2	贺子鹏	79.12	
3	陆远征	47.55	
4	江浩坤	122.31	
5	叶知秋	89.80	
6	夏吾冬	12.55	
7	白秋海	57.40	
8	柳如絮	111.35	
9	葛飞烟	36.45	
10	毕远达	78.55	

图 3-54　用 IF 函数计算提成比例

在 C2 单元格输入以下公式，向下复制到 C10 单元格。

```
=IF(B2<50,0.03%,IF(B2<=100,0.05%,0.06%))
```

该公式中使用了两个 IF 函数的嵌套，先判断 B2 单元格的值是否小于 50，如果小于 50，返回第二参数指定的数值 0.03%。如果不满足该条件，则执行下一个 IF 函数的判断。

"IF(B2<=100,0.05%,0.06%)"部分，IF 函数判断 B2 单元格的值是否小于等于 100，如果符合小于等于 100 的条件，返回第二参数指定内容 0.05%，否则返回 0.06%。

使用 IF 函数的嵌套时，需要注意区段划分的完整性和唯一性，可以理解为从一个极端开始向另一个极端进行递进式判断。

例如，可以先判断是否小于条件中的最小标准，然后逐层判断，最后判断是否小于条件中的最大标准。也可以先判断是否大于条件中的最大标准，然后逐层判断，最后判断是否大于条件中的最小标准。

使用以下公式能够完成同样的计算要求。

```
=IF(B2>100,0.06%,IF(B2>50,0.05%,0.03%))
```

3.3.2 现金流不定期条件下的净现值计算

素材所在位置：

素材\第 3 章 内部长期投资\3.3.2 现金流不定期条件下的净现值计算.xlsx

以图 3-55 为例，某项目在 2015 年 2 月 1 日投入资金 100,000 元，贴现率为 6.5%，C7:H7 单元格区域中是各年的净现金流量。需要计算该项目的净现值，并以此判断项目是否可行。

	A	B	C	D	E	F	G	H
1								
2		初始投资（元）	-100000					
3		贴现率	6.5%					
4								
5								
6			2015/2/1	2016/6/20	2017/5/12	2018/8/8	2019/12/20	2020/1/1
7		每年净现金流量（元）	-100000	38000	33000	31000	18000	11100
8								
9								
10		净现值（元）						
11		项目是否可行						

图 3-55　现金流不定期条件下的净现值计算

在 C10 单元格中输入以下公式计算净现值，结果为 9,649.4。

```
=XNPV(C3,C7:H7,C6:H6)
```

在 C11 单元格输入以下公式判断项目是否可行，结果为“可行”。

```
=IF(C10>0,"可行","不可行")
```

知识点讲解

XNPV 函数

XNPV 函数用于返回一组现金流的净现值，这些现金流不一定定期发生。它与 NPV 函数的区别如下。

（1）NPV 函数基于相同的时间间隔定期发生，而 XNPV 是不定期的。

（2）NPV 的现金流发生在期末，而 XNPV 发生在每个阶段的期初。

XNPV 函数的语法为：

```
XNPV(rate,values,dates)
```

第一参数 rate 是现金流的贴现率，本例中取 C3 单元格中的 6.5%。

第二参数 values 是与支付时间相对应的一系列现金流，数据系列至少要包含一个正数和一个负数，本例中第二参数为 C7:H7 单元格区域的引用。

第三参数 dates 表示与现金流支付相对应的支付日期表，第一个支付日期代表支付的开始。其他日期应迟于该日期，但可按任何顺序排列，本例中为 C6:H6 单元格区域的引用。

3.4 内部收益率计算

内部收益率是指使投资项目的净现值为 0 时的贴现率。用内部收益率评价项目可行性时，如果内部收益率大于投资者设定的基准收益率，则项目可行。

使用内部收益率评价项目可行性的优点是充分考虑了货币的时间价值，能反映投资项目的真实报酬率；缺点是计算过程比较复杂，当未来年份既有现金流入又有现金流出时，可能出现无解或多个解的情况。

3.4.1 每年现金流固定时的内部收益率计算

素材所在位置：
素材\第 3 章 内部长期投资\3.4.1 每年现金流固定时的内部收益率计算.xlsx

以图 3-56 为例，某项目初始投资 100,000 元，经营期为 5 年，每年的净现金流量为 27,000 元，需要计算该项目的内部收益率。

	A	B	C
1			
2		基准收益率	7.5%
3			
4		初始投资（元）	-100000
5		经营期（年）	5
6		每年净现金流量（元）	27000
7		内部收益率	

图 3-56　每年现金流固定时的内部收益率

在 C7 单元格输入以下公式，计算结果为 11%。

```
=RATE(C5,C6,C4)
```

计算结果大于 C2 单元格中的 7.5%，表示该项目可行。

知识点讲解

RATE 函数

RATE 函数用于计算未来款项的各期利率。如果是按月计息，将得到的结果乘以 12 可得到相应条件下的年利率。

RATE 函数通过迭代法计算结果，并且可能无解或有多个解。

该函数语法为：

```
RATE(nper,pmt,pv,[fv],[type],[guess])
```

第一参数 nper 是年金的付款总期数，本例为 C5 单元格中的 5。

第二参数 pmt 是各期所应支付的金额，其数值在整个年金期间保持不变，本例为 C6 单元格中的 27,000。

第三参数 pv 是一系列未来付款的现值总额，本例中为 C4 单元格中的现值-100,000。

第四参数 fv 为可选参数，表示未来值或在最后一次付款后希望得到的现金余额。本例省略第四参数，则假设其值为 0。

第五参数 type 为可选参数，用数字 0 或 1 表示指定各期的付款时间是在期初还是期末。本例中省略第五参数，表示付款时间在期末。

第六参数 guess 为可选参数，表示预期利率。本例省略预期利率，则假设该值为 10%。

3.4.2 现金流定期条件下的内部收益率计算

素材所在位置：

素材\第 3 章 内部长期投资\3.4.2 现金流定期条件下的内部收益率计算.xlsx

以图 3-57 为例，某项目初始投资 100,000 元，经营期为 5 年，C6:H6 单元格区域中是每年的净现金流量，需要计算该项目的内部收益率。

	A	B	C	D	E	F	G	H
1								
2		基准收益率	7.5%					
3								
4			建设期	第1年	第2年	第3年	第4年	第5年
5		经营期（年）	0	1	2	3	4	5
6		每年净现金流量（元）	-100000	25000	30000	32000	15000	16000
7								
8		内部收益率						

图 3-57 现金流定期条件下的内部收益率

在 C8 单元格输入以下公式，计算结果为 6%。

```
=IRR(C5:H6)
```

计算结果小于 C2 单元格中的 7.5%，表示该项目不可行。

知识点讲解

IRR 函数

IRR 函数用于返回一系列现金流的内部收益率。这些现金流不必为均衡的，但必须按月或按年以固定的间隔产生。该函数语法为：

```
IRR(values, [guess])
```

第一参数 values 包含用来计算内部收益率的单元格区域，必须包含至少一个正值和一个负值。

第二参数 guess 为可选参数，表示预期利率。本例省略第二参数，则假设预期利率为 10%。

3.4.3 现金流不定期条件下的内部收益率计算

素材所在位置：

素材\第 3 章 内部长期投资\3.4.3 现金流不定期条件下的内部收益率计算.xlsx

以图 3-58 为例，某项目初始投资 100,000 元，经营期为 5 年，C6:H6 单元格区域中是每年的净现金流量，需要计算该项目的内部收益率。

	A	B	C	D	E	F	G	H
1								
2		基准收益率	7.5%					
3								
4								
5		日期	2015/11/6	2017/1/31	2017/12/6	2019/3/11	2019/10/18	2020/9/10
6		每年净现金流量（元）	-100000	25000	30000	32000	25000	16000
7								
8		内部收益率						

图 3-58　现金流不定期条件下的内部收益率

在 C8 单元格输入以下公式，计算结果为 8.9%。

```
=XIRR(C6:H6,C5:H5)
```

计算结果大于 C2 单元格中的 7.5%，表示该项目可行。

知识点讲解

XIRR 函数

XIRR 函数用于返回一系列不一定定期发生的现金流的内部收益率。该函数语法为：

```
XIRR(values,dates,[guess])
```

第一参数 values 是与支付时间相对应的一系列现金流，本例中为 C6:H6 单元格区域的引用。

第二参数 dates 表示与现金流支付相对应的支付日期表，本例中为 C5:H5 单元格区域的引用。

第三参数 guess 是可选参数，表示预期利率，本例省略，则假设预期利率为 10%。

3.4.4　各期收入净额再投资条件下的内部收益率计算

素材所在位置：

素材\第 3 章　内部长期投资\3.4.4　各期收入净额再投资条件下的内部收益率计算.xlsx

以图 3-59 为例，某项目初始投资 100,000 元，经营期为 5 年，各期收入净额再投资的收益率是 8.2%，C6:H6 单元格区域中是每年的净现金流量，需要计算该项目的内部收益率。

	A	B	C	D	E	F	G	H
1								
2		基准收益率	7.5%					
3		再投资收益率	8.2%					
4								
5			建设期	第1年	第2年	第3年	第4年	第5年
6		经营期（年）	0	1	2	3	4	5
7		每年净现金流量（元）	-100000	25000	30000	32000	25000	16000
8								
9		内部收益率						

图 3-59　各期收入净额再投资条件下的内部收益率

在 C8 单元格输入以下公式，计算结果为 8.1%。

```
=MIRR(C6:H7,C2,C3)
```

计算结果大于 C2 单元格中的 7.5%，表示该项目可行。

MIRR 函数

在同时考虑投资的成本和现金再投资的收益率的前提下，MIRR 函数用于返回某一连续期间内现金流的修正内部收益率。该函数语法为：

```
MIRR(values,finance_rate,reinvest_rate)
```

第一参数 values 表示各期的一系列支出（负值）及收入（正值），本例中为 C6:H7 单元格区域的引用。该参数必须至少包含一个正值和一个负值才能计算修正后的内部收益率，否则会返回错误值 #DIV/0!。

第二参数 finance_rate 是现金流中投入资金的融资利率，本例为 C2 单元格中的 7.5%。

第三参数 reinvest_rate 是各期收入净额再投资的收益率，本例为 C3 单元格中的 8.2%。

---

1. 设置文件自动保存的间隔时间

Excel 具有自动保存功能。当新建工作簿并进行首次保存之后，Excel 默认每隔 10 分钟对所做的编辑修改进行自动保存，可以降低程序意外崩溃或断电等原因造成的数据损失。

用户可以对自动保存间隔时间进行设置。在 Excel 中选择【文件】→【选项】命令，打开【Excel 选项】对话框，切换到【保存】选项卡，调整"保存自动恢复信息时间间隔"右侧的微调按钮或直接输入 1～120，单击【确定】按钮保存设置，如图 3-60 所示。

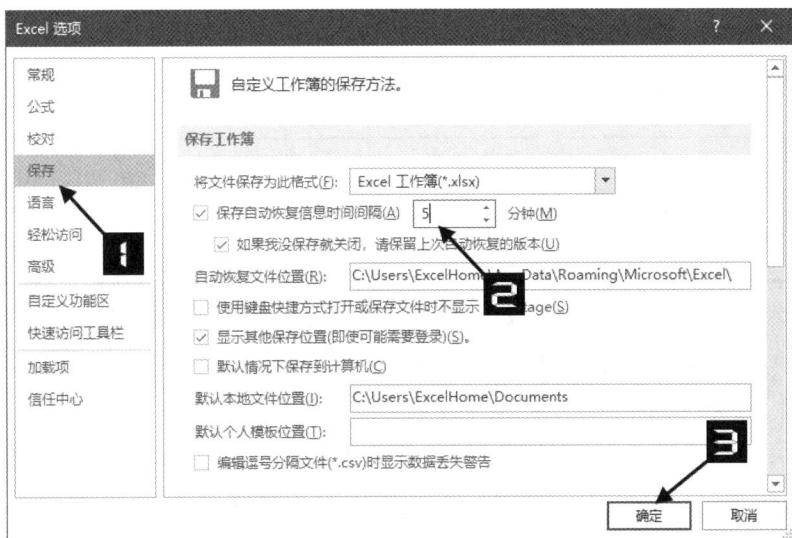

图 3-60　自动保存选项设置

2. Excel 常用快捷键

熟练运用一些快捷键，会显著提升操作效率，表 3-4 是部分常用的 Excel 快捷键。

表 3-4   部分常用的 Excel 快捷键

执行操作	快捷键（组合）
查看帮助文件	F1
重复最后一次操作	F4
打开【定位】对话框	F5
重新计算	F9
打开【另存为】对话框	F12
打开【单元格格式】对话框	Ctrl+1
复制选中区域	Ctrl+C
剪切选中区域	Ctrl+X
粘贴选中区域	Ctrl+V
撤销最后一次操作	Ctrl+Z
选中活动单元格所在的当前区域	Ctrl+A
保存当前操作	Ctrl+S
打印工作表	Ctrl+P
打开新工作表	Ctrl+O （字母 O）
新建工作簿	Ctrl+N
打开【查找和替换】对话框，并切换到【查找】选项卡	Ctrl+F
打开【查找和替换】对话框，并切换到【替换】选项卡	Ctrl+H
清除选中区域的内容	Delete
删除选中区域	Ctrl+-（数字小键盘的减号）
插入行或列	Ctrl++（数字小键盘的加号）
选中当前区域	Ctrl+*（数字小键盘的乘号）

本章小结

　　本章主要讲解了 Excel 在内部长期投资领域中的应用方法，包括固定资产折旧管理、长期投资决策以及净现值计算方法和内部收益率的计算方法等。结合与内部长期投资有关的应用案例，介绍了 Excel 中的高级筛选、固定资产折旧函数、净现值计算函数，以及内部收益率计算函数的应用，同时介绍了 MATCH 函数、INDEX 函数、IF 函数等通用型函数的用法。通过对本章的学习，读者能够更多地了解 Excel 与财务管理的结合应用，提高 Excel 应用水平。

思考与练习

　　（1）固定资产折旧的方法主要包括（＿＿＿）和（＿＿＿）两类，大部分企业固定资产折旧一般采用（＿＿＿）计算。

（2）DATEDIF 函数用于计算两个日期之间的天数、月数或年数，如果要计算 2010-2-25 至 2021-8-12 之间的整月数，公式为（_____）。

（3）SLN 函数用于返回某项资产在一个期间中的线性折旧值。其第一参数表示资产原值，第二参数表示资产在折旧期末的价值（有时也称为资产残值），第三参数表示资产的（____）。

（4）如果要计算 A1:A100 单元格区域中的最小值，需要使用的函数是（____）；如果要计算 A1:A100 单元格区域中的最大值，需要使用的函数是（____）。

（5）数据验证用于定义允许在单元格中输入哪些数据，防止用户输入无效数据。如果要限制在 A1:A100 单元格区域中，只能输入 2015-2-25 至 2020-8-12 之间的日期，请简单说出设置的主要步骤。

（6）在数据验证的有效性条件设置为"自定义"时，还可以使用函数公式指定规则。当公式结果返回（____）或不等于 0 的数值时，Excel 允许输入；如果返回（____）或数值 0，则拒绝输入。

（7）请在 A1:A100 单元格区域中设置数据验证，限制录入重复数据。

（8）在进行高级筛选操作时，位于同一行的各个条件相互之间是（____）的关系。两个筛选条件放在不同行，表示两个条件相互之间为（____）的关系。

（9）数据透视表结构分为四个部分，分别是（____）区域、（____）区域、（____）区域和（____）区域。

（10）数据透视表的报表布局分为"以（____）形式显示""以（____）形式显示"和"以（____）形式显示"三种显示形式。

（11）双倍余额递减法是在固定资产使用年限最后两年的前面各年，用平均法折旧率的两倍作为固定的折旧率，乘以逐年递减的固定资产期初净值，得出各年应计提折旧额的方法。在 Excel 中，可以使用（____）函数完成计算。

（12）年数总和法又称总和年限法、折旧年限积数法、年数比率法、级数递减法或年限合计法。在 Excel 中，可以使用（____）函数完成计算。

（13）可变余额递减法是指以不同倍率的余额递减速率，计算一个时期内折旧额的方法。在 Excel 中，可以使用（____）函数完成计算。

（14）固定余额递减法的特点是在使用年限内将后期折旧的一部分移到前期，在前期加速计提折旧。在 Excel 中，可以使用（____）函数完成计算。

（15）根据练习 3-1.xlsx 中的数据，使用 INDEX 函数和 MATCH 函数，根据已知工号查询对应的姓名。

（16）根据素材\第 3 章\练习 3-2.xlsx 中的数据，计算某项目的动态投资回收期。

（17）根据素材\第 3 章\练习 3-3.xlsx 中的数据，计算某项目的静态投资回收期。

（18）根据素材\第 3 章\练习 3-4.xlsx 中的数据，计算现金流定期条件下的净现值。

（19）根据素材\第 3 章\练习 3-5.xlsx 中的数据，用 IF 函数进行多个区间的判断。

（20）根据素材\第 3 章\练习 3-6.xlsx 中的数据，计算现金流不定期条件下的净现值。

（21）根据素材\第 3 章\练习 3-7.xlsx 中的数据，计算每年现金流固定时的内部收益率。

（22）根据素材\第 3 章\练习 3-8.xlsx 中的数据，计算现金流定期条件下的内部收益率。

（23）根据素材\第 3 章\练习 3-9.xlsx 中的数据，计算现金流不定期条件下的内部收益率。

（24）根据素材\第 3 章\练习 3-10.xlsx 中的数据，计算各期收入净额再投资条件下的内部收益率。

第 4 章

项目投资分析

　　项目投资是指企业以特定项目为对象，直接与新建项目或者更新改造项目有关的长期投资行为。

　　项目投资具有以下特点。一是投资数额大。项目投资所形成的资产往往在企业总资产中占有相当大的比重，对企业未来现金流量和财务状况具有决定性影响。二是作用时间长。特别是能决定企业发展方向的战略性投资，其直接决定了企业未来的生产经营方向。三是不经常发生。因此项目投资的决策不会经常发生，属于企业的非程序性决策，往往没有类似的决策可供参照比较。四是变现能力差。项目投资所形成的资产一般都不会在短期内变现。五是风险较大。

　　本章主要讲解 Excel 在项目投资分析中的应用。

4.1 使用方案管理器对投资项目进行分析

方案是一组由 Excel 保存在工作表中并可进行自动替换的值。用户可以使用方案来预测工作表模型的输出结果，还可以使用方案管理器在工作表中创建和保存不同的组值，然后切换到其中的任意一个方案来查看不同的结果。

Excel 的方案管理器能够通过多个关键因素的变化情况，分析这些因素对投资项目评价指标的影响。

素材所在位置：

素材\第 4 章 项目投资分析\4.1 使用方案管理器对投资项目进行分析.xlsx

例如，某公司需要投资生产一种环保产品，未来可能出现期望、悲观和乐观三种市场情况。预计该项目的投资额和三种不同市场情况下的产品单价和成本等信息如图 4-1 所示，需要运用方案管理器对不同情况下的净现值进行分析。

A	B 影响因素	C 期望	D 悲观	E 乐观
1	影响因素	期望	悲观	乐观
2	年销售量	7500	7000	8000
3	销售单价（元）	94	84	99
4	单位变动成本（元/件）	70	73	66
5	年付现固定成本（元）	55000	60000	45000
6	初始投资（元）		-150000	
7	经营期（年）		5	
8	所得税税率（%）		0.25	
9	贴现率（%）		0.085	
10	折旧方法		直线法	

图 4-1 已知条件和预计影响因素

4.1.1 建立方案管理器基础表格

步骤 1 首先建立用于方案管理器的基础表格，并输入基础数据，如图 4-2 所示。

A	B 影响因素	C 期望	D 悲观	E 乐观
1	影响因素	期望	悲观	乐观
2	年销售量	7500	7000	8000
3	销售单价（元）	94	84	99
4	单位变动成本（元/件）	70	73	66
5	年付现固定成本（元）	55000	60000	45000
6	初始投资（元）		-150000	
7	经营期（年）		5	
8	所得税税率（%）		0.25	
9	贴现率（%）		0.085	
10	折旧方法		直线法	
11				
12				
13	年销售量			
14	销售单价（元）		年销售收入（元）	
15	单位变动成本（元）		变动总成本（元）	
16	年付现固定成本（元）		付现固定成本（元）	
17	初始投资（元）		年折旧（元）	
18	经营期（年）		净利润（元）	
19	所得税税率（%）		年经营净现金流量（元）	
20	贴现率（%）		净现值（元）	

图 4-2 用于方案管理器的基础表格

步骤2 选中 B13:C20 单元格区域，单击【公式】选项卡下的【根据所选内容创建】按钮。在打开的【根据所选内容创建名称】对话框中选中"最左列"复选框，单击【确定】按钮，如图 4-3 所示。

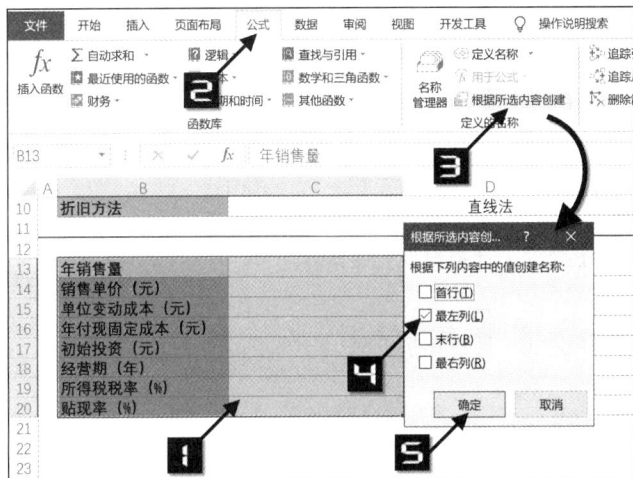

图 4-3 定义名称

步骤3 选中 D14:E20 单元格区域，使用与步骤 2 同样的方法定义名称。

设置完成后，单击【公式】选项卡下的【名称管理器】按钮，可以看到已定义的名称，由于定义名称时的命名不允许包含半角括号和百分号等特殊字符，因此定义的名称和单元格中的显示会略有差异，如图 4-4 所示。

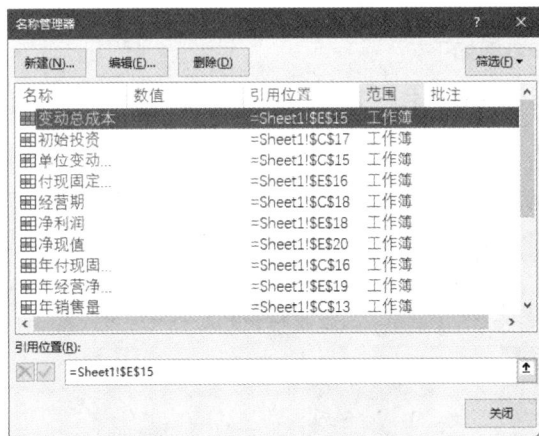

图 4-4 在【名称管理器】对话框中查看已定义的名称

步骤4 在 C17 单元格输入以下公式，向下复制到 C20 单元格。

=C6

步骤5 在 E14 单元格中输入等号，然后选中 C13 单元格，再输入乘号"*"，然后选中 C14 单元格，此时编辑栏中的单元格地址会自动显示为定义的名称，如图 4-5 所示。

图 4-5　计算年销售收入

在 E15 单元格输入以下公式，计算变动总成本。

=C13*C15

在 E16 单元格输入以下公式，计算付现固定成本。

=C16

在 E17 单元格输入以下公式，计算年折旧额。

=ABS(C17)/C18

在 E18 单元格输入以下公式，计算净利润。

=(E14-E15-E16-E17)*(1-C19)

在 E19 单元格输入以下公式，计算年经营净现金流量。

=E17+E18

在 E20 单元格输入以下公式，计算净现值。

=PV(C20,C18,-E19)+C17

即=PV(贴现率,经营期,-年经营净现金流量)+初始投资

4.1.2　添加和编辑方案

添加和编辑方案，操作步骤如下。

步骤1　选择【数据】→【模拟分析】→【方案管理器】命令，打开【方案管理器】对话框，如图 4-6 所示。

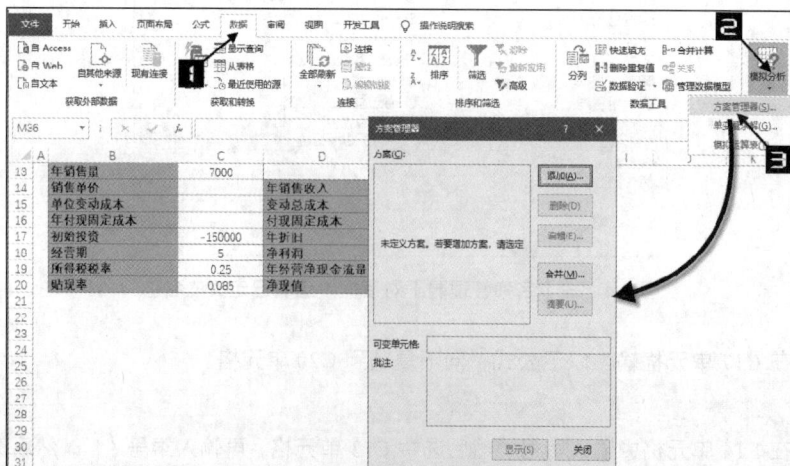

图 4-6　打开【方案管理器】对话框

步骤 2 在【方案管理器】对话框中单击【添加】按钮，打开【添加方案】对话框。在"方案名"编辑框中输入"期望情景"，单击"可变单元格"编辑框右侧的折叠按钮，然后选中 C13:C16 单元格区域，此时【添加方案】对话框名称会自动变成【编辑方案】，单击【确定】按钮，如图 4-7 所示。

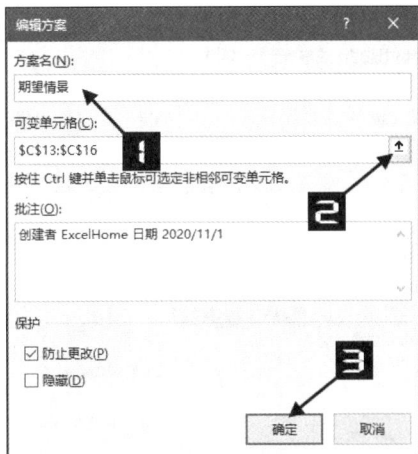

图 4-7　添加方案

步骤 3 在打开的【方案变量值】对话框中，依次输入"期望情景"下的可变项目指标，最后单击【添加】按钮，如图 4-8 所示。

图 4-8　方案变量值

提示

如果之前没有执行定义名称的步骤，在【方案变量值】对话框的左侧将仅显示单元格地址，而不是各个项目的名称。

步骤 4 在打开的【添加方案】对话框中，输入方案名"悲观情景"，并输入"悲观情景"下的可变项目指标，如图 4-9 所示。

步骤 5 重复步骤 4 的操作，添加"乐观情景"方案的可变项目指标，最后在【方案变量值】对话框中单击【确定】按钮，返回【方案管理器】对话框，如图 4-10 所示。

在【方案管理器】对话框中，用户可以选择方案列表中的一个方案，然后单击底部的【显示】按钮，查看所选方案的运行结果，如图 4-11 所示。

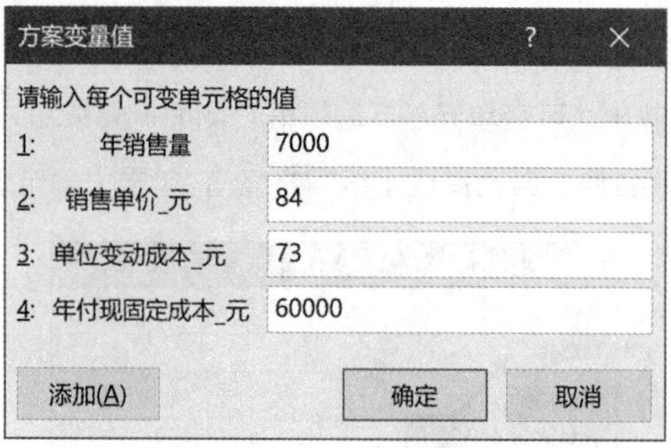

图 4-9　设置“悲观情景”的可变项目指标

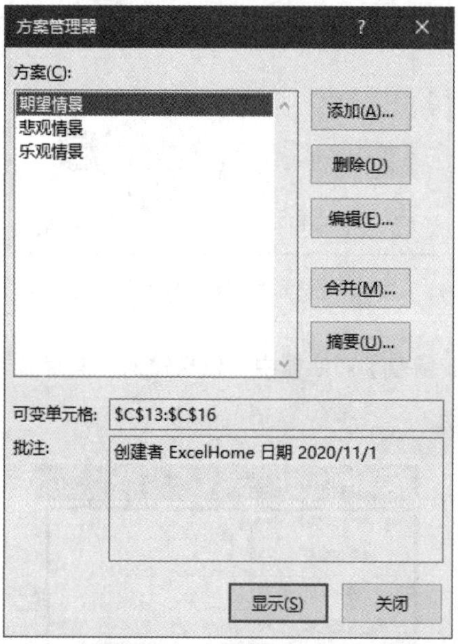

图 4-10　已添加的方案

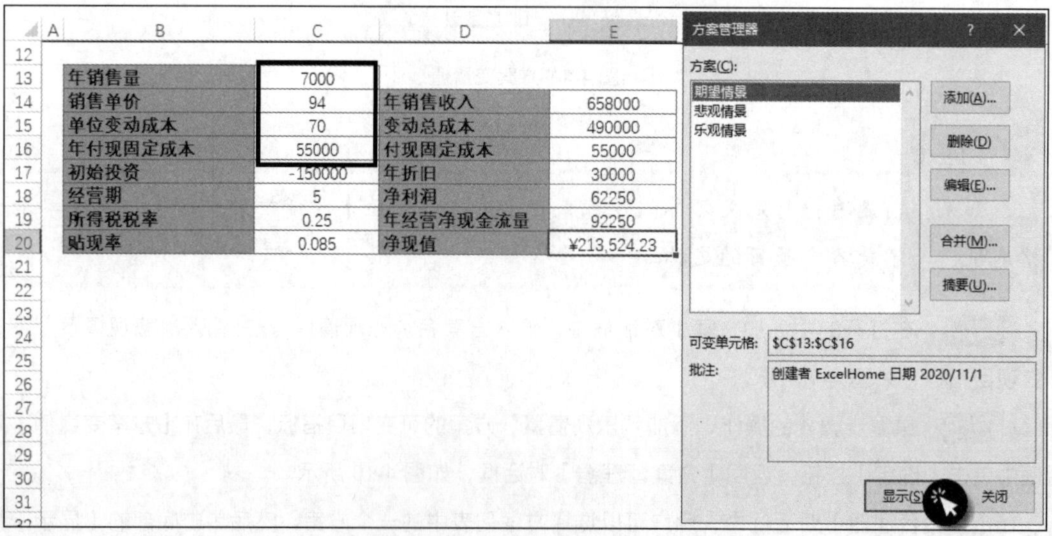

图 4-11　显示方案运行结果

如果需要结束当前操作，可以单击【方案管理器】对话框右下角的【关闭】按钮关闭对话框。如需再次打开，选择【数据】→【模拟分析】→【方案管理器】命令即可。

如果需要显示所有方案的运行结果，可以在【方案管理器】对话框中单击【摘要】按钮，打开【方案摘要】对话框。保留【方案摘要】对话框中的默认设置，单击【确定】按钮，此时 Excel 会自动插入一个名为"方案摘要"的工作表，显示各方案的详细信息，如图 4-12 所示。

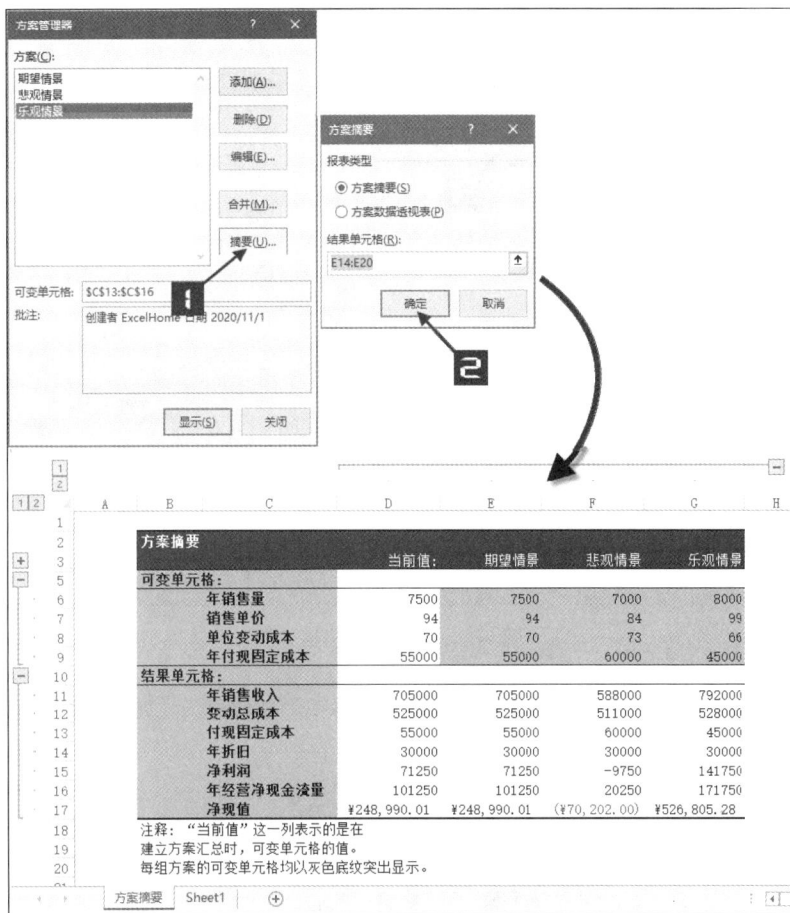

图 4-12　生成方案摘要

小技巧

按不同单位显示金额

在财务会计工作中，经常需要输入表示金额的数字。在输入较大的金额时，则需要金额数字以千或者万为单位来显示。

素材所在位置：

素材\第 4 章　项目投资分析\按不同单位显示金额.xlsx

1. 以千为单位显示

如图 4-13 所示，选中需要设置自定义格式的单元格区域，按"Ctrl+1"组合键，打开【设置单元格格式】对话框，在【数字】选项卡下选择"自定义"选项，在右侧的"类型"编辑框中输入以下格式代码，然后单击【确定】按钮。

0.00,

图 4-13　设置单元格格式

单击【确定】按钮后，所选单元格区域中的数字将以千为单位显示，如图 4-14 所示。

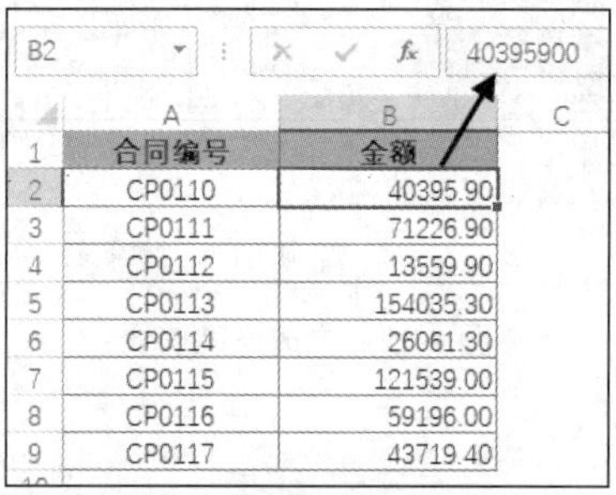

图 4-14　以千为单位显示

> 提示
>
> 使用自定义格式仅改变单元格的显示方式，不会影响单元格中的实际数值。

代码解释

该代码最右侧的半角逗号是千位分隔符，能够使单元格中的数值显示为除以 1,000 后的结果。

2. 以万为单位显示

在【设置单元格格式】对话框的"类型"编辑框中输入以下代码，所选单元格区域中的数据将以万为单位显示，如图 4-15 所示。

```
0!.0,
```

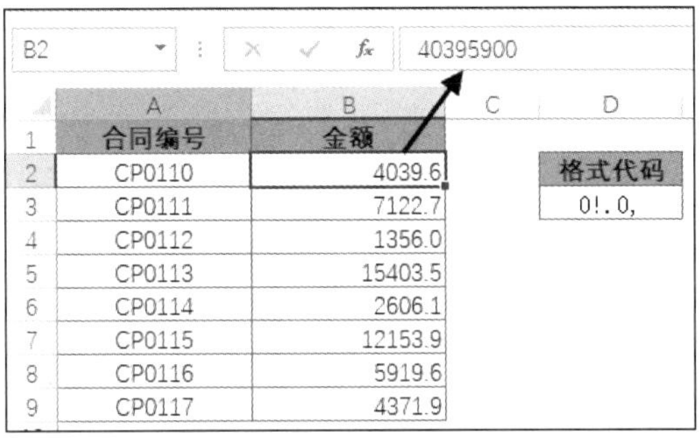

图 4-15　以万为单位显示

代码解释

该代码使用千位分隔符将单元格区域中的数值显示为除以 1,000 后的结果，感叹号后面有一个小数点，表示在左侧一位的位置强制显示小数点。

3. 以十万为单位显示

在【设置单元格格式】对话框的"类型"编辑框中输入以下代码，所选单元格区域中的数据将以十万为单位显示，如图 4-16 所示。

```
0!.00,
```

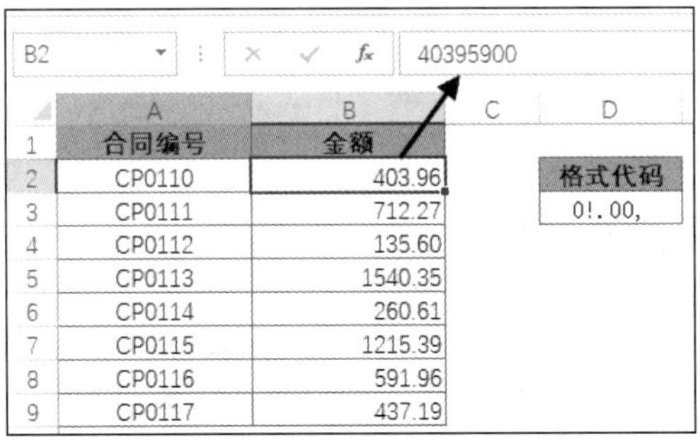

图 4-16　以十万为单位显示

代码解释

该代码与设置以万为单位显示的代码思路类似，不同之处在于更改了强制显示小数点的位置。

4. 以百万为单位显示

在【设置单元格格式】对话框的"类型"编辑框中输入以下代码，所选单元格区域中的数据将以百万为单位显示，如图 4-17 所示。

```
0.00,,
```

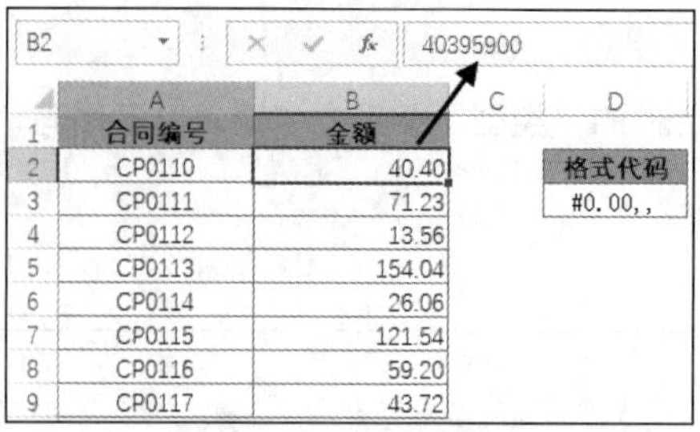

图 4-17 以百万为单位显示

在代码中使用一个"，"能够让数值显示为除以 1,000 后的结果，使用两个"，"即除以 1,000,000。

5. 以万元为单位并且保留两位小数

如果需要以万元为单位，并且需要保留两位小数，可以在【设置单元格格式】对话框的"类型"编辑框中先输入以下代码。

0.00,,万元

然后按"Ctrl+J"组合键，最后输入百分号"%"。

设置完成后，保持 B2:B10 单元格区域的选中状态，在【开始】选项卡下单击【自动换行】按钮，如图 4-18 所示。

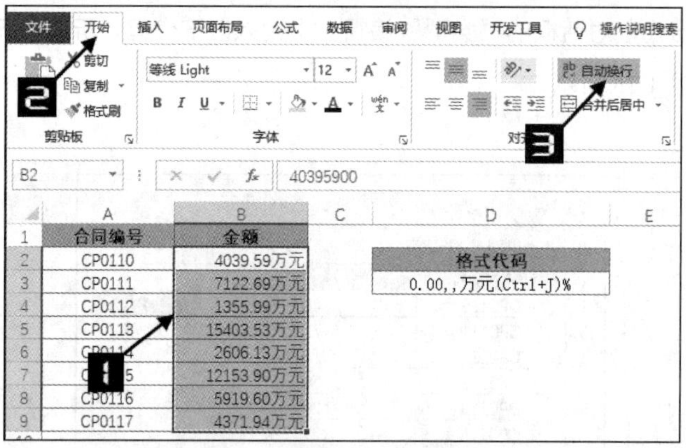

图 4-18 以万元为单位并且保留两位小数

在代码中使用两个"，"将数值显示为除以 1,000,000 后的结果，而"%"则是使单元格区域中的数值显示为乘以 100 后的结果，两者组合相当于除以 10,000。此方式会同时显示"%"，因此使用"Ctrl+J"组合键加入换行符，使其显示到另一行中，最后用自动换行将"%"隐藏。

4.2 多项目投资决策规划求解

通常情况下，企业每年都要面临复杂的投资项目决策问题，其中每一个净现值大于 0 的备选项目，从财务角度看都可以作为单一项目上马。但是在实际操作过程中，除了用投资决策的基本函数对项目进行可行性评估之外，还需要考虑资金的实际供应量。企业要在有限的资金供给前提下，从所有净现值大于 0 的备选项目中确定投资组合方案。

本节介绍如何使用 Excel 中的规划求解功能对投资组合求解。

素材所在位置：
素材\第 4 章 项目投资分析\4.2 多项目投资决策规划求解.xlsx

4.2.1 建立规划求解基础模型

图 4-19 所示是某公司计划上马的 6 个备选项目，资金限制是 50 万元，每个项目的计划投资额如 C2:H2 单元格区域所示。

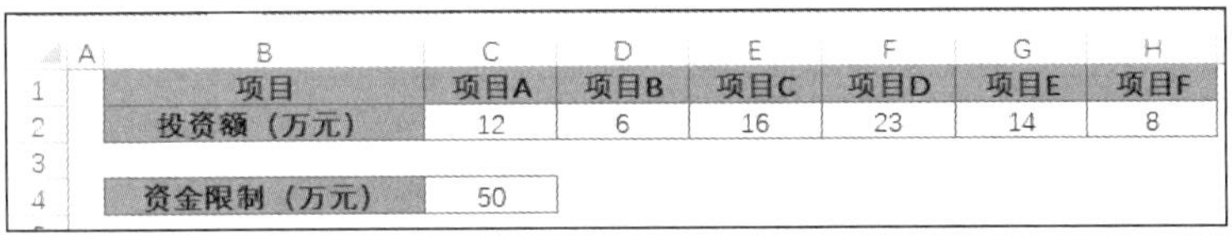

	A	B	C	D	E	F	G	H
1		项目	项目A	项目B	项目C	项目D	项目E	项目F
2		投资额（万元）	12	6	16	23	14	8
3								
4		资金限制（万元）	50					

图 4-19 项目计划投资与资金限制

由于技术或市场等的影响，其中的项目 A、项目 B 和项目 C 是三选一项目，项目 E 和项目 F 是互斥项目，要求从财务角度给出投资组合方案。

操作步骤如下。

步骤 1 在工作表中建立规划求解的基础模型，其中包括最大投资额、结果区域和约束条件区域等，如图 4-20 所示。

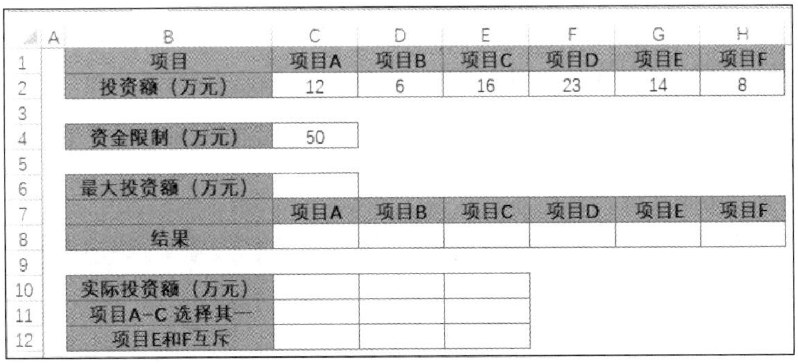

	A	B	C	D	E	F	G	H
1		项目	项目A	项目B	项目C	项目D	项目E	项目F
2		投资额（万元）	12	6	16	23	14	8
3								
4		资金限制（万元）	50					
5								
6		最大投资额（万元）						
7			项目A	项目B	项目C	项目D	项目E	项目F
8		结果						
9								
10		实际投资额（万元）						
11		项目A-C 选择其一						
12		项目E和F互斥						

图 4-20 建立规划求解基础模型

步骤 2 在 C6 单元格和 C10 单元格中输入以下公式。

```
=SUMPRODUCT(C2:H2*C8:H8)
```

在 D10 单元格中输入“<=”，在 E10 单元格中输入 50，作为约束条件 1，如图 4-21 所示。

步骤 3 在 C11 单元格输入以下公式。

```
=C8+D8+E8
```

在 D11 单元格中输入“=”，在 E11 单元格中输入 1，作为约束条件 2。

图 4-21　输入约束条件 1

步骤4　在 C12 单元格输入以下公式。

=G8+H8

在 D12 单元格中输入"<="，在 E12 单元格中输入 1，作为约束条件 3，如图 4-22 所示。

图 4-22　输入约束条件 3

4.2.2　添加规划求解加载项和设置参数

基础数据和约束条件输入完成后，选择【文件】→【选项】命令，打开【Excel 选项】对话框。切换到【加载项】选项卡下，选中右侧"加载项"列表框中的"规划求解加载项"，单击【转到】按钮，打开【加载项】对话框，在"可用加载宏"列表框中选中"规划求解加载项"复选框，单击【确定】按钮，如图 4-23 所示。

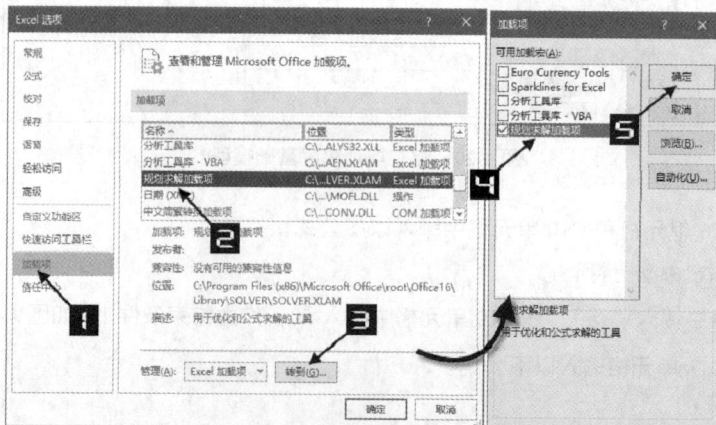

图 4-23　添加规划求解加载项

规划求解的参数设置步骤如下。

步骤1 切换到【数据】选项卡下，单击【规划求解】按钮，打开【规划求解参数】对话框，如图 4-24 所示。

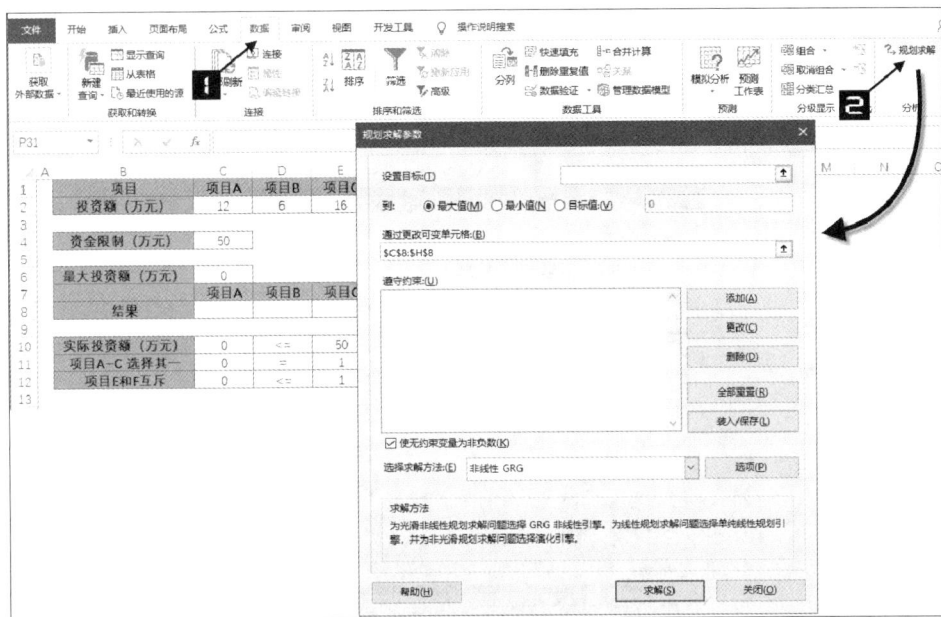

图 4-24 【规划求解参数】对话框

步骤2 在【规划求解参数】对话框中做如下操作。

（1）单击"设置目标"右侧的折叠按钮，选中 C6 单元格，即选中最大投资额。

（2）保留"最大值"单选项的选中状态。

（3）单击"通过更改可变单元格"右侧的折叠按钮，选中 C8:H8 单元格区域。

（4）单击【添加】按钮，打开【添加约束】对话框。单击"单元格引用"下方的折叠按钮，选中 C8:H8 单元格区域。单击中间的运算符下拉按钮，选择"bin"，此时"约束"条件会自动显示为"二进制"，如图 4-25 所示。此项设置的目的是让运算后可变单元格中显示的结果仅为 1 或 0，而不会出现小数。

图 4-25 添加约束

步骤3 在【添加约束】对话框中单击【添加】按钮，添加以下约束条件。

$C$10<=$E$10

此项设置的目的是约束实际投资额小于资金限制额。

$C$11=$E$11

此项设置的目的是约束 C11 单元格中公式"=C8+D8+E8"的结果等于 1，也就是在项目 A～C 中必须并且只能选择一个。

$C$12<=$E$12

此项设置的目的是约束 C12 单元格中公式"=G8+H8"的结果小于等于 1，也就是项目 E 和项目 F 中只能选择一个，或者两个项目都不选择。

最后单击【确定】按钮，返回【规划求解参数】对话框，如图 4-26 所示。

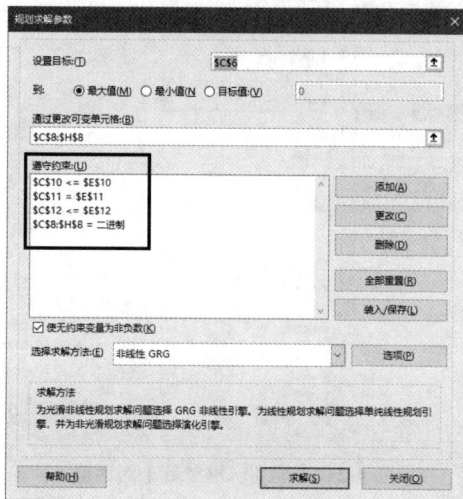

图 4-26　添加的多个约束条件

步骤 4　在【规划求解参数】对话框中单击【求解】按钮，打开【规划求解结果】对话框，保留默认选项，单击【确定】按钮，生成的结果如图 4-27 所示。

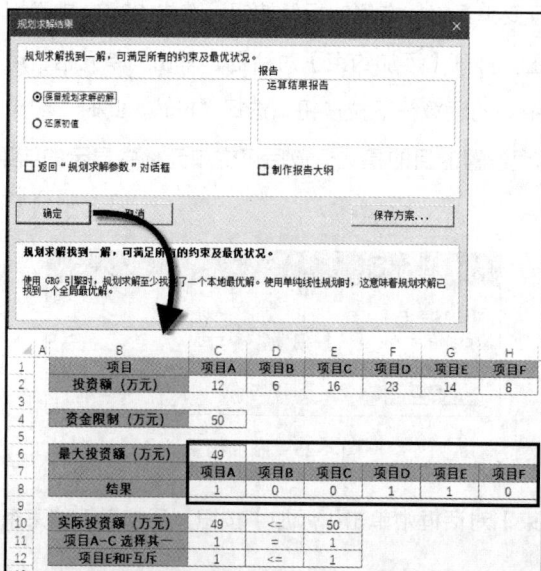

图 4-27　最优解结果

C8:H8 单元格区域中是最优解，单元格中显示数字 1 的表示选择该项目，否则为不选择。也就是在现有约束条件下，选择项目 A、项目 D 和项目 E，能够使资金利用最大化，最大投资额为 49 万元。

知识点讲解

1. SUMPRODUCT 函数

素材所在位置：

素材\第 4 章 项目投资分析\SUMPRODUCT 函数.xlsx

知识点讲解
SUMPRODUCT
函数

SUMPRODUCT 函数兼具条件求和及条件计数两大功能。该函数的作用是将多个数组之间对应的元素相乘，并返回乘积之和。该函数语法为：

```
SUMPRODUCT(array1,[array2],[array3],…)
```

其各参数是需要相乘并求和的数组。从字面上理解，SUM 是求和，PRODUCT 是乘积，SUMPRODUCT 就是把数组间所有的元素对应相乘，然后把乘积相加。使用时需要注意各个参数的单元格范围必须一致，否则将返回错误值。

图 4-28 所示是不同商品数量和单价的明细记录，使用以下公式可以直接计算出商品总价。

```
=SUMPRODUCT(B2:B6,C2:C6)
```

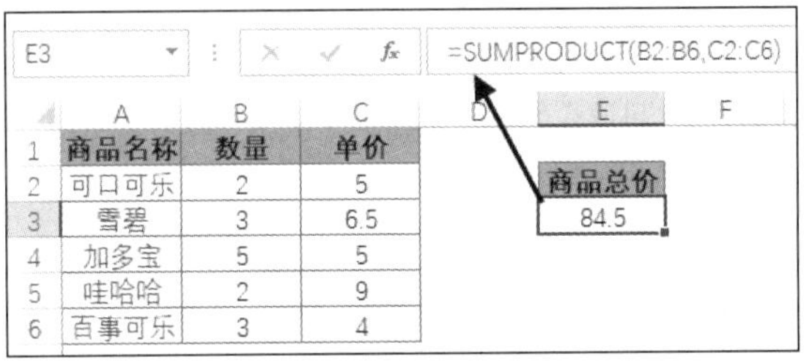

图 4-28　计算商品总价

该公式将 B2:B6 和 C2:C6 两个单元格区域中的每个元素对应相乘，然后再把乘积相加，如下所示。

```
2*5+3*6.5+5*5+2*9+3*4
```

计算过程如图 4-29 所示。

数量		单价		乘积	
2	×	5	=	10	84.5
3	×	6.5	=	19.5	
5	×	5	=	25	
2	×	9	=	18	
3	×	4	=	12	

图 4-29　SUMPRODUCT 函数计算过程

（1）SUMPRODUCT 函数用于多条件求和时的通用写法是：

```
=SUMPRODUCT(条件 1*条件 2*……条件 n,求和区域)
```

以图 4-30 为例，要计算符合 F3 单元格的商品名称，并且符合 G3 单元格的规格型号的商品销量。

H3 单元格中的公式为：

```
=SUMPRODUCT((B2:B10=F3)*(C2:C10=G3),D2:D10)
```

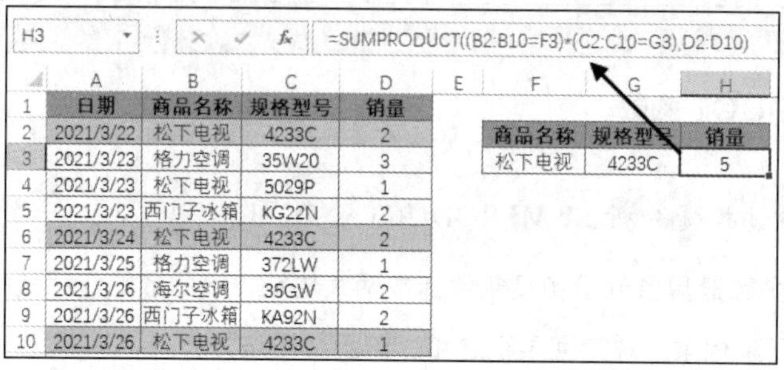

	A	B	C	D
1	日期	商品名称	规格型号	销量
2	2021/3/22	松下电视	4233C	2
3	2021/3/23	格力空调	35W20	3
4	2021/3/23	松下电视	5029P	1
5	2021/3/23	西门子冰箱	KG22N	2
6	2021/3/24	松下电视	4233C	2
7	2021/3/25	格力空调	372LW	1
8	2021/3/26	海尔空调	35GW	2
9	2021/3/26	西门子冰箱	KA92N	2
10	2021/3/26	松下电视	4233C	1

商品名称	规格型号	销量
松下电视	4233C	5

图 4-30　使用 SUMPRODUCT 函数进行多条件求和

该公式中的“(B2:B10=F3)”部分用于判断 B 列的商品名称是否等于 F3 单元格指定的商品名称，得到如下逻辑值：

```
{TRUE;FALSE;TRUE;FALSE;TRUE;FALSE;FALSE;FALSE;TRUE}
```

“(C2:C10=G3)”部分用于判断 C 列的规格型号是否等于 G3 单元格指定的型号，得到如下逻辑值：

```
{TRUE;FALSE;FALSE;FALSE;TRUE;FALSE;FALSE;FALSE;TRUE}
```

两组逻辑值对应相乘，TRUE×TURE 时结果为 1，TRUE×FALSE 或 FALSE×FALSE 时结果为 0，结果为：

```
{1;0;0;0;1;0;0;0;1}
```

最后再将这个数组与 D2:D10 单元格区域的数值对应相乘后的乘积相加，计算出结果为 5。

（2）SUMPRODUCT 函数除了可以用于多条件求和，还可以用于多条件计数，用于多条件计数时的通用写法是：

=SUMPRODUCT(条件 1*条件 2*……条件 *n*)

以图 4-31 为例，需要在数据表中统计财务部的女性人数，E2 单元格中的公式为：

```
=SUMPRODUCT((B2:B10="女")*(C2:C10="财务部"))
```

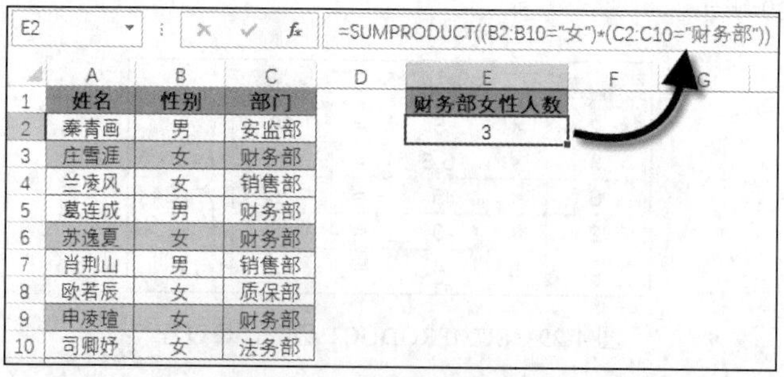

	A	B	C
1	姓名	性别	部门
2	秦青画	男	安监部
3	庄雪涯	女	财务部
4	兰凌风	女	销售部
5	葛连成	男	财务部
6	苏逸夏	女	财务部
7	肖荆山	男	销售部
8	欧若辰	女	质保部
9	申凌瑄	女	财务部
10	司卿妤	女	法务部

财务部女性人数
3

图 4-31　统计财务部女性人数

用“B2:B10="女"”和“C2:C10="财务部"”两组条件，对性别和考核评定内容分别进行判断，判断后各自返回一组逻辑值：

{FALSE;TRUE;TRUE;FALSE;TRUE;FALSE;TRUE;TRUE;TRUE}

{FALSE;TRUE;FALSE;TRUE;TRUE;FALSE;FALSE;TRUE;FALSE}

再将两组逻辑值对应相乘，结果为：

{0;1;0;0;1;0;0;1;0}

最后用 SUMPRODUCT 函数计算乘积的总和，计算出结果为 3。

2. 规划求解

规划求解是 Microsoft Excel 加载项程序，也称作假设分析，其主要作用是通过更改单元格中的值来查看这些更改对工作表中公式结果的影响。借助规划求解，可求得工作表中某个单元格中公式的最优（最大或最小）值，并受工作表中其他公式单元格的值约束或限制。

规划求解将对参与计算目标单元格和约束单元格中的公式的一组单元格进行处理。通过调整可变单元格中的值以符合约束条件单元格的限制，并在目标单元格中产生想要的结果。

在使用规划求解功能时，如果设置的条件过多或设置的条件不合理，可能会得不到有用的解。

提示

启用加载项会影响 Excel 的打开速度，如果暂时不需要规划求解功能，可以在【Excel 选项】对话框的【加载项】选项卡下选中"规划求解加载项"，单击【转到】按钮，打开【加载项】对话框，然后在"可用加载项"列表框中取消选中"规划求解加载项"复选框，最后单击【确定】按钮即可。

小技巧

同时浏览不同工作表中的数据

素材所在位置：

素材\第 4 章 项目投资分析\同时浏览不同工作表中的数据.xlsx

以图 4-32 为例，同一个工作簿内包含"1 月份"和"2 月份"两个工作表，使用新建窗口和并排查看功能，以同时显示两个工作表中的数据。

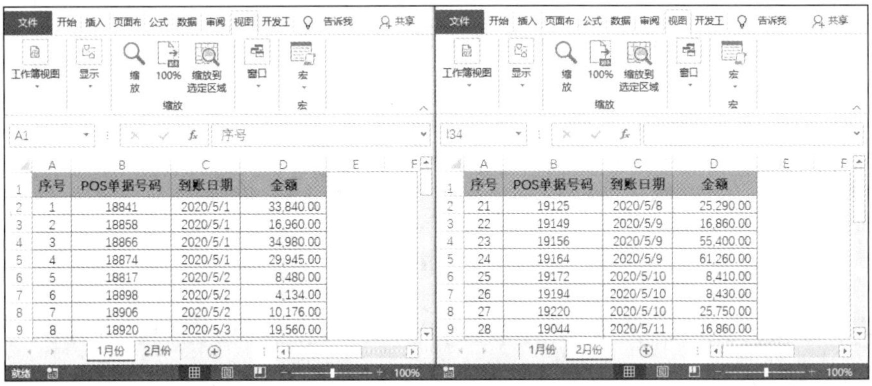

图 4-32 同时查看两个工作表的数据

操作步骤如下。

步骤1 在【视图】选项卡下单击【新建窗口】按钮，此时会在 Windows 桌面任务栏中看到"销售表.xlsx:1"和"销售表.xlsx:2"两个窗口，如图 4-33 所示。

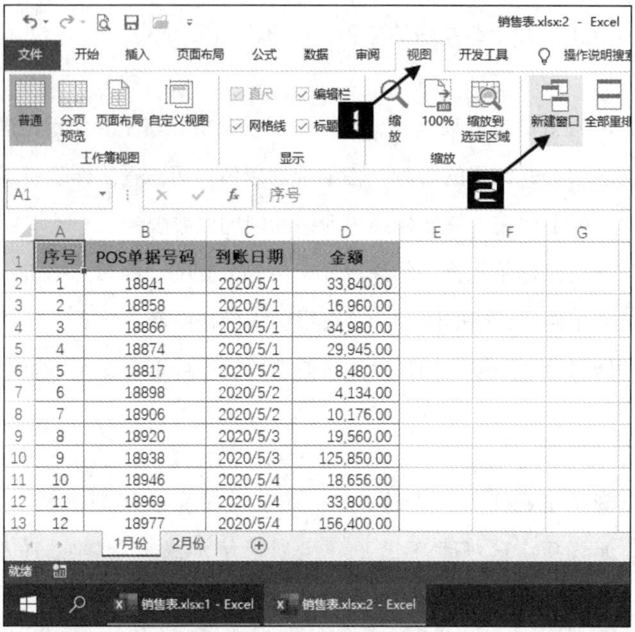

图 4-33　新建窗口

步骤2 在【视图】选项卡下单击【全部重排】按钮，打开【重排窗口】对话框，选中【垂直并排】单选项，单击【确定】按钮，如图 4-34 所示。

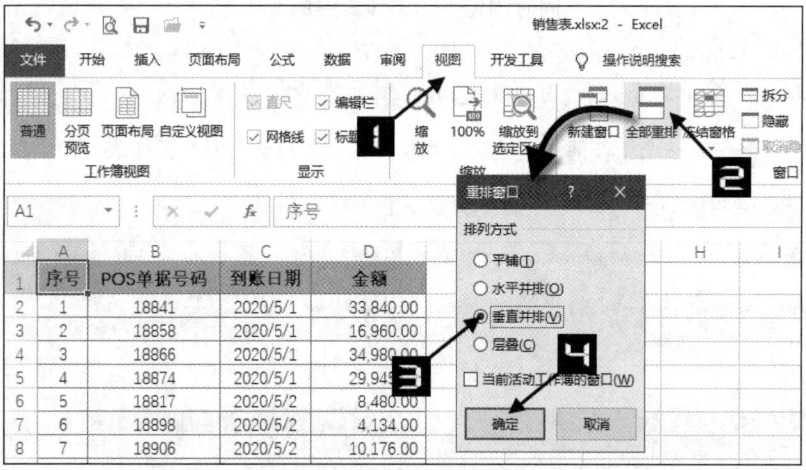

图 4-34　重排窗口

步骤3 此时会出现两个并排的窗口，在其中一个窗口中切换要查看的其他工作表，即可实现同时查看两个工作表的数据。

本章小结

本章主要介绍了 Excel 在项目投资分析中的应用，包括使用方案管理器对投资项目进行分析，以及使用规划求解功能给出多项目投资组合方案。

思考与练习

（1）项目投资具有五个特点，分别是（＿＿＿）（＿＿＿）（＿＿＿）（＿＿＿）和（＿＿＿）。

（2）在使用方案管理器对投资项目进行分析时，其中有根据所选内容定义名称的步骤，其作用是（＿＿＿＿＿＿＿＿＿＿＿＿＿＿＿＿＿＿＿＿＿），否则仅显示具体的单元格地址。

（3）如果要在金额后面加上单位"万元"，可以通过设置自定义单元格格式实现，格式代码为（＿＿＿）。

（4）请简单说出使用加载规划求解功能的步骤。

（5）SUMPRODUCT 函数用于多条件求和时的通用写法是（＿＿＿＿＿＿＿）。

（6）SUMPRODUCT 函数用于多条件计数时的通用写法是（＿＿＿＿＿＿＿）。

（7）以素材\第 4 章\练习 4-1.xlsx 为例，某公司计划生产一批出口产品，理想情况下单价为 26.6 美元，数量为 260，美元相对于人民币的汇率为 6.57；较差情况下单价为 23.2 美元，数量为 240，美元相对于人民币的汇率为 6.45；乐观情况下单价为 28 美元，数量为 280，美元相对于人民币的汇率为 6.65。

请使用方案管理器对该产品在不同单价、汇率和数量下的收入情况进行分析，并使用方案管理器生成摘要报告。

（8）以素材\第 4 章\练习 4-2.xlsx 为例，某公司有一笔金额为 800.55 元的进账，要求使用规划求解功能计算出该金额可能由哪几张发票构成。

第 5 章

债券投资分析

债券投资是指企业或个人通过购买有价证券，以获得收益的行为，包括债券投资、股票投资和基金投资等。本章主要介绍 Excel 在债券投资分析中的应用。

5.1 不同类型债券的价格计算

债券是筹资者为筹集资金而发行的有价证券，是一种反映债权债务关系的权利证书，按付息的方式划分，可分为永久债券、定期付息债券、零息债券等类型。

永久债券是指没有到期日，无限期支付利息的债券。

定期付息债券是指每年一次或数次向投资者支付利息，到期按面值偿还本金的债券。

零息债券是指不规定票面利率的债券，此种类型的债券一般以低于面值的价格发行，到期按面值偿还，也称为贴现债券。

5.1.1 永久债券价值计算

永久债券价值计算的公式为：

$PV=C/k$

其中 C 为面值×票面利率，也就是债券的年利息额，k 为贴现率。

假设某一永久债券的面额为 1,000 元，年利率为 8%，投资者要求年投资收益率为 10%，计算投资者能够接受的债券价格。

已知 C=1,000×8%=80 元，k=10%，则：

$PV=80/10\%=800$ 元

该债券市场价格在 800 元以内时，投资者可以购买此债券。

5.1.2 计算定期付息债券的发行价格

当债券的票面利率与资金市场的实际利率存在差异时，债券的发行价格就可能高于或低于面值。当票面利率大于市场利率时应采取溢价发行，即采取高于面值的价格发行；反之则应采取折价发行，即采取低于面值的价格发行。运用 Excel 的 PRICE 函数，可以很方便地计算出债券的发行价格。

素材所在位置：
素材\第 5 章 债券投资分析\5.1.2 计算定期付息债券的发行价格.xlsx

以图 5-1 为例，某企业发行期限为 5 年、票面利率为 10%、面值为 100 元的债券，资金市场的利率为 8%，以单利计息，每年年末支付一次利息，计算该债券的发行价格。

	A	B
1	发行日期	2015/12/1
2	到期日期	2020/12/1
3	票面利率	10%
4	市场利率	8%
5	面值（元）	100
6	发行价格（元）	

图 5-1 债券发行价格的计算

在 B6 单元格输入如下公式，计算结果为 107.99。

```
=PRICE(B1,B2,B3,B4,B5,1,3)
```

PRICE 函数

PRICE 函数的作用是返回定期付息的面值为 100 元的有价证券的价格。该函数的语法为：

`PRICE(settlement,maturity,rate,yld,redemption,frequency,[basis])`

第一参数 settlement 为债券的结算日，即债券结算日是在发行日期之后，债券卖给购买者的日期。本例是计算债券的发行价格，因此结算日即为债券的发行日，为 2015 年 12 月 1 日。

第二参数 maturity 为债券的到期日，即债券有效期截止时的日期，本例为 2020 年 12 月 1 日。

第三参数 rate 为债券的票面年利率，本例为 10%。

第四参数 yld 为债券的实际年收益率，本例以资金市场的利率 8%作为实际收益率。

第五参数 redemption 为面值 100 元的债券的清偿价值，本例为 100。

PRICE 函数是以面值为 100 元的债券为计算依据的，如果债券面值不是 100 元，在计算时应先按面值 100 元的债券计算其价格，再乘以相应的倍数，不能直接用 500 或 1,000 作为第五参数的值。

第六参数 frequency 表示年付息次数。如果按年支付，值为 1；如果按半年支付，值为 2；如果按季支付，值为 4。

第七参数 basis 表示选用的日计数基准类型。其一般选用 3，表示按"实际天数/365"计算。

5.1.3 计算折价债券的发行价格

素材所在位置：

素材\第 5 章 债券投资分析\ 5.1.3 计算折价债券的发行价格.xlsx

以图 5-2 为例，某企业发行期限为 3 年、面值为 100 元的债券，贴现率为 6%，以单利计息，计算该债券的发行价格。

	A	B
1	发行日期	2017/2/6
2	到期日期	2020/8/15
3	贴现率	6%
4	面值（元）	100
5	发行价格（元）	

图 5-2　计算折价债券的发行价格

在 B6 单元格输入以下公式，计算结果为 78.86。

`=PRICEDISC(B1,B2,B3,B4,3)`

PRICEDISC 函数

PRICEDISC 函数用于返回折价发行的面值为 100 元的有价证券的价格。该函数语法为：

`PRICEDISC(settlement,maturity,discount,redemption,[basis])`

第一参数 settlement 是债券的结算日。

第二参数 maturity 是债券的到期日。

第三参数 discount 是债券的贴现率。

第四参数 redemption 是面值为 100 元的债券的清偿价值，本例为 100。

第五参数 basis 使用 3，表示要使用的日计数基准类型为“实际天数/365”。

5.1.4 计算到期付息债券的价格

素材所在位置：

素材\第 5 章 债券投资分析\5.1.4 计算到期付息债券的价格.xlsx

以图 5-3 为例，某债券发行日期为 2012 年 10 月 20 日，到期日期为 2022 年 10 月 20 日，成交日期为 2019 年 12 月 5 日，票面利率为 4.85%，年收益率为 6.05%，面值为 100 元，以单利计息，到期支付，计算该债券的实际价格。

	A	B
1	成交日期	2019/12/5
2	到期日期	2022/10/20
3	发行日期	2012/10/20
4	票面利率	4.85%
5	年收益率	6.05%
6	面值（元）	100
7	债券价格（元）	

图 5-3　计算到期付息债券的价格

在 B7 单元格输入以下公式，计算结果为 91.93。

```
=PRICEMAT(B1,B2,B3,B4,B5,3)
```

知识点讲解

PRICEMAT 函数

PRICEMAT 函数用于返回到期付息的面值为 100 元的有价证券的价格。该函数语法为：

```
PRICEMAT(settlement,maturity,issue,rate,yld,[basis])
```

第一参数 settlement 是债券的结算日。

第二参数 maturity 是债券的到期日。

第三参数 issue 是债券的发行日。

第四参数 rate 是债券的票面利率。

第五参数 yld 是债券的年收益率。

第六参数 basis 使用 3，表示要使用的日计数基准类型为“实际天数/365”。

扩展知识点

1. 用条件格式自动标记债券最高和最低收益率

素材所在位置：

素材\第 5 章 债券投资分析\用条件格式自动标记债券最高和最低收益率.xlsx

扩展知识点
条件格式

使用 Excel 的条件格式，能够快速对满足特定条件的单元格进行突出标记，使数据更加直观、易读。用户可以预置一种单元格格式或单元格内的图形效果，自动应用于符合指定条件的目标单元格。可预置的单元格格式包括单元格边框、底纹、字体颜色等，单元格内的图形效果包括数据条、色阶和图标集 3 种类型。

Excel 还内置了多种基于数值特征设置的条件格式，如可以按大于、小于、日期、重复值等特征突出显示单元格，也可以按大于、小于前 10 项或 10%、高于或低于平均值等要求突出显示单元格。

以图 5-4 为例，使用条件格式，能够自动对债券到期的最高收益率和最低收益率进行标记。

	A	B	C	D	E
1	债券代码	债券简称	年利率	到期收益率	到期日
2	112220	14福星01	9.20%	7.34%	2019/8/26
3	122327	13卧龙债	9.07%	8.78%	2019/9/23
4	122009	08新湖债	9.00%	7.71%	2016/7/2
5	122302	13天房债	8.90%	7.60%	2021/4/25
6	122310	13苏新城	8.90%	7.51%	2019/7/23
7	122765	11泛海02	8.90%	8.43%	2021/12/13
8	124502	14宏财01	8.90%	7.32%	2021/1/24
9	1480026	14伊宁债	8.90%	7.60%	2021/1/23
10	122764	11泛海01	8.80%	8.02%	2017/12/13
11	122662	12合桃花	8.79%	7.90%	2019/3/27

图 5-4　条件格式效果

操作步骤如下。

步骤 1　选中 D2:D11 单元格区域，在【开始】选项卡下单击【条件格式】按钮，在打开的下拉列表中选择【最前/最后规则】→【前 10 项】命令，打开【前 10 项】对话框。

步骤 2　在【前 10 项】对话框中，单击左侧微调按钮或手动输入"1"。单击"设置为"右侧的下拉按钮，在打开的下拉列表中选择"浅红填充色深红色文本"，最后单击【确定】按钮，如图 5-5 所示。

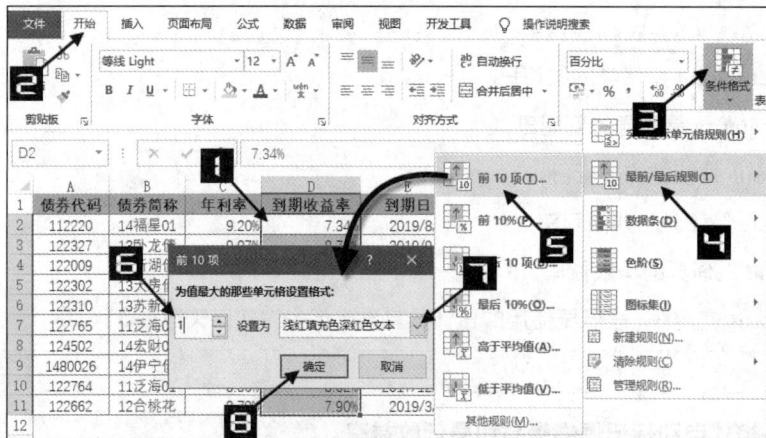

图 5-5　设置条件格式

步骤 3　保持 D2:D11 单元格区域的选中状态，选择【开始】→【条件格式】→【最前/最后规则】→【最后 10 项】命令。

步骤 4　在【最后 10 项】对话框中输入"1"，在"设置为"下拉列表中选择"绿填充色深绿色文本"，最后单击【确定】按钮，如图 5-6 所示。

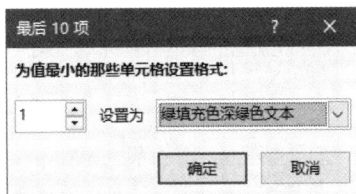

图 5-6　添加条件格式规则

2. 删除已有条件格式

如果需要删除已经设置的条件格式，可以选择【开始】→【条件格式】→【清除规则】→【清除所选单元格的规则】命令，来清除所选单元格的条件格式，如果选择【清除整个工作表的规则】命令，则清除当前工作表所有的条件格式，如图 5-7 所示。

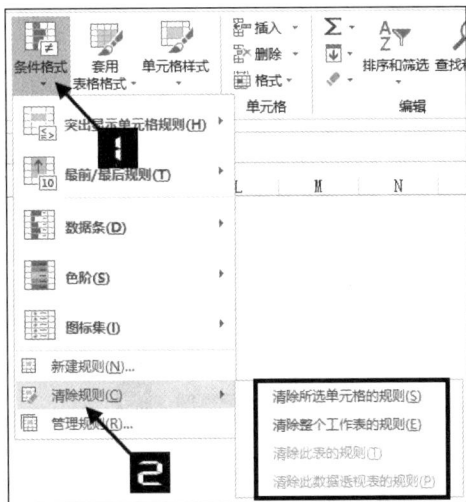

图 5-7　清除已有条件格式

3. 在条件格式中使用公式

除了内置的条件格式规则，用户还可以通过自定义规则和显示效果的方式，来创建符合自己需要的条件格式。当自定义规则的计算结果为逻辑值 TRUE，或为不等于 0 的数值时，Excel 会对条件格式作用区域执行预先设置的格式。

> 素材所在位置：
> 素材\第 5 章 债券投资分析\在条件格式中使用公式.xlsx

以图 5-8 为例，如果要对最高收益率所在的行进行标记，操作步骤如下。

步骤 1　选中 A2:E11 单元格区域，选择【开始】→【条件格式】→【新建规则】命令，打开【新建格式规则】对话框。选择【使用公式确定要设置格式的单元格】命令，在"为符合此公式的值设置格式"编辑框中输入以下公式，然后单击【格式】按钮，如图 5-9 所示。

=$D2=MAX($D$2:$D$11)

	A	B	C	D	E
1	债券代码	债券简称	年利率	到期收益率	到期日
2	112220	14福星01	9.20%	7.34%	2019/8/26
3	122327	13卧龙债	9.07%	8.78%	2019/9/23
4	122009	08新湖债	9.00%	7.71%	2016/7/2
5	122302	13天房债	8.90%	7.60%	2021/4/25
6	122310	13苏新城	8.90%	7.51%	2019/7/23
7	122765	11泛海02	8.90%	8.43%	2021/12/13
8	124502	14宏财01	8.90%	7.32%	2021/1/24
9	1480026	14伊宁债	8.90%	7.60%	2021/1/23
10	122764	11泛海01	8.80%	8.02%	2017/12/13
11	122662	12合桃花	8.79%	7.90%	2019/3/27

图 5-8   标记最高收益率所在行

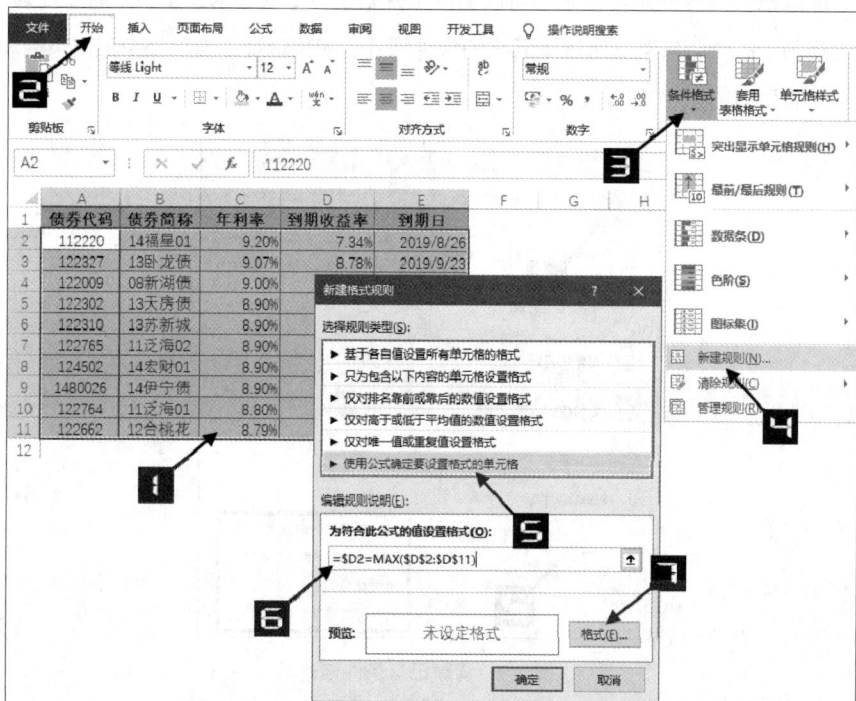

图 5-9   在条件格式中使用公式

步骤2   在打开的【设置单元格格式】对话框中切换到【填充】选项卡，选择一种背景色，单击【确定】按钮返回【新建格式规则】对话框，单击【确定】按钮完成设置，如图 5-10 所示。

在条件格式中使用公式时，要针对活动单元格进行设置，设置后的规则将自动应用于所选定的单元格区域的每一个单元格。

该公式先使用"MAX($D$2:$D$11)"计算出 D 列的最大值，然后再使用最大值与"$D2"进行比较，当 D 列最大值与"$D2"相等时，公式返回逻辑值 TRUE，单元格中显示预先设置的填充效果。

因为每一行中的各列都以数据所在行的 D 列数据作为对比依据，所以"$D2"使用列绝对引用、行相对引用的引用方式。"$D$2:$D$11"的行、列均使用绝对引用方式，表示所选区域的每个单元格都以该区域统计出的最大值作为对比参照值。

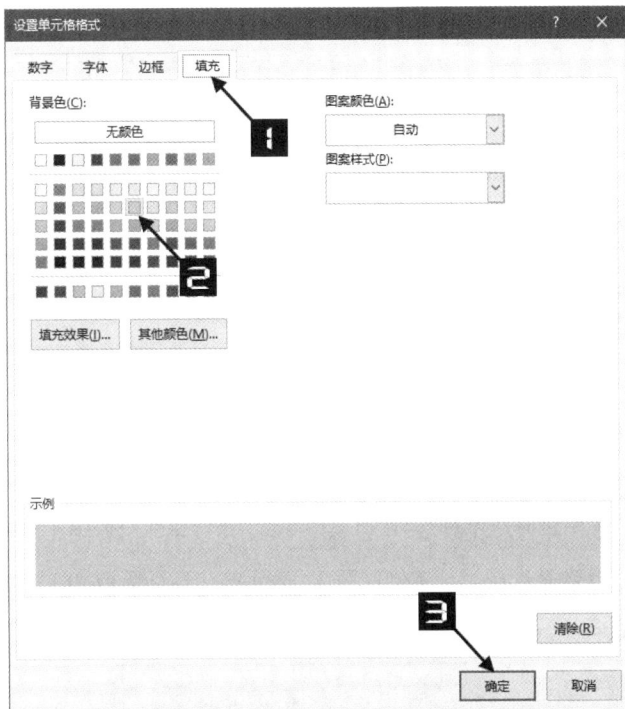

图 5-10　设置单元格格式

5.2　债券投资收益率计算

债券投资收益率是指投资者在债券投资期内实际获得的年投资收益率。本节介绍不同类型债券的收益率计算方法。

5.2.1　计算定期付息债券收益率

素材所在位置：
素材\第 5 章　债券投资分析\5.2.1　计算定期付息债券收益率.xlsx

以图 5-11 为例，某公司在 2013 年 3 月 15 日以 96.75 元的价格购入面值为 100 元的债券，债券到期日为 2024 年 8 月 20 日，票面利率为 6.15%，每年支付两次利息，计算该债券的收益率。

	A	B
1	成交日期	2013/3/15
2	到期日期	2024/8/20
3	票面利率	6.15%
4	买入价格（元）	96.75
5	清偿价格（元）	100.00
6	收益率	

图 5-11　计算定期付息债券收益率

在 B6 单元格输入以下公式，计算结果为 6.56%。

```
=YIELD(B1,B2,B3,B4,B5,2,3)
```

YIELD 函数

如果在发行期之后购买债券，使用 YIELD 函数能够很方便地计算出所购买债券的实际收益率。该函数语法为：

```
YIELD(settlement,maturity,rate,pr,redemption,frequency,[basis])
```

第一参数 settlement 表示债券的结算日，即购买日期。

第二参数 maturity 表示债券的到期日。

第三参数 rate 表示票面利率。

第四参数 pr 表示面值为 100 元的债券的实际购买价格。

第五参数 redemption 表示面值为 100 元的债券的兑换价格。

第六参数 frequency 表示年付息次数，按年付息用 1 表示，按半年付息用 2 表示，按季付息用 4 表示。

第七参数 basis 是日计数基准类型。本例使用 3，表示按"实际天数/365"计算。

5.2.2　计算到期付息债券收益率

素材所在位置：

素材\第 5 章　债券投资分析\5.2.2　计算到期付息债券收益率.xlsx

以图 5-12 为例，某公司在 2013 年 3 月 15 日以 96.75 元的价格购入面值为 100 元的债券，债券发行日期为 2012 年 8 月 20 日，到期日为 2024 年 8 月 20 日，票面利率为 6.15%，到期付息，计算该债券的收益率。

	A	B
1	面值（元）	100
2	成交日期	2013/3/15
3	到期日期	2024/8/20
4	发行日期	2012/8/20
5	票面利率	6.15%
6	买入价格（元）	96.75
7	收益率	

图 5-12　计算到期付息债券收益率

在 B7 单元格输入以下公式，计算结果为 6.42%。

```
=YIELDMAT(B2,B3,B4,B5,B6,3)
```

YIELDMAT 函数

YIELDMAT 函数用于返回到期付息的有价证券的年收益率。该函数语法为：

```
YIELDMAT(settlement,maturity,issue,rate,pr,[basis])
```

第一参数 settlement 表示债券的结算日，即购买日期。

第二参数 maturity 表示债券的到期日。

第三参数 issue 表示债券的发行日。

第四参数 rate 表示债券的票面利率。

第五参数 pr 表示面值为 100 元的债券的实际购买价格。

第六参数 basis 是日计数基准类型。本例使用 3，表示按"实际天数/365"计算。

5.2.3 计算折价发行债券收益率

素材所在位置：

素材\第 5 章 债券投资分析\5.2.3 计算折价发行债券收益率.xlsx

根据发行价格和票面金额的关系，可以将证券发行分为溢价发行、平价发行和折价发行三种形式。

以图 5-13 为例，某公司在 2021 年 3 月 25 日以 97.95 元的价格购入面值为 100 元的债券，债券到期日为 2021 年 8 月 12 日，计算该债券的收益率。

	A	B
1	面值（元）	100
2	成交日期	2021/3/25
3	到期日期	2021/8/12
4	买入价格（元）	97.95
5	清偿价格（元）	100
6	收益率	

图 5-13 计算折价发行债券的收益率

在 B6 单元格输入以下公式，计算结果为 5.46%。

```
=YIELDDISC(B2,B3,B4,B5,1)
```

知识点讲解

YIELDDISC 函数

YIELDDISC 函数用于返回折价发行的有价证券的年收益率。该函数语法为：

```
YIELDDISC(settlement,maturity,pr,redemption,[basis])
```

第一参数 settlement 表示债券的结算日，即购买日期。

第二参数 maturity 表示债券的到期日。

第三参数 pr 表示面值为 100 元的债券的实际购买价格。

第四参数 redemption 表示面值为 100 元的债券的兑换价格。

第五参数 basis 是日计数基准类型。本例使用 1，表示按"实际天数/实际天数"计算。

注意，这里的两个"实际天数"含义并不完全相同。前面的"实际天数"为结束日期减去开始日期的差。后面的"实际天数"为开始年份到结束年份每一年的实际天数相加后，再除以两个日期之间年份数的平均值。

🔖 小技巧

处理不规范日期格式

素材所在位置：

素材\第 5 章 债券投资分析\处理不规范日期格式.xlsx

在 Excel 中输入日期时，很多人习惯用类似"2021.2.14"的样式表示 2021 年 2 月 14 日，但是这样的内容只能被 Excel 识别为文本，而无法被识别为日期。如果后续要按时间统计某些信息，这样会加大处理的难度。正确的日期间隔符号是"/"和"-"两种，即"2021/2/14"或"2021-2-14"为正确的录入形式。

在实际工作中，很多时候我们得到的是由其他人录入的数据。对于已经录入的不规范数据，需要进行必要的处理。

例如，图 5-14 中，A 列录入的日期使用"."作为间隔符号，在 Excel 中无法被正确识别，需要将其转换为日期格式。

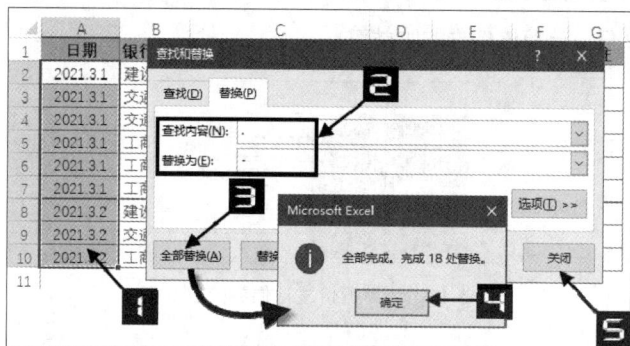

图 5-14　处理不规范的日期格式

选中需要处理的数据区域，按"Ctrl+H"组合键打开【查找和替换】对话框。在"查找内容"编辑框内输入"."，在"替换为"编辑框内输入"-"，单击【全部替换】按钮。在打开的提示对话框中单击【确定】按钮，最后单击【查找和替换】对话框中的【关闭】按钮，A 列中的内容即可批量转换为规范的日期格式。

5.3　债券投资收益额计算

债券投资收益额等于投资期内的利息收入和买卖债券的价差收益之和。本节介绍使用 Excel 计算债券投资收益额的方法。

5.3.1　计算定期付息债券的应计利息

素材所在位置：

素材\第 5 章 债券投资分析\5.3.1 计算定期付息债券的应计利息.xlsx

以图 5-15 为例，某公司购入面值为 1,000 元的债券，发行日期为 2021 年 3 月 25 日，首次计息日为 2021 年 8 月 31 日，结算日期为 2021 年 8 月 25 日，票面利率为 6.55%，计算从发行日期到结算日期的应计利息。

在 B8 单元格中输入以下公式，计算结果为 24.76。

```
=ROUND(ACCRINT(B2,B3,B4,B5,B1,2,3),2)
```

	A	B
1	债券面值（元）	1000
2	发行日期	2021/3/25
3	首次计息日	2021/8/31
4	结算日期	2021/8/25
5	票面利率	6.55%
6	付息方式	半年
7	计息基准	实际天数/365
8	应计利息	

图 5-15　计算定期付息债券的应计利息

该公式先使用 ACCRINT 函数计算出从发行日期到结算日期的应计利息，然后使用 ROUND 函数将结果四舍五入并保留两位小数。

知识点讲解

ACCRINT 函数

ACCRINT 函数用于返回定期付息债券的应计利息。该函数基本语法为：

```
ACCRINT(issue,first_interest,settlement,rate,par,frequency, [basis],[calc_ method])
```

第一参数 issue 是债券的发行日。

第二参数 first_interest 是债券的首次计息日。

第三参数 settlement 是债券的结算日，也就是有价证券卖给购买者的日期。

第四参数 rate 是债券的票面利率。

第五参数 par 是债券的面值。如果省略此参数，默认为 1,000。

第六参数 frequency 是年付息次数。

第七参数 basis 是要使用的日计数基准类型。

第八参数 calc_method 是可选参数，用逻辑值来指定当结算日期晚于首次计息日期时计算应计利息的方法。

根据 Excel 帮助文件，第八参数的值如果为 TRUE，则返回从发行日到结算日的总应计利息；如果为 FALSE，则返回从首次计息日到结算日的应计利息。如果不输入此参数，则默认为 TRUE。但是在实际使用时，不管使用何种第八参数，ACCRINT 函数的结果均为从发行日到结算日的应计利息。

5.3.2 计算到期付息债券的应计利息

素材所在位置：
素材\第 5 章 债券投资分析\5.3.2 计算到期付息债券的应计利息.xlsx

以图 5-16 为例，某公司购入面值为 1,000 元的债券，发行日期为 2017 年 3 月 25 日，到期日期为 2020 年 3 月 25 日，票面利率为 6.55%，付息方式为到期一次付息，计算该债券的应计利息。

	A	B
1	债券面值（元）	1000
2	发行日期	2017/3/25
3	到期日期	2020/3/25
4	票面利率	6.55%
5	付息方式	到期一次付息
6	计息基准	实际天数/365
7	应计利息	

图 5-16　计算到期付息债券的应计利息

在 B7 单元格输入以下公式，计算结果为 196.68。

```
=ROUND(ACCRINTM(B2,B3,B4,B1,3),2)
```

知识点讲解

ACCRINTM 函数

ACCRINTM 函数用于返回到期一次性付息债券的应计利息。该函数语法为：

```
ACCRINTM(issue,settlement,rate,par,[basis])
```

第一参数 issue 是债券的发行日。

第二参数 settlement 是债券的到期日。

第三参数 rate 是债券的票面利率。

第四参数 par 是债券的面值。如果省略此参数，则默认为 1,000。

第五参数 basis 是要使用的日计数基准类型。

小技巧

保护和隐藏工作表中的公式

素材所在位置：

素材\第 5 章 债券投资分析\保护和隐藏工作表中的公式.xlsx

为了避免他人误修改工作表中的公式，或不希望其他人看到工作表中的公式，可以对公式进行保护和隐藏。操作步骤如下。

步骤1 单击工作表左上角的全选按钮选中整个工作表，按"Ctrl+1"组合键打开【设置单元格格式】对话框。切换到【保护】选项卡下取消选中"锁定"复选框，单击【确定】按钮，如图 5-17 所示。

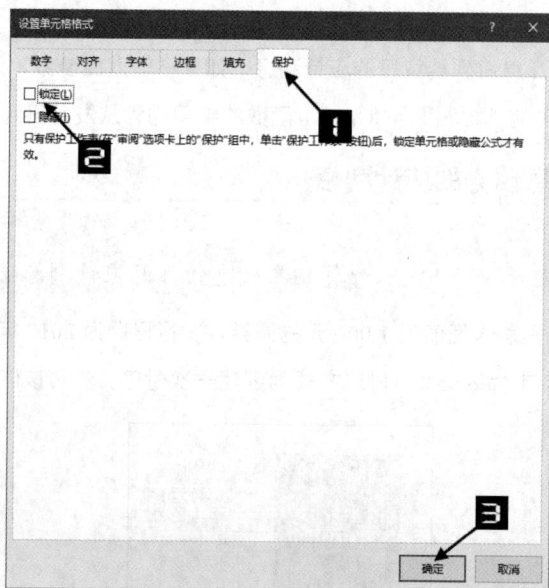

图 5-17 设置单元格格式

步骤2 选择【开始】→【查找和选择】→【公式】命令，选中工作表中所有包含公式的单元格，如图 5-18 所示。

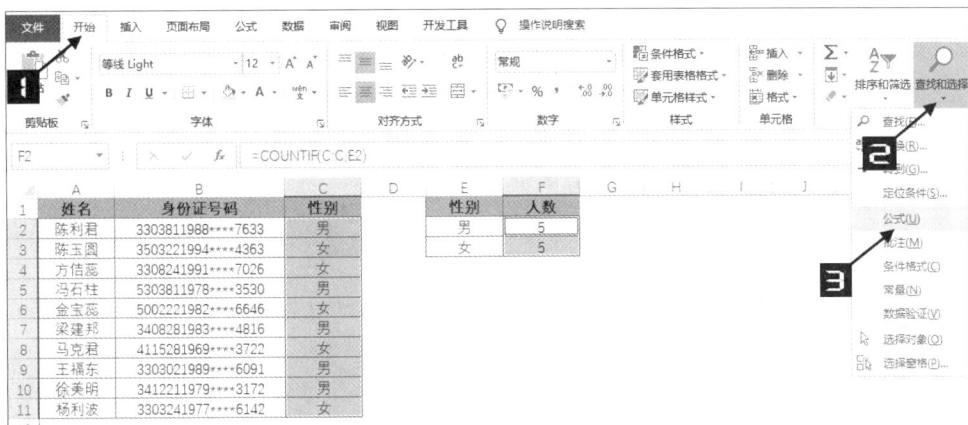

图 5-18　选中包含公式的单元格

步骤3 保持包含公式的单元格的选中状态，按"Ctrl+1"组合键，打开【设置单元格格式】对话框，在【保护】选项卡下分别选中"锁定"和"隐藏"复选框，单击【确定】按钮，如图 5-19 所示。

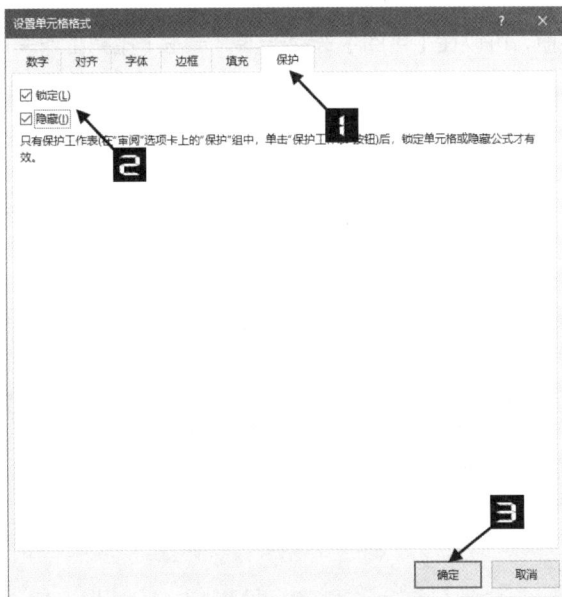

图 5-19　设置单元格保护

步骤4 在【审阅】选项卡下单击【保护工作表】按钮，打开【保护工作表】对话框。选中"选定锁定单元格"和"选定解除锁定的单元格"复选框，在"取消工作表保护时使用的密码"编辑框中设置密码，如 123，单击【确定】按钮。

步骤5 在打开的【确认密码】对话框中，再次输入设置的密码进行确认，单击【确定】按钮，如图 5-20 所示。

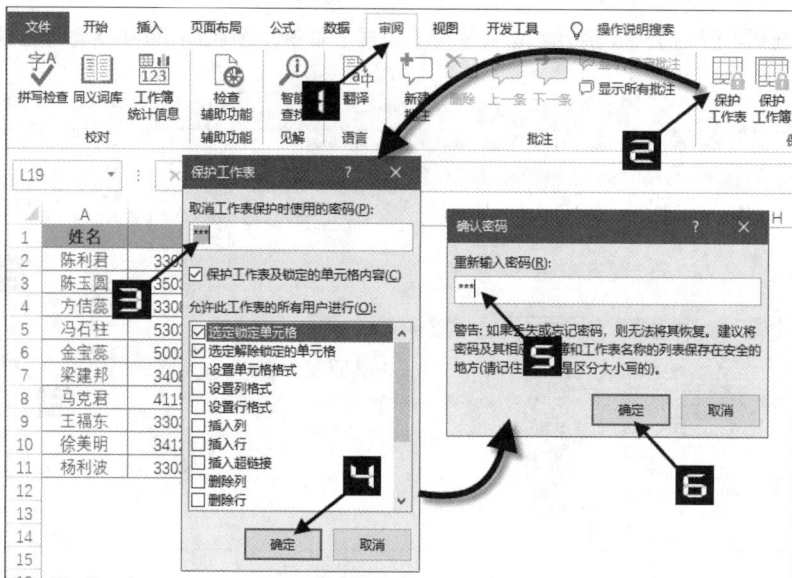

图 5-20　设置密码保护

设置完成后，再次选中包含公式的单元格时，编辑栏中不会显示公式。如果要对单元格中的公式进行编辑，Excel 将打开警告对话框并拒绝修改，其他没有公式的单元格则可以正常输入内容。

如果要撤销工作表保护，可以在【审阅】选项卡下，单击【撤销工作表保护】按钮，然后在打开的【撤销工作表保护】对话框中输入之前设置的密码，然后单击【确定】按钮即可，如图 5-21 所示。

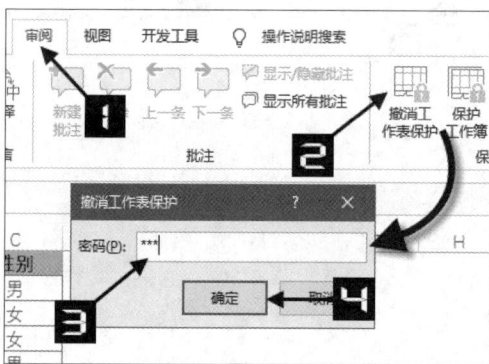

图 5-21　撤销工作表保护

本章小结

　　本章主要介绍了 Excel 在债券投资分析中的应用，包括不同类型债券的价格计算以及不同类型债券的收益率、收益额计算等。通过对本章的学习，读者能够熟悉与债券有关的 Excel 函数计算过程，提高工作效率。

思考与练习

（1）债券是筹资者为筹集资金而发行的有价证券，是一种反映债权债务关系的权利证书，分为（____）债券、（____）债券、（____）债券等类型。

（2）Excel 内置了多种基于数值特征设置的条件格式，如可以按（____）（____）（____）（____）等特征突出显示单元格。

（3）如果需要删除已经设置的条件格式，可以选择（____）→（____）→（____）→（____）命令，来清除所选单元格的条件格式。

（4）除了内置的条件格式规则，用户还可以通过自定义规则和显示效果的方式，来创建符合自己需要的条件格式。当自定义规则的计算结果为逻辑值（____），或为不等于（____）的数值时，Excel 对条件格式作用区域执行预先设置的格式。

（5）如果要保护和隐藏工作表中的公式，主要操作步骤有哪些？

（6）以素材\第 5 章\练习 5-1.xlsx 中的数据，每年年末支付一次利息，计算定期付息债券的发行价格。

（7）以素材\第 5 章\练习 5-2.xlsx 中的数据，计算折价债券的发行价格。

（8）以素材\第 5 章\练习 5-3.xlsx 中的数据，计算到期付息债券的发行价格。

（9）以素材\第 5 章\练习 5-4.xlsx 中的数据，每年支付两次利息，计算到期付息债券的收益率。

（10）以素材\第 5 章\练习 5-5.xlsx 中的数据，日计数基准类型按"实际天数/365"计算，计算定期付息债券的收益率。

（11）以素材\第 5 章\练习 5-6.xlsx 中的数据，日计数基准类型按"实际天数/365"计算，计算折价发行债券的收益率。

（12）以素材\第 5 章\练习 5-7.xlsx 中的数据，计算定期付息债券的应计利息。

（13）以素材\第 5 章\练习 5-8.xlsx 中的数据，计算到期付息债券的应计利息。

第 6 章

借款筹资分析

借款筹资是企业扩大再生产的前提条件，在市场经济条件下，筹资渠道已经从财政拨款和银行贷款逐步发展为股票、债券、银行贷款以及租赁等多元化途径。本章主要介绍利用 Excel 对企业借款筹资进行分析的方法，分析不同筹资方式的成本，便于对借款筹资方式做出决策。

6.1 不同模式下的还款计算

6.1.1 分期等额还本付息情况下的每期还款额

素材所在位置：
素材\第 6 章 借款筹资分析\6.1.1 分期等额还本付息情况下的每期还款额.xlsx

以图 6-1 为例，某公司从银行贷款 100 万元，年利率为 6.5%，共贷款 5 年，采用等额还本付息方式，计算每月还款额。

	A	B	C
1			
2		年利率	6.50%
3		期数	60
4		贷款总额	1,000,000.00
5		每月还款额	

图 6-1　等额还款计算

在 C5 单元格输入以下公式，结果为-19,566.15。

```
=PMT(C2/12,C3,C4)
```

知识点讲解

PMT 函数

PMT 函数的作用是基于固定利率及等额分期付款方式，返回贷款的每期付款额。该函数语法为：

```
PMT(rate,nper,pv,[fv],[type])
```

第一参数 rate 是贷款利率。银行贷款的利率为年利率，由于是按月计息，所以需要除以 12 得到每月的利率。

第二参数 nper 是还款期数。贷款的期数为 60（5×12）。

第三参数 pv 是现值，即贷款总额。贷款属于现金流入，所以这里使用正数。

第四参数 fv 是终值。本例省略 fv 参数，则假设其值为 0（零），也就是最后一次付款后希望得到的现金余额为 0。

第五参数 type 是可选参数，用数字 0 或 1 表示各期的付款时间是在期初还是期末。其如果为 0 或省略表示付款时间在期末；如果是 1，则表示付款时间为期初。

6.1.2 计算每期还款的本金和利息

PMT 函数常被用在等额还贷业务中，用来计算每期应偿还的贷款金额。而 PPMT 函数和 IPMT 函数则分别用来计算等额还贷业务中每期还款金额的本金和利息部分。

素材所在位置：
素材\第 6 章 借款筹资分析\6.1.2 计算每期还款的本金和利息.xlsx

以图 6-2 为例，某公司从银行贷款 100 万元，年利率为 6.5%，共贷款 5 年，采用等额还款方式，计算第 24 个月时还款的本金和利息。

	A	B	C
1			
2		年利率	6.50%
3		期数	60
4		贷款总额	1,000,000.00
5			
6		第n期	24
7		第n期还款本金	
8		第n期还款利息	

图 6-2　贷款每期还款本金与利息

在 C7 单元格输入以下公式计算第 24 期时的还款本金，结果为-16,021.40。

```
=PPMT(C2/12,C6,C3,C4)
```

在 C8 单元格输入以下公式计算第 24 期时的还款利息，结果为-3,544.75。

```
=IPMT(C2/12,C6,C3,C4)
```

知识点讲解

1. PPMT 函数

PPMT 函数的作用是基于固定利率及等额分期付款方式，返回投资在某一给定期间内的本金偿还额。该函数语法为：

```
PPMT(rate,per,nper,pv,[fv],[type])
```

第一参数 rate 是贷款利率。本例使用年利率除以 12 得到的月利率。

第二参数 per 是用于计算利息数额的期数。该参数必须在 1 到 nper 之间，本例为 24。

第三参数 nper 是付款总期数，本例为 60。

第四参数 pv 是现值，即贷款总额。

第五参数 fv 是终值。本例省略 fv 参数，表示最后一次付款后希望得到的现金余额为 0。

第六参数 type 是可选参数，用数字 0 或 1 表示各期的付款时间是在期初还是期末。

2. IPMT 函数

IPMT 函数的作用是基于固定利率及等额分期付款方式，返回给定期数内对投资的利息偿还额。该函数语法和使用方法与 PPMT 函数相同。

使用等额还本付息时，在还款的初始阶段，所还的利息要远远大于本金，随着还款期数的增加，还款中本金比例越来越大，利息比例越来越小，但二者的和始终等于每期的还款总额，即在相同条件下 PPMT+IPMT=PMT。

6.1.3 计算累计还贷本金和利息

使用 CUMPRINC 函数和 CUMIPMT 函数，能够计算某一个阶段需要偿还的本金和利息之和。

素材所在位置：

素材\第 6 章 借款筹资分析\6.1.3 计算累计还贷本金和利息.xlsx

以图 6-3 为例，某公司从银行贷款 100 万元，年利率为 6.5%，期限为 5 年，采用等额还款方式。

计算第 13 个月到第 24 个月期间需要偿还的累计本金和利息。

	A	B	C
1			
2		年利率	6.50%
3		期数(月)	60
4		贷款总额	1,000,000.00
5		起始月份	13
6		截止月份	24
7			
8		期间还款本金	
9		期间还款利息	

图 6-3　累计还款本金与利息

在 C8 单元格输入以下公式，计算该期间还款本金总额，计算结果为-186,661.04。

```
=ROUND(CUMPRINC(C2/12,C3,C4,C5,C6,0),2)
```

在 C9 单元格输入以下公式，计算该期间还款利息总额，计算结果为-48,132.74。

```
=ROUND(CUMIPMT(C2/12,C3,C4,C5,C6,0),2)
```

知识点讲解

CUMPRINC 函数和 CUMIPMT 函数

CUMPRINC 函数用于返回在给定的期间内，为一笔贷款累计偿还的本金数额。该函数语法为：

```
CUMPRINC(rate,nper,pv,start_period,end_period,type)
```

第一参数 rate 是利率；第二参数 nper 是贷款期数；第三参数 pv 是现值，即贷款总额。

第四参数 start_period 和第五参数 end_period 分别是指定统计期间的首期和末期。

最后一个参数 type 不可省略，表示付款时间类型。通常情况下，第一次付款是在第一期之后发生的，所以 type 一般为 0。

CUMIPMT 函数用于返回在给定的期间内，为一笔贷款累计偿还的利息数额。该函数语法和使用方法与 CUMPRINC 函数完全相同。

6.2 资金需要量预测

资金需要量预测是指企业根据生产经营的需求，对未来所需资金的估计和推测。企业筹集资金之前，需要先对资金需要量进行预测，即对企业未来组织生产经营活动的资金需要量进行估计、分析和判断，是企业制订筹资计划的基础。本节介绍使用 Excel 函数公式，利用回归分析法进行简单的资金需要量预测的方法。

素材所在位置：
素材\第 6 章 借款筹资分析\6.2 资金需要量预测.xlsx

插值法又称“内插法”，在财务、工程等领域中有广泛的应用。以图 6-4 为例，B 列为某企业 1—4 月份的销售收入，C 列是对应的资金需要量。预测销售收入为 305 万元时的资金需要量。

在 C9 单元格输入以下公式，计算结果为 76.217。

```
=TREND(C2:C5,B2:B5,A9)
```

	A	B	C
1	月份	销售收入（万元）	资金需要量（万元）
2	1月	170	18.49
3	2月	180	22.77
4	3月	190	27.04
5	4月	200	31.32
6			
7			
8	5月预计销售收入（万元）		预计资金需要量（万元）
9	305		

图 6-4　预测资金需要量

知识点讲解

TREND 函数

TREND 函数用于返回存在线性趋势的一组值，该函数语法为：

TREND(known_y's,[known_x's],[new_x's],[const])

第一参数 known_y's 是关系表达式 $y=mx+b$ 中已知的 y 值集合。

第二参数 known_x's 是关系表达式 $y=mx+b$ 中已知的 x 值集合。

第三参数 new_x's 表示给出的新的 x 值，也就是需要计算预测值的变量 x。

第四参数 const 为可选参数。用逻辑值 TRUE 或 FALSE 指定是否将常量 b 强制设为 0。一般情况下该参数省略，表示 b 将按正常计算。

本章小结

　　本章主要介绍了使用 Excel 中的 PMT 函数计算每期应偿还的贷款金额，以及使用 PPMT 函数和 IPMT 函数分别计算每期还款金额中的本金和利息部分；同时介绍了使用 CUMPRINC 函数和 CUMIPMT 函数分别计算在给定的期间内为一笔贷款累计偿还的本金和利息数额，以及使用 TREND 函数预测资金需要量等。

思考与练习

　　（1）请根据素材\第 6 章\练习 6-1.xlsx 提供的数据，计算分期等额还本付息情况下的每期还款额。

　　（2）请根据素材\第 6 章\练习 6-2.xlsx 提供的数据，计算每期还款的本金和利息。

　　（3）请根据素材\第 6 章\练习 6-3.xlsx 提供的数据，计算累计还贷本金和利息。

　　（4）请根据素材\第 6 章\练习 6-4.xlsx 提供的数据，根据已知条件预测某产品的生产成本。

第 7 章

流动资产管理

　　流动资产是指企业可以在一年或者超过一年的营业周期内变现或者运用的资产，是企业资产中必不可少的组成部分。流动资产在周转过程中，从货币形态开始，依次改变形态，最后又回到货币形态（货币资金→储备资金、固定资金→生产资金→成品资金→货币资金），各种形态的资金与生产流通紧密结合，周转速度快，变现能力强。

　　一般来说，流动资产主要包括货币资金、短期投资、应收票据、应收账款和存货等。加强对流动资产的计划、组织、协调和监控，可以达到防止资产流失、提高效用的目的。

　　本章主要讲解 Excel 在流动资产管理中的应用。

7.1 最佳现金持有量

现金是指在生产过程中暂时以货币形态存在的资金，包括库存现金、银行存款、银行本票、银行汇票等。企业既不能保留过多的货币资金，又不能保留过少的货币资金。持有的现金过多，会降低现金产生的流动边际效益；持有的现金过少，又不能满足企业生产经营各种开支的需要。企业财务管理部门应该根据企业自身特点确定一个合理的现金余额目标，使现金持有量达到最佳状态。

常用的确定最佳现金持有量的分析方法有成本分析方法、存货分析方法和现金周转分析方法。存货分析方法又称鲍莫尔模型（The Baumol Model），鲍莫尔模型理论的依据是把持有的有价证券同库存现金联系起来，分析持有现金的机会成本和转换现金（买卖有价证券）的固定成本，以求得两者之和最小时的现金余额，该现金余额即为最佳现金持有量。

利用鲍莫尔模型确定最佳现金余额时，通常有如下假设。

（1）企业一定时期内货币现金支出和收入的变化是周期性、均衡的，其现金余额也定期地在最低时的零和最高时的 Q 之间变化，其平均现金余额为 $Q/2$。当现金余额趋于零时，企业靠出售有价证券或借款来补充库存现金。

（2）证券变现的不确定性很小，证券的利率及每次的固定性交易费用是明确的。

不管是保留现金或出售有价证券都要付出一定代价。保留现金意味着放弃了由有价证券带来利息的机会，出售和购进有价证券又意味着会产生证券交易的成本。保留的现金余额越多，损失的机会成本越大；而证券交易的次数越少，交易的成本则越低。

机会成本是指由于持有现金而丧失的潜在投资收益，计算公式为现金持有量乘以短期有价证券投资的利率。

现金管理总成本等于持有现金的机会成本和转换现金的固定成本，计算公式为：

$$C = \frac{Q}{2} \times R + \frac{T}{Q} \times F$$

该公式中，Q 为现金持有量；R 为有价证券的年利率；T 为每个转换周期中的现金总需要量；F 为有价证券每次交易的固定成本；C 为现金管理总成本。

现金管理总成本=平均现金余额×有价证券利率+变现次数×有价证券每次交易的固定成本

最佳现金持有量 Q^* 就是使得现金管理总成本 C 最小时的现金持有量，根据数学推导公式和计算，最佳现金持有量 $Q^* = \sqrt{\dfrac{2TF}{R}}$。

素材所在位置：

素材\第 7 章 流动资产管理\7.1 最佳现金持有量.xlsx

以图 7-1 为例，某公司年度现金总需要量为 400 万元，有价证券每次交易的成本为 1,000 元，有价证券年利率为 7.25%，根据以上信息计算最佳现金持有量。

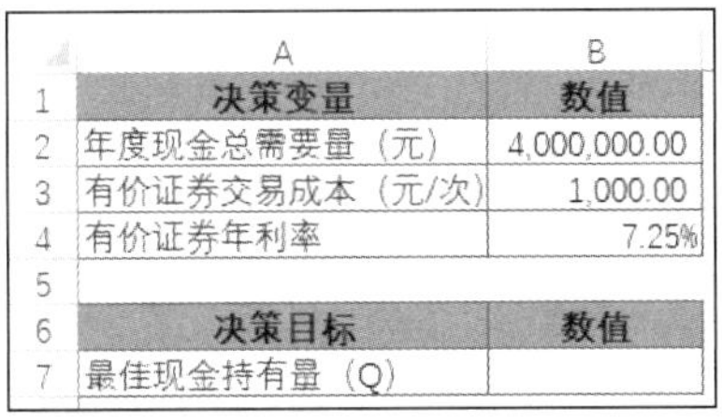

图 7-1　计算最佳现金持有量

在 B7 单元格输入以下公式，计算结果为 332,181.92。

```
=SQRT(2*B2*B3/B4)
```

知识点讲解

本例公式套用最佳现金持有量计算公式 $Q^* = \sqrt{\dfrac{2TF}{R}}$，即"2×B2 单元格中的年度现金总需要量×B3 单元格中有价证券每次交易的固定成本/B4 单元格中的有价证券的年利率"，最后使用 SQRT 函数返回以上结果的平方根，结果即为最佳现金持有量。

小技巧

限制录入重复银行卡号

素材所在位置：

素材\第 7 章 流动资产管理\限制录入重复银行卡号.xlsx

以图 7-2 为例，需要在 C 列输入银行卡号，使用数据验证功能与 COUNTIF 函数，能够限制重复输入银行卡号。

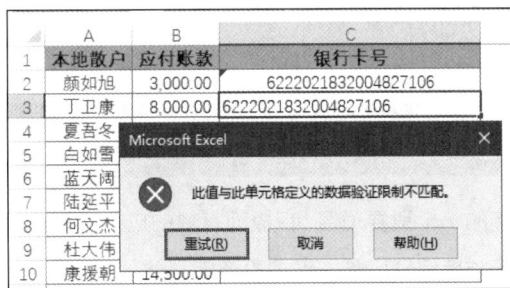

图 7-2　限制输入重复的银行卡号

操作步骤如下。

选中 C2:C10 单元格区域，在【数据】选项卡下单击【数据验证】按钮，打开【数据验证】对话框，在【设置】选项卡下单击"允许"右侧的下拉按钮，在打开的下拉列表中选择"自定义"，在"公式"编辑框中输入以下公式，最后单击【确定】按钮，如图 7-3 所示。

```
=COUNTIF(C:C,C2&"*")=1
```

COUNTIF 函数不区分文本型和数值型数字，而 Excel 的最大数字精度是 15 位，因此 Excel 会将银行卡号码 15 位以后的数字都视为 0。这种情况下，只要银行卡号码的前 15 位相同，COUNTIF 函数就会识别为相同数值，而无法判断最后 3 位是否一致。

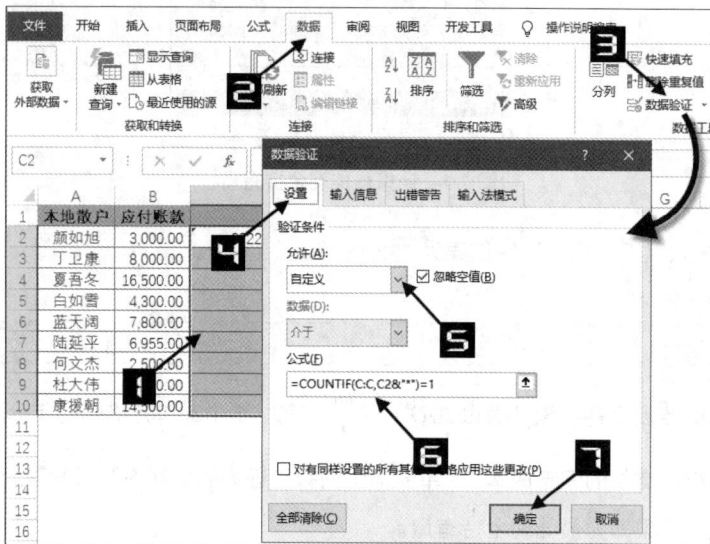

图 7-3　设置数据验证

本例中，利用 Excel 不支持对数值使用通配符的特性，在 COUNTIF 函数的查找条件后添加了通配符 "*"，表示在 C 列中查找以 C2 单元格内容开头的文本，最终返回 C 列中与该银行卡号码相同的单元格数目。

如果 COUNTF 函数的结果大于 1，公式 "=COUNTIF(C:C,C2&"*")=1" 返回逻辑值 FALSE，表示该银行卡号码重复，Excel 拒绝输入内容。

在数据验证中使用公式时要以所选区域的活动单元格为参照，设置完成后，数据验证规则将应用到所选区域的每一个单元格。

7.2 往来账款管理

应收账款是企业流动资产的一个重要项目。积极而有效的应收账款管理有利于企业加快资金周转、提高资金使用效率，也有利于防范经营风险，维护投资者利益。

应付账款是企业应支付但尚未支付的手续费和佣金，是会计科目的一种，用以核算企业因购买材料、商品和接受劳务等经营活动应支付的款项。

本节主要介绍 Excel 在企业往来账款管理中的应用方法。通过对本节的学习，读者能够掌握更多 Excel 的相关知识点。

7.2.1 创建应收账款明细账

素材所在位置：

素材\第 7 章　流动资产管理\7.2.1 创建应收账款明细账.xlsx

首先创建应收账款明细账，即根据实际发生的业务，将企业的应收账款信息输入 Excel 表格。操作步骤如下。

步骤 1 创建一个新工作簿,将 Sheet1 工作表重命名为"应收账款明细",按"Ctrl+S"组合键,将工作簿保存为"应收账款明细账"。

步骤 2 根据企业需要,将与应收账款管理相关的字段信息输入 Excel 表格,如图 7-4 所示。

	A	B	C	D	E	F	G	H	I	J
1	序号	公司名称	开票日期	应收金额	已收金额	未收金额	付款期限	是否到期	账龄	到期提醒
2										
3										
4										
5										

图 7-4 输入基础信息

步骤 3 在工作表中依次输入企业应收账款明细记录,然后依次添加单元格边框、设置单元格填充颜色和字体字号等,如图 7-5 所示。

	A	B	C	D	E	F	G	H
1	序号	公司名称	开票日期	应收金额	已收金额	未收金额	付款期限	是否到期
2	1	大田公司	2020/12/28	53639.00			45	
3	2	天安公司	2020/4/30	37676.00	4500.00		27	
4	3	大田公司	2020/11/10	47932.00	12000.00		50	
5	4	子威公司	2021/10/8	10964.00			48	
6	5	瑞丽公司	2021/10/9	30863.00			36	
7	6	大田公司	2021/10/13	37642.00	12000.00		21	
8	7	旭派公司	2021/4/18	49881.00			52	
9	8	大田公司	2020/11/30	12151.00			52	
10	9	天安公司	2020/12/14	27229.00			20	

图 7-5 输入应收账款明细记录

步骤 4 在 F2 单元格输入以下公式计算未收金额,将鼠标指针移动到 F2 单元格右下角,在其变成"**+**"字形的填充柄时双击,将公式向下复制。

=D2-E2

步骤 5 假设以 2021 年 3 月 15 日为统计日,在 H2 单元格输入以下公式判断是否到期,将鼠标指针移至 H2 单元格右下角,在其变成黑色"**+**"字形的填充柄时双击,将公式向下复制,如图 7-6所示。

=IF(C2+G2>--"2021-3-15","否","是")

H2	:	×	✓	fx	=IF(C2+G2>--"2021-3-15","否","是")		

	A	B	C	D	E	F	G	H
1	序号	公司名称	开票日期	应收金额	已收金额	未收金额	付款期限	是否到期
2	1	大田公司	2020/12/28	53639.00		53639.00	45	是
3	2	天安公司	2020/4/30	37676.00	4500.00	33176.00	27	是
4	3	大田公司	2020/11/10	47932.00	12000.00	35932.00	50	是

图 7-6 判断是否到期

公式讲解

本例中,判断 C2 单元格中的开票日期+G2 单元格中的付款期限是否大于统计日"2021-3-15",如果大于统计日，说明到期日在统计日之后，对比后得到逻辑值 TRUE， IF 函数返回第二参数指定的内容"否"，否则返回第三参数指定的内容"是"。

在公式中直接输入日期时间数据时，需要在日期时间数据两侧添加半角引号，使其变成文本型的数字，否则 Excel 无法正确识别。

文本型数字可以直接进行四则运算，如果要在公式中比较文本型的日期时间的大小，还需要将文本型的数字转换为日期时间的序列值。以下 6 种方法均能够将 A2 单元格中的文本型数字转换为数值型数字。

乘法：=A2*1。

除法：=A2/1。

加法：=A2+0。

减法：=A2-0。

减负运算：=--A2。

函数转换：=VALUE（A2）。

其中，减负运算可以理解为计算负数的负数，因其输入最为方便而被广泛应用。

如果需要将统计日设置为系统当前日期，可以将公式中"2021-3-15"的部分修改为 TODAY()。

TODAY 函数用于生成系统当前的日期。日期和时间都是特殊的数值，因此也可以进行加、减等各种运算。例如，计算系统当前的日期 8 天之后的日期，可以使用以下公式完成。

`=TODAY()+8`

Excel 提供了丰富的日期函数用来处理日期数据，常用日期函数及其功能如表 7-1 所示。

表 7-1 常用日期函数及其功能

函数名称	功能	示例	计算结果
DATE 函数	根据指定的年份、月份和日期返回日期序列值	=DATE(2021,2,26)	2021/2/26
DAY 函数	返回某个日期处于所属月份中的第几天	=DAY("2021-2-26")	26
MONTH 函数	返回日期中的月份	=MONTH("2021-2-26")	2
YEAR 函数	返回日期中的年份	=YEAR("2021-2-26")	2021
TODAY 函数	用于生成系统当前的日期	=TODAY()	
NOW 函数	用于生成系统日期时间格式的当前日期和时间	=NOW()	
EDATE 函数	返回指定日期之前或之后指定月份数的日期	=EDATE("2021-2-26",5)	2021/7/26
EOMONTH 函数	返回指定日期之前或之后指定月份数的月末日期	=EOMONTH("2021-2-26",5)	2021/7/31
WEEKDAY 函数	以数字形式返回指定日期是星期几，第二参数通常为2，用 1~7 表示星期一至星期日	=WEEKDAY("2021-2-26",2)	5

7.2.2 用公式统计应收账款

企业在经营过程中产生的应收账款数额越多，财务风险就越高。运用 Excel 对应收账款现状进行统计分析，能够为企业的财务决策提供参考和依据。

（一）提取不重复客户名单

操作步骤如下。

步骤1 在"应收账款明细账"工作簿中插入新工作表，将新工作表重命名为"应收账款汇总"。

步骤2 单击"应收账款明细"工作表 B 列列标，按"Ctrl+C"组合键复制该列，然后切换到"应收账款汇总"工作表中，单击 A1 单元格，按"Enter"键粘贴。

步骤3 单击 A 列数据区域中的任意单元格，如 A4 单元格，选择【数据】→【删除重复值】命令，打开【删除重复值】对话框，保留其中的默认选项，单击【确定】按钮，在打开的 Excel 提示对话框中再次单击【确定】按钮，完成不重复客户名单的提取，如图 7-7 所示。

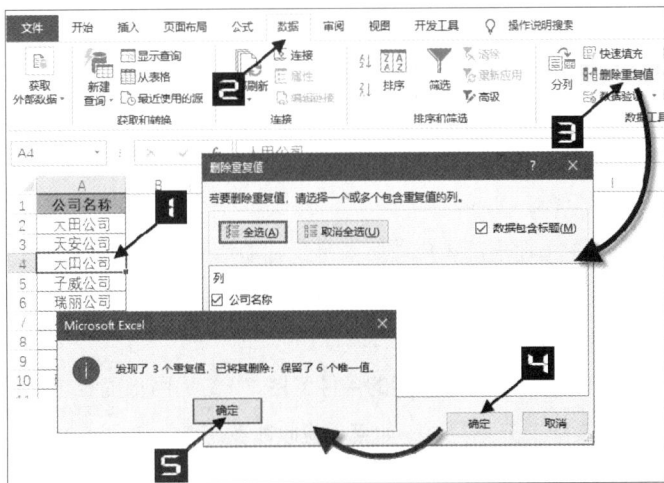

图 7-7 删除重复值

（二）计算每位客户未收账款总额和业务笔数

接下来使用公式完成每位客户未收账款金额和业务笔数的汇总，操作步骤如下。

步骤1 在 B1:C1 单元格区域内依次输入列标题"未收金额"和"业务笔数"。

步骤2 单击 A 列列标选中 A 列整列，然后单击【开始】选项卡下的【格式刷】按钮，将格式复制到 B 列、C 列，如图 7-8 所示。

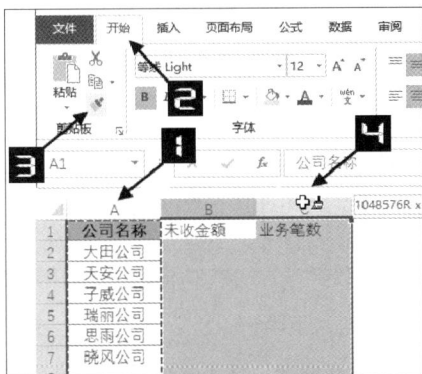

图 7-8 使用格式刷复制格式

步骤 3 在 B2 单元格输入以下公式计算每位客户未收账款总额，并将公式向下复制。

=SUMIF(应收账款明细!B:B,A2,应收账款明细!F:F)

步骤 4 在 C2 单元格输入以下公式计算每位客户业务笔数，并将公式向下复制。

=COUNTIF(应收账款明细!B:B,A2)

知识点讲解

1. SUMIF 函数

素材所在位置：

素材\第 7 章 流动资产管理\SUMIF 函数.xlsx

SUMIF 函数用于对范围中符合指定条件的值求和，该函数语法为：

SUMIF(range,criteria,[sum_range])

第一参数 range 是判断条件的单元格区域。第二参数 criteria 用于确定求和的条件。第三参数 sum_range 是要求和的实际单元格区域。其语法可以理解为：

SUMIF(条件判断区域,求和条件,求和区域)

知识点讲解
SUMIF 和
SUMIFS 函数

条件求和类的计算在日常工作中的使用范围非常广，如按指定的部门汇总工资额、计算某个班组的总产量等。本例中使用以下公式计算每位客户未收账款总额。

=SUMIF(应收账款明细!B:B,A2,应收账款明细!F:F)

其中的"应收账款明细!B:B"部分是指定的条件区域，A2 是用于确定求和的条件，"应收账款明细!F:F"部分是用于求和的实际单元格区域。如果"应收账款明细"工作表 B 列中的公司名称等于 A2 单元格指定名称，就对"应收账款明细"工作表 F 列中对应位置的未收金额求和。

SUMIF 函数允许省略第三参数，省略第三参数时，Excel 会对第一参数，也就是判断条件的单元格区域求和。使用以下公式可以计算出 1 小时及以上的加班小时数，如图 7-9 所示。

=SUMIF(B2:B10,">=1")

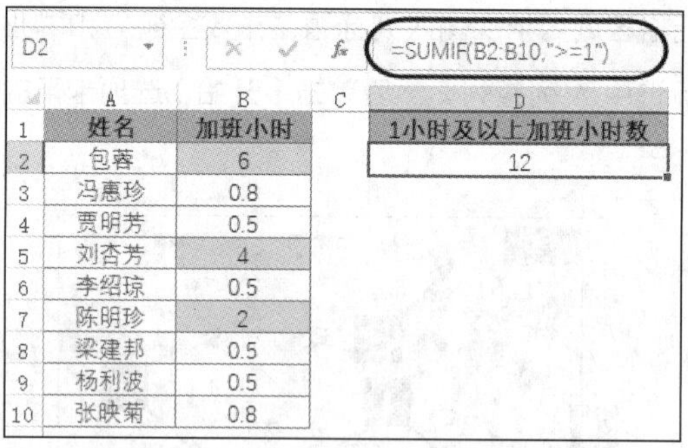

图 7-9　SUMIF 函数省略第三参数

使用 SUMIF 函数时，含有逻辑及数学符号的条件需要被一对半角双引号引起来。公式中的第二参数使用字符串">=1"，表示求和条件为大于等于 1。

如果 SUMIF 函数的求和条件是文本内容，还支持使用通配符问号"?"和星号"*"。使用以下公式可以计算出朝阳店的奖金总额，如图 7-10 所示。

```
=SUMIF(A2:A12,"朝阳*",C2:C12)
```

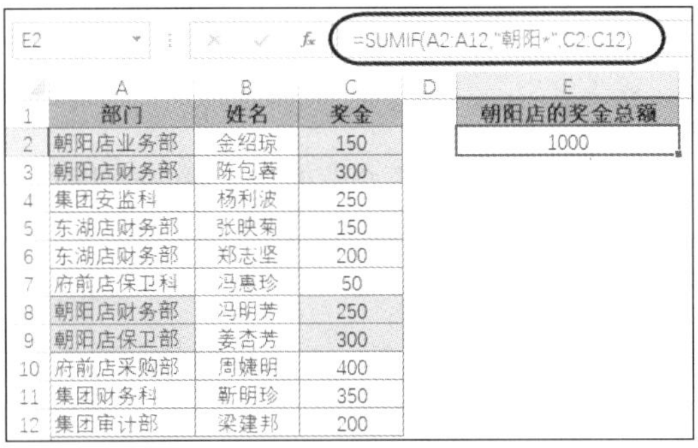

=SUMIF(A2:A12,"朝阳*",C2:C12)

	A	B	C	D	E
1	部门	姓名	奖金		朝阳店的奖金总额
2	朝阳店业务部	金绍琼	150		1000
3	朝阳店财务部	陈包蓉	300		
4	集团安监科	杨利波	250		
5	东湖店财务部	张映菊	150		
6	东湖店财务部	郑志坚	200		
7	府前店保卫科	冯惠珍	50		
8	朝阳店财务部	冯明芳	250		
9	朝阳店保卫部	姜杏芳	300		
10	府前店采购部	周婕明	400		
11	集团财务科	靳明珍	350		
12	集团审计部	梁建邦	200		

图 7-10　在求和条件中使用通配符

SUMIF 函数求和条件使用“朝阳*”，表示以“朝阳”开头的所有字符串。如果 A2:A12 单元格区域中的字符以“朝阳”开头，则对 C2:C12 单元格区域对应的数值求和。

扩展知识点

2. SUMIFS 函数

素材所在位置：

素材\第 7 章 流动资产管理\SUMIFS 函数.xlsx

如果要对区域中符合多个条件的单元格区域求和，可以使用 SUMIFS 函数。该函数语法为：

```
SUMIFS(sum_range,criteria_range1,criteria1,[criteria_range2,criteria2],…)
```

第一参数 sum_range 是要求和的单元格区域。第二参数 criteria_range1 用于条件计算的第一个单元格区域。第三参数 criteria1 是用于条件计算的第一个单元格区域对应的条件……其语法可以理解为：

```
SUMIFS(求和区域,条件区域 1,条件 1,条件区域 2,条件 2……)
```

使用以下公式可以计算 E2 单元格的员工 1 小时及以上的加班时长，如图 7-11 所示。

```
=SUMIFS(C2:C10,B2:B10,E2,C2:C10,">=1")
```

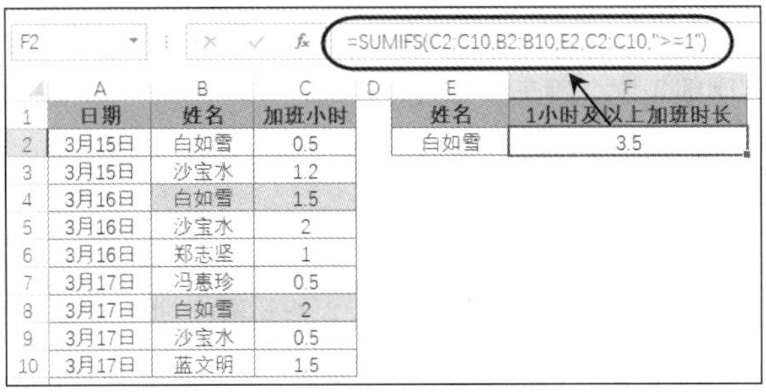

=SUMIFS(C2:C10,B2:B10,E2,C2:C10,">=1")

	A	B	C	D	E	F
1	日期	姓名	加班小时		姓名	1小时及以上加班时长
2	3月15日	白如雪	0.5		白如雪	3.5
3	3月15日	沙宝水	1.2			
4	3月16日	白如雪	1.5			
5	3月16日	沙宝水	2			
6	3月16日	郑志坚	1			
7	3月17日	冯惠珍	0.5			
8	3月17日	白如雪	2			
9	3月17日	沙宝水	0.5			
10	3月17日	蓝文明	1.5			

图 7-11　多条件求和

提示

SUMIF 函数的求和区域是第三参数，而 SUMIFS 函数的求和区域是第一参数，使用时注意不要混淆。

3. COUNTIFS 函数

COUNTIFS 函数用于对某一区域内满足多重条件的单元格进行计数。该函数的语法为：

`COUNTIFS(criteria_range1,criteria1,[criteria_range2,criteria2],…)`

其可以理解为：

`COUNTIFS(条件区域 1,条件 1,条件区域 2,条件 2……条件区域 n,条件 n)`

该函数的用法与 COUNTIF 函数类似，参数使用成对的"区域/条件"形式，每一个条件区域后跟随一个判断条件，最终统计出各个条件区域符合指定条件的单元格个数。

在 G3 单元格中输入以下公式，如图 7-12 所示。将公式向下填充至 G7 单元格，计算各部门 40 岁以上员工的人数。

`=COUNTIFS(B:B,F3,D:D,">40")`

图 7-12　多条件计数

COUNTIFS 函数按两个条件进行统计：条件一是 B 列等于 F3 单元格指定的部门，条件二是 D 列大于 40，当两个条件同时符合时，计数为 1。最终返回同时符合两个条件的记录总数。

7.2.3　用数据透视表统计应收账款

在数据量比较大时，使用数据透视表进行汇总比使用函数公式效率更高。操作步骤如下。

步骤 1　在应收账款明细表中，单击数据区域中的任意单元格，如 C2 单元格，选择【插入】→【表格】命令，在打开的【创建表】对话框中保留默认设置，单击【确定】按钮，如图 7-13 所示。

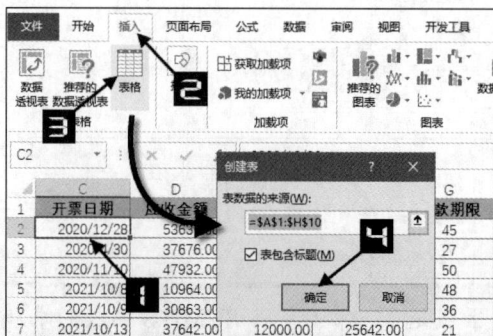

图 7-13　创建表

Excel 中的表格具有自动扩展范围的特性。在数据源中的数据条目增加后，只要在以表格作为数据源而生成的数据透视表中单击鼠标右键刷新，就可以快速获得最新的数据汇总结果，而不必修改数据透视表的数据源。

步骤 2 单击表格中的任意单元格，选择【插入】→【数据透视表】命令，在打开的【创建数据透视表】对话框中保留默认设置，单击【确定】按钮，如图 7-14 所示。

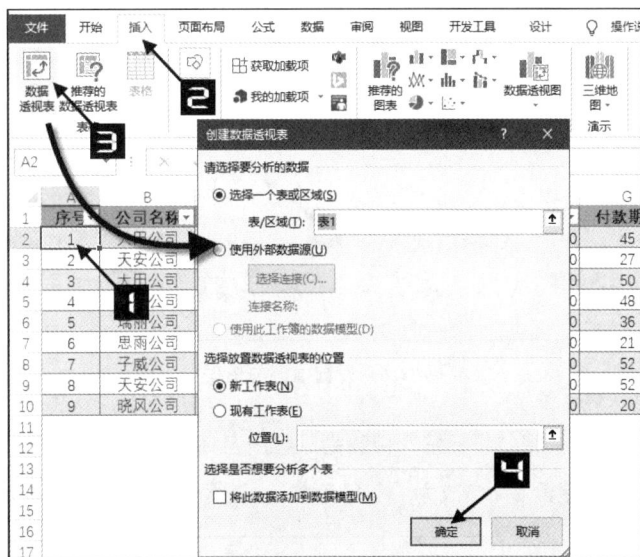

图 7-14 创建数据透视表

步骤 3 在"数据透视表字段"任务窗格中，将"公司名称"字段拖动到行区域，将"未收金额"字段拖动两次到值区域，如图 7-15 所示。

图 7-15 调整数据透视表字段布局

步骤4 选择数据透视表"求和项:未收金额 2"字段的任意单元格，单击鼠标右键，在弹出的快捷菜单中选择【值汇总依据】→【计数】命令，如图 7-16 所示。

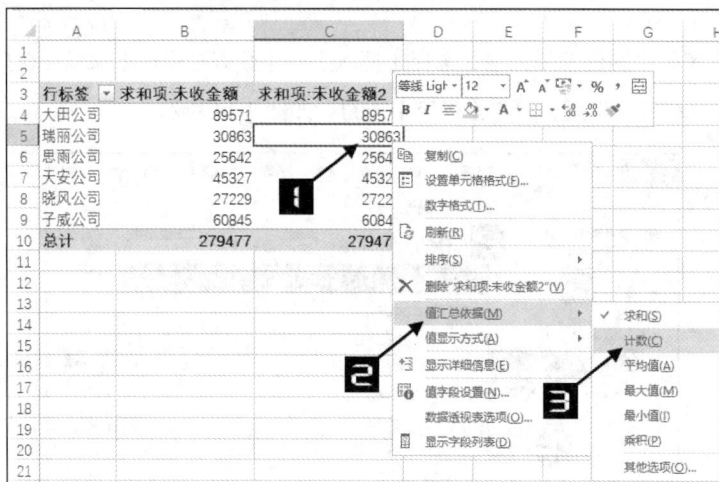

图 7-16　设置值汇总依据

步骤5 修改字段标题，将"行标签"修改为"客户名称"，将"求和项:未收金额"修改为"未收金额"。将"求和项:未收金额 2"修改为"业务笔数"。最终效果如图 7-17 所示。

图 7-17　数据透视表的汇总效果

提示

数据透视表的值字段名称不允许与数据源中的字段名称相同，因此本例在修改字段名称时在"未收金额"前加上了一个空格。

7.2.4　分析客户应收账款账龄

账龄是指公司尚未收回的应收账款的时间长度，是分析应收账款时的重要信息之一。由于应收账款属于流动资产，所以所有账龄在合理周转天数以上的应收账款都会给公司运营造成负面影响。而且账龄越高，资金效率越低，发生坏账的风险越大，财务成本也越高。

通常情况下，企业按照合理的周转天数将账龄划分为 4 个级别。如将合理的周转天数设定为 30 天，即可分为 30 天以内、30～60 天、60～120 天及 120 天以上。

假设账龄统计日为 2021 年 3 月 15 日，在"应收账款明细"工作表中的 I1 单元格输入列标题"账龄"，在 I2 单元格输入以下公式，向下复制公式。

```
=LOOKUP("2021-3-15"-(C2+G2),{-999,0,30,60,120},{"未到期","30 天以内","30～60 天",
"60～120 天","120 天以上"})
```

知识点讲解

LOOKUP 函数

素材所在位置：

素材\第 7 章 流动资产管理\LOOKUP 函数.xlsx

LOOKUP 函数是应用非常广泛的查询类函数之一。该函数支持忽略空值、逻辑值和错误值来进行数据查询，常用的基本语法如下：

LOOKUP 函数

```
LOOKUP(lookup_value,lookup_vector,[result_vector])
```

第一参数 lookup_value 是查找值。第二参数 lookup_vector 为查找范围。第三参数 result_vector 是结果范围，该范围大小必须与第二参数相同。

该函数在由单行或单列构成的第二参数中查找第一参数，并返回第三参数中对应位置的值。

如需在查找范围中查找一个明确的值，查找范围必须升序排列，如果 LOOKUP 函数无法返回查询值，则会与查询区域中小于查询值的最大值进行匹配。

本例公式中的""2021-3-15"-(C2+G2)"部分，用统计日期减去开票日期和付款期限之和，计算出账龄天数为 32。然后用 LOOKUP 函数在第二参数"{-999,0,30,60,120}"中查找账龄天数，因为"{-999,0,30,60,120}"中没有 32，所以会以小于 32 的最大值 0 进行匹配。

0 在"{-999,0,30,60,120}"中的位置是 2，LOOKUP 函数最终返回第三参数"{"未到期","30 天以内","30～60 天","60～120 天","120 天以上"}"中相同位置的值，计算结果为"30 天以内"。

公式中的"-999"，也可以写成其他比较小的数值。如果统计日期-（开票日期+付款期限）的计算结果小于 0，说明尚未到约定的付款期限。

提示

如果查询区域中有多个符合条件的记录，LOOKUP 函数仅返回最后一条记录。

以下是 LOOKUP 函数的模式化用法。

（1）返回 A 列最后一个文本。

```
=LOOKUP("々",A:A)
```

"々"通常被看作一个在机算机符集中编码较大的字符，输入方法为按"Alt+41385"组合键，其中数字"41385"需要使用数字小键盘来输入。一般情况下，第一参数写成"做"，也可以返回一列或一行中的最后一个文本内容。

（2）返回 A 列最后一个数值。

```
=LOOKUP(9E+307,A:A)
```

9E+307 是 Excel 里的科学计数法，即"9*10^307"，其被认为是接近 Excel 允许键入的最大数值。以 9E+307 作为查询值，可以返回一列或一行中的最后一个数值。

（3）返回 A 列最后一个非空单元格的内容。

```
=LOOKUP(1,0/(A:A<>""),A:A)
```

该公式首先用"条件区域=指定条件"的对比方式，得到由逻辑值 TRUE 或 FALSE 组成的数组，然后用 0 除以逻辑值。

在四则运算中逻辑值 TRUE 的作用相当于 1，FALSE 的作用相当于 0。用 0 除以逻辑值 TRUE 的结果为 0，0 除以逻辑值 FALSE 的结果为错误值#DIV/0!。因此，0 除以逻辑值的作用就是构建一个由 0 和错误值#DIV/0!构成的数组。

再用 1 作为查找值，在 0 和错误值#DIV/0!构成的数组中，忽略错误值进行查找。最终查找到数组中最后一个 0 的位置，并返回第三参数中对应位置的值。

以上用法可以理解为：

```
=LOOKUP(1,0/(条件区域=指定条件),目标区域)
```

7.2.5 计算坏账准备金额

我国现行会计制度要求企业应当于每年年度终了时，对应收账款进行全面检查，预计各项应收账款可能发生的坏账准备。对于预计不能收回的应收款项，应该计提坏账准备。企业计提坏账准备的方法由企业自行确定。

采用账龄分析法计提坏账准备时，应将不同账龄的应收账款进行分组，将应收账款的逾期时间按时间长短分为若干区间，计算各个区间中的应收账款的金额，并为每个区间估算一个坏账损失百分比。然后用各个区间中应收账款的金额乘以对应区间的坏账损失百分比，统计各个区间可能造成的坏账损失。最后对各个区间中的坏账损失估算数求和，该结果即为企业坏账损失的估算总额。

（一）估算坏账率

估算坏账率指估算坏账金额占应收账款总额的比例，计算公式如下：

坏账率=年坏账额/年应收账款总额

现有的企业会计制度在坏账准备计提比例方面给予了企业较大的自主权，一是计提比例不限，二是对不能够收回或收回可能性不大的应收账款可以全额计提坏账准备。通常应收账款账龄越长，发生坏账的可能性越大，估算的坏账率就越高。

假如根据企业的历史经验估算，应收账款的账龄与坏账的关系如下。

（1）未到期的应收账款发生坏账的可能性为 0%。

（2）逾期 30 天以内的应收账款发生坏账的可能性为 1%。

（3）逾期 30～60 天的应收账款发生坏账的可能性为 3%。

（4）逾期 60～120 天的应收账款发生坏账的可能性为 6%。

（5）逾期 120 天以上的应收账款发生坏账的可能性为 10%。

在实际工作中，企业就可以根据来自历史经验的坏账率进行估算。

（二）统计坏账准备金额

操作步骤如下。

步骤 1 插入一个工作表，将工作表重命名为“坏账准备”，然后输入基础数据，设置单元格格式，如图 7-18 所示。

	A	B	C	D
1	账龄	未收金额	坏账准备比率	坏账准备金额
2	30天以内		1%	
3	30～60天		3%	
4	60~120天		6%	
5	120天以上		10%	

图 7-18　制作基础表格

步骤 2 在 B2 单元格输入以下公式，计算各账龄区间的未收金额，并将公式向下复制到 B5 单元格，如图 7-19 所示。

```
=SUMIF(应收账款明细!I:I,A2,应收账款明细!F:F)
```

B2　=SUMIF(应收账款明细!I:I,A2,应收账款明细!F:F)

	A	B	C	D	E
1	账龄	未收金额	坏账准备比率	坏账准备金额	
2	30天以内	0	1%		
3	30～60天	65790	3%		
4	120天以上	33176	6%		
5	60～120天	63161	10%		

图 7-19　计算各账龄区间未收金额

步骤 3 在 D2 单元格输入以下公式，计算坏账准备金额，并将公式向下复制到 D5 单元格。

```
=B2*C2
```

（三）按应收账款到期日自动提醒

在“应收账款明细”工作表中设置公式，能够对应收账款到期和过期天数进行提醒。如图 7-20 所示，在 J1 单元格输入列标题“到期提醒”，在 J2 单元格输入以下公式，将公式向下复制。

```
=TEXT(C2+G2-"2021-3-15","0 天后到期;已过期 0 天;今日到期")
```

J2　=TEXT(C2+G2-"2021-3-15","0天后到期;已过期0天;今日到期")

	C	D	E	F	G	H	I	J
1	开票日期	应收金额	已收金额	未收金额	付款期限	是否到期	账龄	到期提醒
2	2020/12/28	53639.00		53639.00	45	是	30～60天	已过期32天
3	2020/4/30	37676.00	4500.00	33176.00	27	是	120天以上	已过期292天
4	2020/11/10	47932.00	12000.00	35932.00	50	是	60～120天	已过期75天
5	2021/10/8	10964.00		10964.00	48	否	未到期	255天后到期

图 7-20　到期提醒

该公式中以 2021 年 3 月 15 日作为统计日，先使用“C2+G2”即开票日期+付款期限，计算出实际到期日，然后减去统计日"2021-3-15"。如果实际到期日减去统计日之后的结果大于 0，说明尚未到期；如果等于 0，说明当前统计日即为实际到期日；如果小于 0，则说明已经过期。

TEXT 函数第二参数的格式代码为""0 天后到期;已过期 0 天;今日到期""，以半角分号间隔的三段式格式代码分别对应大于 0、小于 0 和等于 0，最终将计算结果转换为文字+数字形式的提醒说明。

```
知识点讲解
```

TEXT 函数

Excel 的自定义数字格式功能可以将单元格中的数值显示为自定义的格式，而 TEXT 函数也具有类似的功能，可以使用指定的格式代码，将数值转换为特定格式的文本。

TEXT 函数的语法为：

TEXT(value,format_text)

第一参数 value 可以是数值也可以是文本型数字，第二参数 format_text 用于指定格式代码，与单元格数字格式中的大部分代码都基本相同。少部分代码，如颜色有关的代码，则仅适用于自定义格式，不能在 TEXT 函数中使用。与自定义格式代码类似，TEXT 函数的格式代码也分为 4 个条件区段，各区段之间用半角分号间隔，默认情况下，这 4 个条件区段的定义为：

[>0];[<0];[=0];[文本]

在实际使用中，可以根据需要省略 TEXT 函数第二参数的部分条件区段，条件含义也会发生相应变化。如果使用 3 个条件区段，其含义为：

[>0];[<0];[=0]

如果使用两个条件区段，其含义为：

[>=0];[<0]

如果使用一个条件区段，则是针对所有内容。

设置单元格格式与使用 TEXT 函数有以下区别。

（1）设置单元格的格式，仅仅会带来数值显示外观的改变，其实质仍然是数值。

（2）使用 TEXT 函数可以将数值型数字转换为带格式的文本，其实质已经转换为文本型数字。

小技巧

合并带有格式的字符串

素材所在位置：
素材\第 7 章 流动资产管理\合并带有格式的字符串.xlsx

以图 7-21 为例，B 列是设置为长日期格式的日期数据，D 列是设置了一位小数的百分比格式的数据。在 E 列对各单元格的字符串进行合并。

	A	B	C	D	E
1	公司名称	日期	还款金额	还款比例	合并文本
2	大田公司	2021年2月22日	12500	10.0%	大田公司2021年2月22日还款12500元,还款比例为10.0%
3	天安公司	2021年2月23日	10080	15.0%	天安公司2021年2月23日还款10080元,还款比例为15.0%
4	子威公司	2021年2月24日	95000	5.0%	子威公司2021年2月24日还款95000元,还款比例为5.0%
5	瑞丽公司	2021年2月25日	10000	10.0%	瑞丽公司2021年2月25日还款10000元,还款比例为10.0%

图 7-21　合并带有格式的字符串

如果使用以下公式，合并后的日期和百分比部分会出现错误，如图 7-22 所示。

```
=A2&B2&"还款"&C2&"元，还款比例为"&D2
```

E2 fx =A2&B2&"还款"&C2&"元，还款比例为"&D2

	A	B	C	D	E
1	公司名称	日期	还款金额	还款比例	合并文本
2	大田公司	2021年2月22日	12500	10.0%	大田公司44249还款12500元，还款比例为0.1
3	天安公司	2021年2月23日	10080	15.0%	天安公司44250还款10080元，还款比例为0.15
4	子威公司	2021年2月24日	95000	5.0%	子威公司44251还款95000元，还款比例为0.05
5	瑞丽公司	2021年2月25日	10000	10.0%	瑞丽公司44252还款10000元，还款比例为0.1

图 7-22　合并后的结果无法正常显示

如果对内容为数值的单元格进行字符串合并，无论数值以哪一种格式显示，合并后都默认显示为常规格式。本例中，日期 2021 年 2 月 22 日在合并后显示为日期序列值“44249”，还款比例 10%显示为常规格式 0.1。

如果要在合并后仍然显示为数值单元格原有的样式，可以使用 TEXT 函数将数值单元格的内容转换为带有指定样式的文本字符串，然后再进行合并。在 E2 单元格输入以下公式，并将公式向下复制。

```
=A2&TEXT(B2,"e 年 m 月 d 日")&TEXT(C2,"还款 0 元")&TEXT(D2,"，还款比例为 0.0%")
```

该公式中使用了三个 TEXT 函数，“TEXT(B2,"e 年 m 月 d 日")”部分，将 B2 单元格中的日期转换为文本字符串“2021 年 2 月 22 日”。

“TEXT(C2,"还款 0 元")”部分，将 C2 单元格中的 12,500 转换为文本字符串“还款 12500 元”。

“TEXT(D2,"，还款比例为 0.0%")”部分，将 D2 单元格中的比例 10.0%转换为文本字符串“,还款比例为 10.0%”。

最后使用文本连接符“&”将 A2 单元格中的公司名称与 3 个 TEXT 函数返回的结果进行合并，得到最终需要的效果。

7.2.6 使用函数公式制作应收账款催款函

素材所在位置：
素材\第 7 章 流动资产管理\7.2.6 使用函数公式制作应收账款催款函.xlsx

催款函是一种催交款项的文书，是交款单位或个人在规定期限未按时交付款项时使用的通知书。以下介绍在 Excel 中制作应收账款催款函的方法，操作步骤如下。

步骤 1 首先在“应收账款明细”工作表中准备好应收账款的基础数据，如图 7-23 所示。

	A	B	C	D	E	F
1	客户名称	客户类别	机构名称	信用等级	截至今日欠款	约定支付日期
2	天翼电信终端有限公司	运营商	运营商	NR	4,900	2021/6/27
3	北京中邮普泰移动通信设备有限责任公司	运营商平台	运营商	NR	468,004	2021/6/2
4	中移鼎讯通信股份有限公司北京分公司	运营商平台	运营商	NR	765,519	2021/5/4
5	内蒙古松联通信有限责任公司	运营商平台	运营商	NR	25,026	2021/7/11
6	北京迪信通电子通信有限公司	全国性卖场	大客户办	CR4	1,005,057	2021/6/12
7	北京恒信瑞达商贸有限公司	区域性卖场	大客户办	CR5	9,791,332	2021/7/25
8	北京中复电讯设备有限责任公司	区域性卖场	大客户办	CR4	4,338,484	2021/6/21

图 7-23　应收账款基础数据

步骤2 在"应收账款催款函"工作表中输入催款函的基本数据，然后对单元格格式进行设置，如图 7-24 所示。

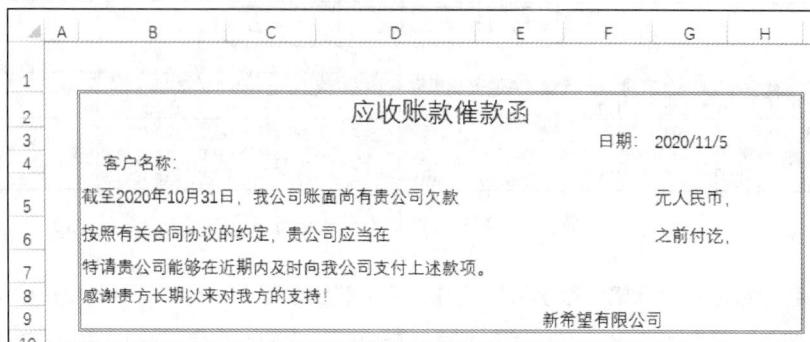

图 7-24　催款函基本数据

步骤3 选中 C4:D4 单元格区域，设置合并后居中。选择【数据】→【数据验证】命令，打开【数据验证】对话框。在【设置】选项卡下设置"允许"条件为"序列"，设置"来源"为"应收账款明细"工作表 A2:A72 单元格区域，最后单击【确定】按钮，如图 7-25 所示。

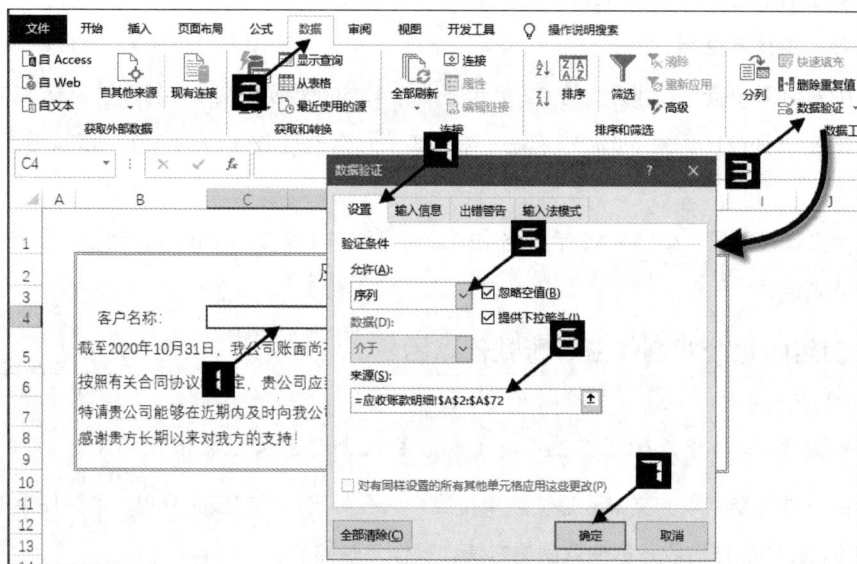

图 7-25　设置数据验证

步骤4 完成数据验证的设置后，即可单击 D4 单元格的下拉按钮，选择不同的客户名称。在 F5 单元格输入以下公式，用于查询指定客户的应收账款，如图 7-26 所示。

```
=VLOOKUP(C4,应收账款明细!A:E,5,0)
```

步骤5 选中 E6:F6 单元格区域，设置合并后居中，并将数字格式设置为长日期，然后输入以下公式，查询指定客户的约定支付日期，如图 7-27 所示。

```
=VLOOKUP(C4,应收账款明细!A:F,6,0)
```

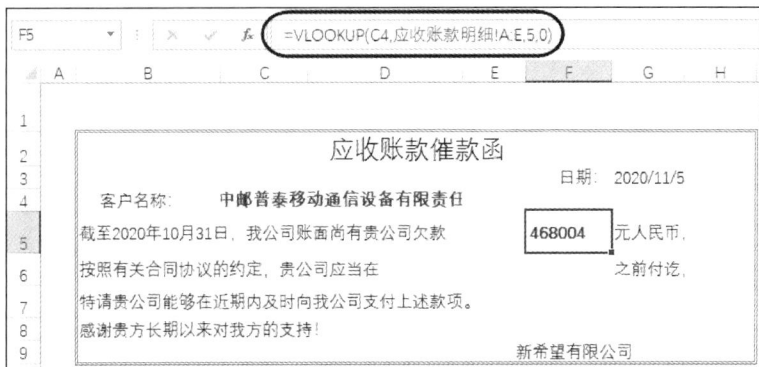

图 7-26　查询指定客户的应收账款

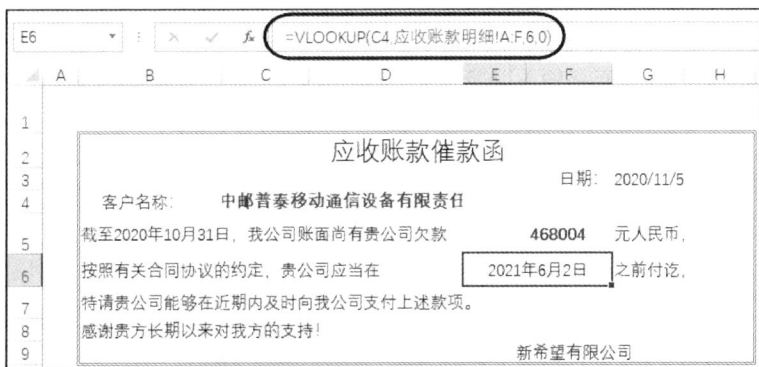

图 7-27　查询指定客户的约定支付日期

设置完成后，只需单击 D4 单元格的下拉按钮选择客户名称，公式即可自动返回对应的欠款金额和约定支付日期。

VLOOKUP 函数

VLOOKUP 函数是使用频率非常高的查询类函数之一，该函数的语法为：

`VLOOKUP(lookup_value,table_array,col_index_num,[range_lookup])`

第一参数 lookup_value 是要查询的值。

第二参数 table_array 是需要查询的单元格区域。这个区域中的首列必须包含查询值，否则公式将返回错误值，因此只能实现从左到右的数据查询。

第三参数 col_index_num 用于指定返回查询区域中第几列的值。参数为 1 时，返回查询区域中第一列中的值；参数为 2 时，返回查询区域中第二列的值，以此类推。

第四参数 range_lookup 决定函数的查找方式。如果为 0 或 FALSE，使用精确匹配方式；如果为 TRUE 或省略，则使用近似匹配方式，同时要求查询区域的首列按升序排列。

该函数的语法可以理解为：

`=VLOOKUP(要查找的内容,查找的区域,返回查找区域中第几列的内容,[精确匹配还是近似匹配])`

提示

VLOOKUP 函数第三参数中的列号，不能理解为工作表中实际的列标，而是指定要返回查询区域中第几列的值。

扩展知识点

使用通配符查询

素材所在位置：

素材\第 7 章 流动资产管理\使用通配符查询.xlsx

VLOOKUP 函数在使用精确匹配方式时，第一参数可以使用通配符。以图 7-28 为例，D3 单元格中给出了部分字符，在 E3 单元格输入以下公式，即可根据指定的字符，返回客户信息表中的联系人信息。

```
=VLOOKUP("*"&D3&"*",A2:B10,2,0)
```

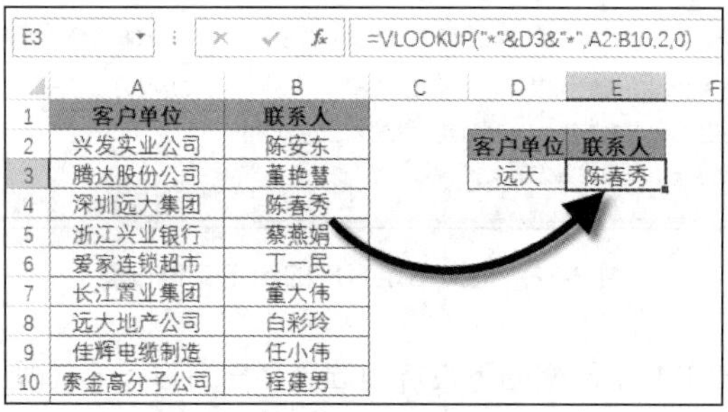

图 7-28　使用通配符查询

在公式中使用文本字符串时，需要在文本字符串两侧添加半角双引号，&的作用是对字符串进行连接。VLOOKUP 函数第一参数为""*"&D3&"*""，表示在 D3 单元格中的字符串前后都加上通配符"*"。

该公式的作用是在 A2:B10 单元格区域的首列中查询包含 D3 单元格中关键字"远大"的信息，并返回第二列的联系人信息。

如果查询区域的首列有多个符合条件的记录，VLOOKUP 函数将只返回第一个符合条件的记录。

VLOOKUP 函数的特点可以总结为以下 6 点。

（1）使用精确匹配时，查找值支持使用通配符（"?"和"*"）进行查询。

（2）第四参数决定了查找方式，如果为 0 或 FALSE，用精确匹配方式进行查找，而且支持无序查找。

（3）第三参数中的列号，不能理解为工作表中实际的列标，而是指定返回值在查找范围中的第几列。

（4）如果查找值与数据区域关键字的数据类型不一致，也会返回错误值#N/A。

（5）如果有多个满足条件的记录，只能返回第一个满足条件的记录。

（6）查询区域中的首列必须包含查询值，否则无法正常查询。

7.2.7 使用邮件合并功能制作应收账款催款函

使用 Word 的邮件合并功能，能够根据 Excel 中的记录，快速生成具有统一样式的 Word 文档，在制作卡片、通知、信封以及请帖等方面有广泛的应用，以下介绍使用邮件合并功能制作应收账款催款函的方法。

素材所在位置：
素材\第 7 章 流动资产管理\7.2.7 使用邮件合并功能制作应收账款催款函.xlsx

操作步骤如下。

步骤 1 新建 Word 文档，输入应收账款催款函的主要内容，其中的客户名称、欠款金额和约定支付日期先不要填写，如图 7-29 所示。

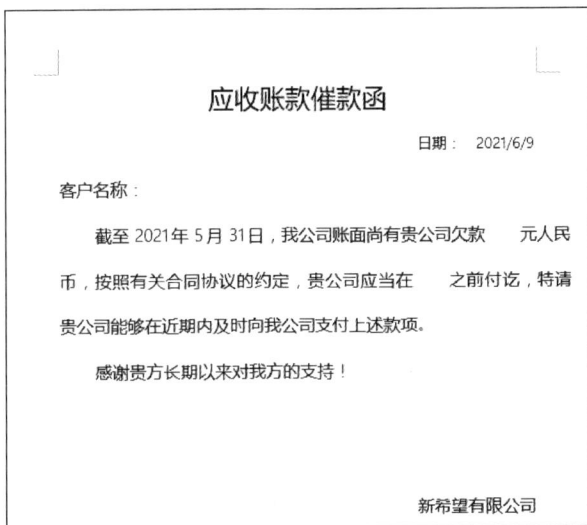

图 7-29 新建 Word 文档

步骤 2 在【邮件】选项卡下选择【选择收件人】→【使用现有列表】命令，如图 7-30 所示。

图 7-30 选择收件人

步骤 3 在打开的【选取数据源】对话框中，找到包含应收账款记录的 Excel 文件所在的路径，选中 Excel 文件，然后单击【打开】按钮，打开【选择表格】对话框。

选中包含应收账款记录的工作表，保持"数据首行包含列标题"复选框的选中状态，单击【确定】
按钮，如图 7-31 所示。

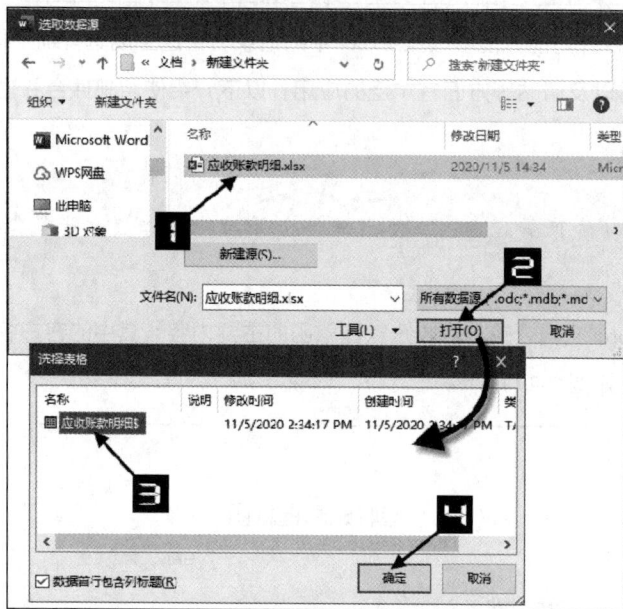

图 7-31　选择数据源

步骤 4　光标定位到"客户名称"之后，选择【邮件】→【插入合并域】命令，在打开的下拉列
表中选择"客户名称"，如图 7-32 所示。

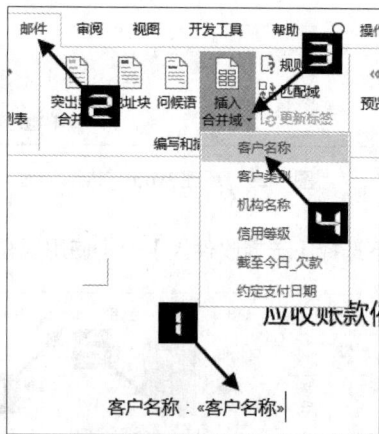

图 7-32　插入合并域

步骤 5　光标定位到文字"尚有贵公司欠款"之后，重复步骤 4 的操作，插入合并域"截至今日
_欠款"。鼠标光标定位到文字"贵公司应当在"之后，重复步骤 4 的操作，插入合并域"约定支付
日期"。

步骤 6　在邮件合并过程中使用日期合并域时，会默认以"日/月/年"的形式显示。如果要显示

为"年/月/日"的日期样式，可以选中"约定支付日期"合并域，单击鼠标右键，在弹出的快捷菜单中选择【切换域代码】命令，然后在原有域代码之后加上格式代码"\@yyyy 年 MM 月 DD 日"。注意添加的格式代码和原有的域代码之间要保留一个空格，如图 7-33 所示。

图 7-33　添加格式代码

步骤 7　如果数据源中包含数字，邮件合并完成后有可能会出现多位无意义的小数，所以需要进行必要的设置。选中包含数字的"截至今日_欠款"合并域，单击鼠标右键，在弹出的快捷菜单中选择【切换域代码】命令，然后在原有域代码之后加上格式代码"\#"0.00""，表示保留两位小数，如图 7-34 所示。

图 7-34　设置小数位数

步骤 8　在【邮件】选项卡下选择【完成并合并】→【编辑单个文档】命令，在打开的【合并到新文档】对话框中保留默认选项，单击【确定】按钮，即可生成一个名为"信函 1"的 Word 文档，如图 7-35 所示。

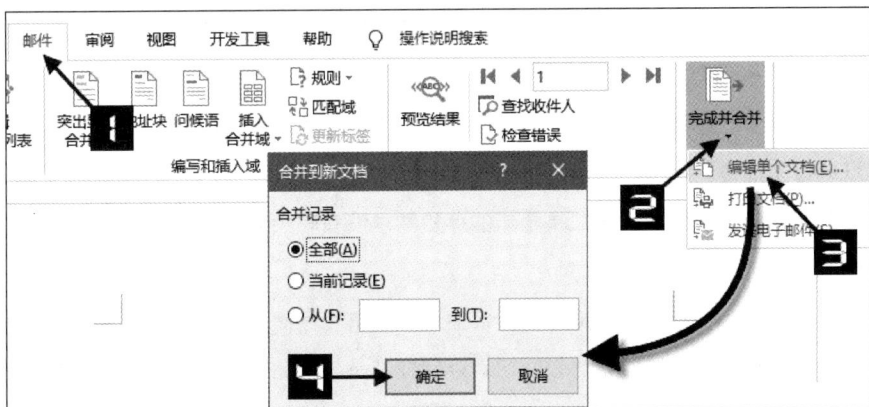

图 7-35　完成并合并

至此，批量生成了多页相同样式的文本内容，每一页对应 Excel 中的一条记录，如图 7-36 所示。

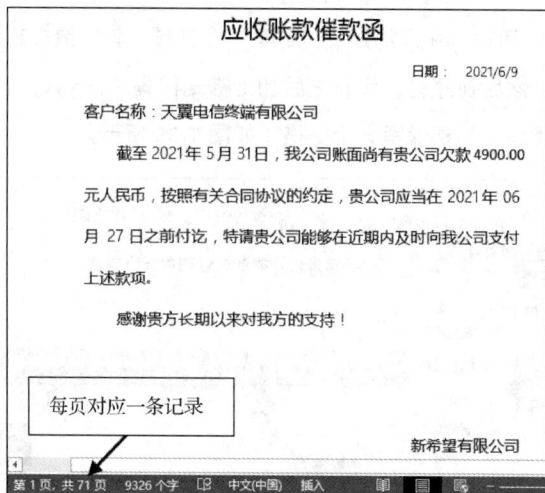

图 7-36　批量生成多页记录

最后按"Ctrl+S"组合键保存文件即可。

提示

如果将 Excel 文件用作邮件合并的数据源，应确保数据表的首行为标题行，并且需要将有关联的多项记录存放在同一行内。如本例中，不同客户的有关记录都依次存放在不同行内，由一行中的多项内容构成一条完整的记录。

7.3　存货管理

存货是企业在生产经营过程中为了销售或耗用而储备的物资，包括原材料、在产品、产成品等。存货在企业流动资产中占有较大比重，存货管理水平会对企业的财务状况和经营成果产生较大的影响。

存货管理的核心问题是何时进货以及每次进货量应为多少等问题，本节以制作经济订货批量表为例，介绍 Excel 在存货管理中的应用。

存货是为了满足生产经营的需要，而存货必然会产生相应的成本，经济订货批量是指使存货的相关总成本最低的订货批量。基本的经济订货批量表建立在以下假定条件之上。

一是订购的货物能够立即到货，二是全年的存货需求没有较大波动或不确定性，三是存货市场价格稳定。

在上述假定条件下，存货的相关成本主要包括订货成本和存储成本两项。订货成本是指采购环节发生的费用，一般与订货次数的关系比较密切。存储成本是与存储相关的费用，包括资金占用、机会成本、仓储费用等。

单批采购量较大时，年采购次数会减少，可以降低年采购成本，但是企业会产生更多的存货资金占用以及仓储费用，因此存储成本会随之增加。

单批采购量减小时，资金占用和仓储费用都会相应降低，但是随着年采购次数的增加，采购成本会增加。

制作经济订货批量表，可以帮助企业设置科学、合理的采购量和采购次数，从而为企业降低采购环节成本提供可靠的依据，如图 7-37 所示。

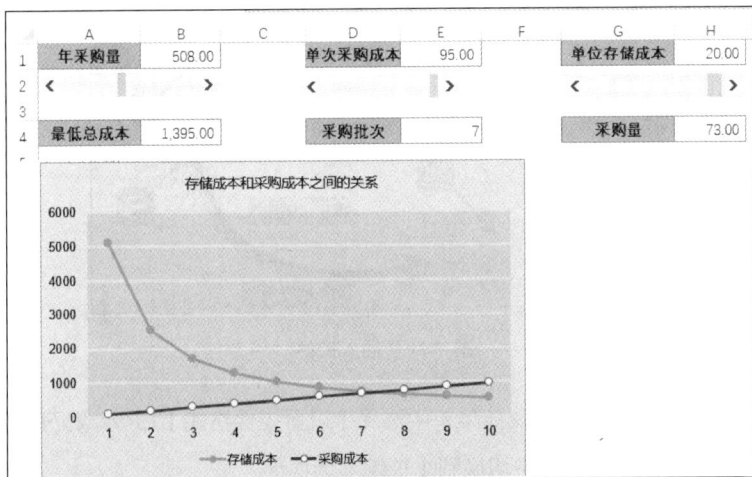

图 7-37　经济订货批量表

素材所在位置：

素材\第 7 章　流动资产管理\7.3 经济订货批量表.xlsx

操作步骤如下。

步骤1　新建一个工作簿，按"Ctrl+S"组合键，保存为"经济订货批量表.xlsx"。

步骤2　在 A1:G4 单元格区域内依次输入项目名称，包括年采购量、单次采购成本、单位存储成本、最低总成本、采购批次和采购量。在 A7:F17 单元格区域内制作年采购批次和对应的采购数量、平均存量，以及存储成本、采购成本和总成本的计算模型，如图 7-38 所示。

图 7-38　经济订货批量计算模型

步骤3 在【开发工具】选项卡下单击【插入】按钮，在打开的下拉列表中选择"表单控件"区域的"滚动条"，然后按住鼠标左键，拖动鼠标在工作表中画出滚动条，释放鼠标插入一个滚动条窗体控件，如图 7-39 所示。

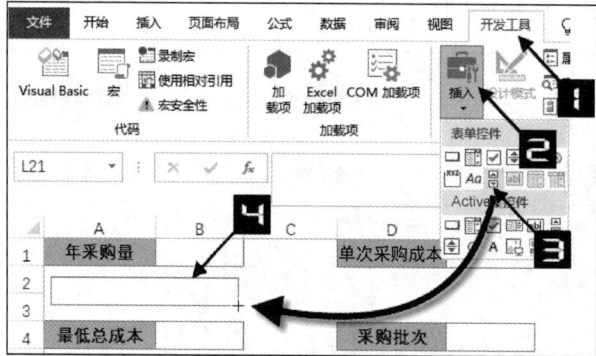

图 7-39　插入控件

步骤4 右击滚动条，在弹出的快捷菜单中选择【设置控件格式】命令，打开【设置控件格式】对话框。在【设置控件格式】对话框中切换到【控制】选项卡。

（1）在"最小值"编辑框中输入 150。

（2）在"最大值"编辑框中输入 950。

（3）单击"步长"右侧的微调按钮，设置为 10。这表示每单击一次滚动条两端的控件按钮，单元格中的数值增加或减少 10。

（4）单击"页步长"右侧的微调按钮，设置为 100。这表示每单击一次滚动条中间的空白部分，单元格中的数值增加或减少 100，目的是方便快速调整滚动条。

（5）单击"单元格链接"右侧的折叠按钮，选中 B1 单元格，以此来控制年采购量。具体操作时，可根据产品的采购量灵活设置最大值和最小值。最后单击【确定】按钮关闭对话框，如图 7-40 所示。

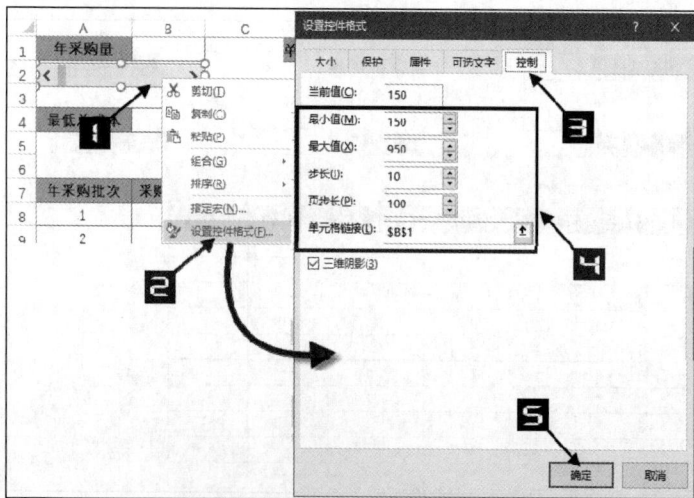

图 7-40　设置控件格式

步骤5 将鼠标指针移至滚动条上，单击鼠标右键，使其处于选中状态。然后利用滚动条外侧的控制点，适当调整滚动条的大小。再将鼠标指针悬停在滚动条上，其变成 ✣ 时，按住鼠标左键不放，拖动鼠标将滚动条移动到右侧，如图 7-41 所示。

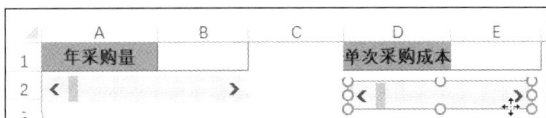

图 7-41 调整滚动条的大小和位置

步骤6 将鼠标指针移至滚动条上，单击鼠标右键，在弹出的快捷菜单中选择【复制】命令，然后单击 G2 单元格，按 "Ctrl+V" 组合键粘贴。

步骤7 将鼠标指针移至 D2 单元格中的滚动条上，单击鼠标右键，在弹出的快捷菜单中选择【设置控件格式】命令，打开【设置控件格式】对话框。然后参照步骤 4 设置 "最小值" 为 55，"最大值" 为 95，"单元格链接" 为 E1 单元格，以此来控制 E1 单元格中的单次采购成本。

步骤8 参照步骤 7，依次设置 G2 单元格中的滚动条的 "最小值" 为 12，"最大值" 为 20，"单元格链接" 为 H1 单元格，以此来控制 H1 单元格中的单位存储成本。

设置完成后，单击不同控件按钮，可分别控制不同单元格中的数值变化。

步骤9 采购数量=年采购量/采购批次。在 B8 单元格输入以下公式，然后将公式向下复制到 B17 单元格，如图 7-42 所示。

```
=ROUNDUP($B$1/A8,0)
```

图 7-42 计算采购数量

步骤10 平均存量=采购数量/2。在 C8 单元格输入以下公式，然后将公式向下复制到 C17 单元格。

```
=B8/2
```

步骤 11 存储成本=平均存量×单位存储成本。在 D8 单元格输入以下公式，然后将公式向下复制到 D17 单元格，如图 7-43 所示。

```
=C8*$H$1
```

图 7-43 计算存储成本

步骤 12 采购成本=年采购批次×单次采购成本。在 E8 单元格输入以下公式，然后将公式向下复制到 E17 单元格。

```
=A8*$E$1
```

步骤 13 总成本=存储成本+采购成本。在 F8 单元格输入以下公式，然后将公式向下复制到 F17 单元格。

```
=D8+E8
```

依次调整各个滚动条来改变年采购量、单次采购成本和单位存储成本，效果如图 7-44 所示。

年采购批次	采购数量	平均存量	存储成本	采购成本	总成本
1	350	175	2450	58	2508
2	175	87.5	1225	116	1341
3	117	58.5	819	174	993
4	88	44	616	232	848
5	70	35	490	290	780
6	59	29.5	413	348	761
7	50	25	350	406	756
8	44	22	308	464	772
9	39	19.5	273	522	795
10	35	17.5	245	580	825

年采购量 350.00　单次采购成本 58.00　单位存储成本 14.00

图 7-44 输入公式的表格模型

步骤 14 在 B4 单元格输入以下公式，计算最低总成本。

```
=MIN(F8:F17)
```

该公式的作用是计算 F8:F17 单元格区域中的总成本最小值。

步骤 15 在 E4 单元格输入以下公式，计算总成本最低时的采购批次。

=INDEX(A8:A17,MATCH(B4,F8:F17,0))

该公式先使用 MATCH 函数在 F8:F17 单元格区域中查询最低总成本所在的相对位置，计算结果年采购批次为 6。然后以此作为 INDEX 函数的参数，在 A8:A17 单元格区域中返回对应的年采购批次。

步骤 16 在 H4 单元格输入以下公式，计算总成本最低时的单次采购量。

=INDEX(B8:B17,MATCH(B4,F8:F17,0))

步骤 17 选中存储成本和采购成本所在的 D7:E17 单元格区域，在【插入】选项卡下选择【折线图】→【带数据标记的折线图】命令，插入折线图，如图 7-45 所示。

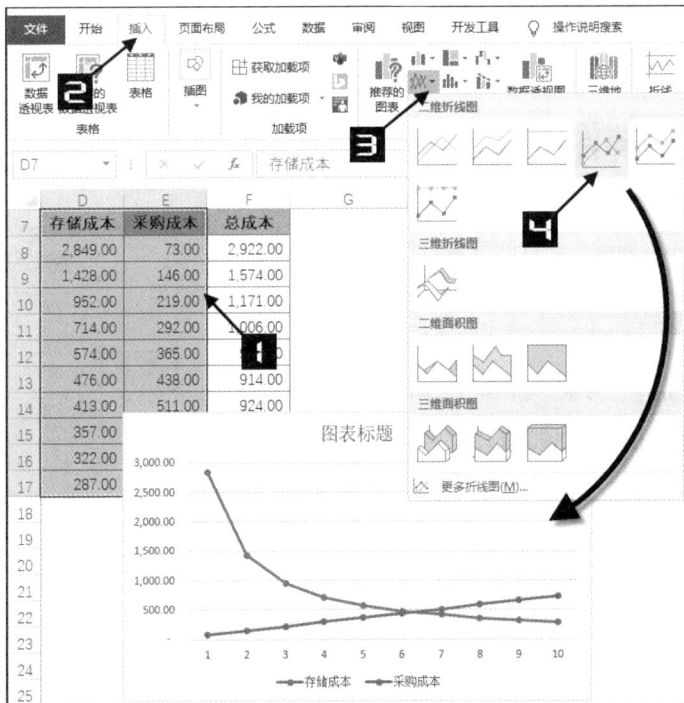

图 7-45　插入折线图

步骤 18 添加图表标题，再简单对图表进行美化，效果如图 7-46 所示。

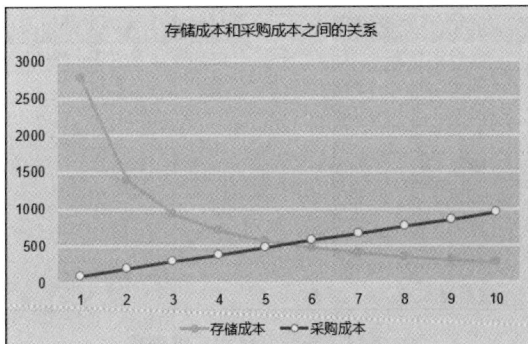

图 7-46　美化后的折线图

设置完成后，单击控件按钮即可计算出最低总成本、采购批次以及采购量，并且在图表中能够清晰展示存储成本和采购成本之间的关系。

小技巧

1. 快速选中行或列数据范围

灵活使用“Ctrl”键、“Shift”键和方向键的组合，可以快速选中行或列的数据范围，提高工作效率。

（1）选中 A1 单元格，按“Ctrl+Shift+→”组合键，可选中从 A1 单元格开始到当前数据范围最右侧所有的单元格。

（2）选中 C4 单元格，按“Ctrl+Shift+↓”组合键，可选中从 C4 单元格开始到当前数据范围底部所有的单元格。

2. 快速移动活动单元格的位置

（1）选中 A1 单元格，双击单元格底部的粗边框，可将其移动到当前数据范围内 A 列最后一行的位置，如图 7-47 所示。

（2）选中 A1 单元格，按下“Ctrl+↓”组合键，可将其移动到当前数据范围内 A 列最后一行的位置。

（3）选中 A1 单元格，按下“Ctrl+→”组合键，可将其移动到当前数据范围内最右侧一列的位置。

（4）无论活动单元格位于哪个位置，按“Ctrl+Home”组合键，可将其移动到 A1 单元格。

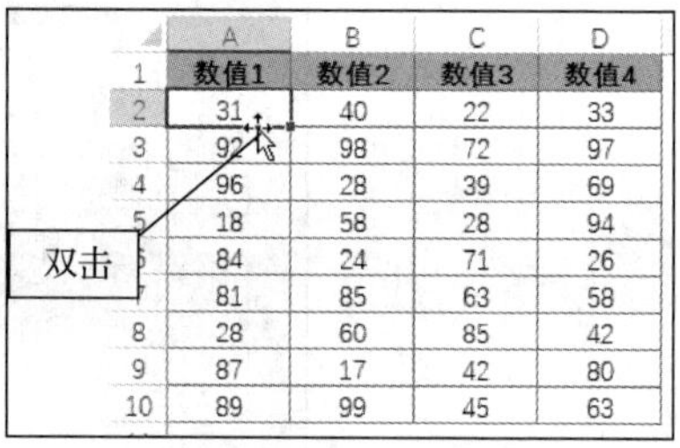

	A	B	C	D
1	数值1	数值2	数值3	数值4
2	31	40	22	33
3	92	98	72	97
4	96	28	39	69
5	18	58	28	94
6	84	24	71	26
7	81	85	63	58
8	28	60	85	42
9	87	17	42	80
10	89	99	45	63

图 7-47　移动活动单元格位置

3. 认识一维表格和二维表格

素材所在位置：
素材\第 7 章　流动资产管理\一维表格和二维表格.xlsx

根据表格的布局结构不同，习惯上将数据表格分为一维表格和二维表格。两者的区别是一维表格每一列中的数据都是不同的类别，而二维表格中同一类数据分布在不同的列，如图 7-48 所示。

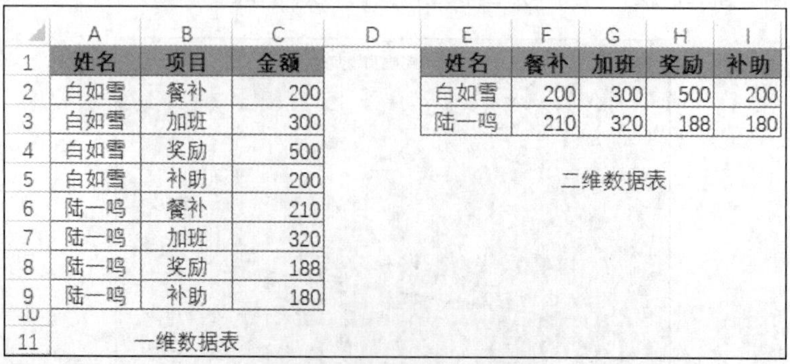

	A	B	C
1	姓名	项目	金额
2	白如雪	餐补	200
3	白如雪	加班	300
4	白如雪	奖励	500
5	白如雪	补助	200
6	陆一鸣	餐补	210
7	陆一鸣	加班	320
8	陆一鸣	奖励	188
9	陆一鸣	补助	180

E	F	G	H	I
姓名	餐补	加班	奖励	补助
白如雪	200	300	500	200
陆一鸣	210	320	188	180

图 7-48　一维表格和二维表格

📚 小技巧

二维表格转换为一维表格

如果存放基础数据的表格为二维表格，会对后续的汇总分析以及图表制作等操作带来诸多不便。使用 Power Query 功能，能够快速将二维表格转换为一维表格。

操作步骤如下。

步骤 1 选中 E2 单元格，选择【数据】→【从表格】命令，在打开的【创建表】对话框中保持默认设置，单击【确定】按钮，如图 7-49 所示。

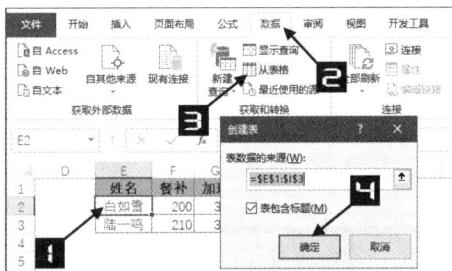

图 7-49 【自表格】创建查询

步骤 2 在打开的 Power Query 编辑器界面中，单击最左侧列的字段标题，然后选择【转换】→【逆透视列】→【逆透视其他列】命令，如图 7-50 所示。

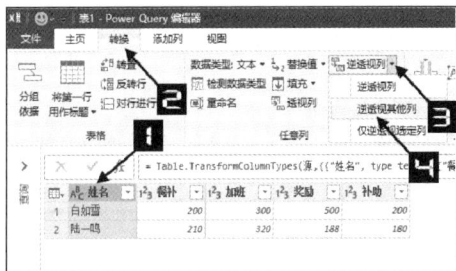

图 7-50 逆透视其他列

步骤 3 双击第二列的字段标题，修改为"项目"，双击第三列的字段标题，修改为"金额"，然后选择【主页】→【关闭并上载】命令，将数据加载到工作表中，如图 7-51 所示。

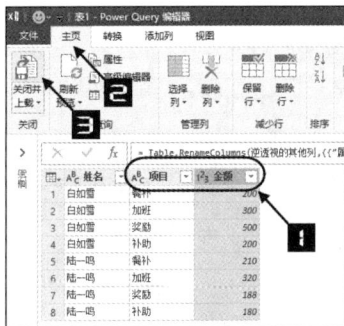

图 7-51 关闭并上载

此时会新建一个工作表，用于存放转换后的数据，如图 7-52 所示。

	A	B	C
1	姓名 ▼	项目 ▼	金额 ▼
2	白如雪	餐补	200
3	白如雪	加班	300
4	白如雪	奖励	500
5	白如雪	补助	200
6	陆一鸣	餐补	210
7	陆一鸣	加班	320
8	陆一鸣	奖励	188
9	陆一鸣	补助	180

图 7-52　转换后的数据

本章小结

　　本章主要讲解了 Excel 在流动资产管理中的应用，包括最佳现金持有量的计算、应收账款管理以及存货管理等；同时介绍了使用图表比较不同现金持有量下的总成本，以及利用 Excel 删除重复值功能来提取不重复值；还介绍了 SUMIF 函数、SUMIFS 函数、COUNTIFS 函数、LOOKUP 函数、VLOOKUP 函数、TEXT 函数等的用法，以及使用邮件合并功能批量生成格式化文本等内容。

思考与练习

　　（1）SUMIF 函数用于对范围中符合指定条件的值求和，其语法可以理解为：SUMIF（＿＿＿＿＿＿＿＿）。

　　（2）SUMIFS 函数的作用是对区域中符合多个条件的单元格求和，其语法可以理解为：SUMIFS（＿＿＿＿＿＿＿＿）。

　　（3）SUMIF 函数的求和范围是第（＿＿）参数，而 SUMIFS 函数的求和范围是第（＿＿）参数，使用时注意不要混淆。

　　（4）COUNTIFS 函数用于对某一区域内满足多重条件的单元格进行计数。其语法可以理解为：COUNTIFS（＿＿＿＿＿＿＿＿）。

　　（5）如果查询区域中有多个符合条件的记录，LOOKUP 函数仅返回（＿＿＿）记录。

　　（6）设置单元格格式与使用 TEXT 函数有以下区别。

　　① 设置单元格的格式，仅仅是（＿＿＿＿＿＿＿＿）。

　　② 使用 TEXT 函数可以将数值转换为带格式的文本，其实质已经转换为（＿＿＿＿＿＿）。

（7）VLOOKUP 函数是使用频率非常高的查询类函数之一，其第三参数中的列号，不能理解为工作表中实际的列标，而是（＿＿＿＿＿＿＿＿）。

（8）在邮件合并过程中使用日期合并域时，会默认以"日/月/年"的形式显示。如果要显示为"年/月/日"的日期样式，需要在原有域代码之后加上格式代码（＿＿＿＿＿＿＿＿），并且注意添加的格式代码和原有的域代码之间要保留一个空格。

（9）如果数据源中包含数字，邮件合并完成后有可能会出现多位无意义的小数，可以在原有域代码之后加上格式代码（＿＿＿＿＿＿＿＿），表示保留两位小数。

（10）根据素材\第 7 章\练习 7-1.xlsx 中的数据，以指定合同号查询对应的合同金额。

（11）根据素材\第 7 章\练习 7-2.xlsx 中的数据，统计原产地为"山东"的所有数量。

（12）根据素材\第 7 章\练习 7-3.xlsx 中的数据，统计原产地为"山东"，并且数量在 5 万以上的总量。

（13）根据素材\第 7 章\练习 7-4.xlsx 中的数据，统计各部门 40 岁以上的人数。

（14）根据素材\第 7 章\练习 7-5.xlsx 中的数据，以指定的姓名查询对应的部门。

（15）根据素材\第 7 章\练习 7-6.xlsx 中的数据，以指定的工号查询对应的部门和姓名。

第 8 章

销售分析

销售的过程不仅是将产品售卖给客户的过程，也是了解客户和产品市场价格以及需求信息的过程。对销售数据的统计和客户需求的分析，有助于企业对市场营销的研究和把握。本章介绍使用 Excel 对销售数据进行简单的汇总与分析的方法。

8.1 按日期分段汇总销售数据

在日常工作中，虽然很多基础数据表中记录的内容很多，但是展示的有效信息却非常有限。尤其是一些采购、销售类的数据表，数据量往往非常大，需要经过提炼才能从数据中挖掘更多有价值的信息。

使用数据透视表的组合功能，能够对日期类型的数据项采取多种组合方式，增强数据透视表分类汇总的适用性，使数据透视表的汇总方式能够适合更多的应用场景。

素材所在位置：

素材\第 8 章 销售分析\8.1 按日期分段汇总销售数据.xlsx

图 8-1 所示是某企业销售记录的部分内容，需要汇总各客户在不同月份的业务金额。

	A	B	C	D	E	P	Q	R	S	T	U
1	记账人	仓库编码	仓库	出库日期	出库单号	批号	件数	主计量单位	数量	单价	金额
2	牛莉莉	111	A-1库区	2021/1/1	7878200035963	04161212B2	363	kg	3220	25.922	83468.84
3	牛莉莉	111	A-1库区	2021/1/1	7878200035963	04161212B3	343	kg	2820	25.922	73100.04
4	牛莉莉	111	A-1库区	2021/1/1	7878200035963	04161212B4	376	kg	3520	25.922	91245.44
5	牛莉莉	111	A-1库区	2021/1/1	7878200035963	04161212B5	376	kg	3520	25.922	91245.44
6	牛莉莉	111	A-1库区	2021/1/1	7878200035963	04161212B6	360	kg	3200	25.922	82950.4
7	牛莉莉	111	A-1库区	2021/1/1	7878200035963	04161213B1	346	kg	2920	25.922	75692.24
8	牛莉莉	111	A-1库区	2021/1/1	7878200035964	04161203A3	365	kg	3300	25.922	85542.6
9	牛莉莉	111	A-1库区	2021/1/1	7878200035964	04161203A4	365	kg	3300	25.922	85542.6
10	牛莉莉	111	A-1库区	2021/1/1	7878200035964	04161203A5	350	kg	3000	25.922	77766
11	牛莉莉	111	A-1库区	2021/1/1	7878200035964	04161203A6	47	kg	940	25.922	24366.68
12	牛莉莉	111	A-1库区	2021/1/1	7878200035964	04161203B3	363	kg	3260	25.922	84505.72

图 8-1 某企业的销售记录（部分）

操作步骤如下。

步骤1 单击数据区域的任意单元格，在【插入】选项卡下单击【数据透视表】按钮。在打开的【创建数据透视表】对话框中保留默认选项，单击【确定】按钮。

步骤2 在"数据透视表字段"任务窗格中将"出库日期"字段拖动到列区域，Excel 会自动对日期字段进行分组，将"客户"字段拖动到行区域，将"数量"字段拖动到值区域，如图 8-2 所示。

图 8-2 调整数据透视表布局

步骤3 在【数据透视表工具】→【设计】选项卡下单击【数据透视表样式】命令组右侧的下拉按钮，在数据透视表样式库中选择一种样式，然后单击【报表布局】按钮，在下拉列表中选择"以表格形式显示"，如图 8-3 所示。

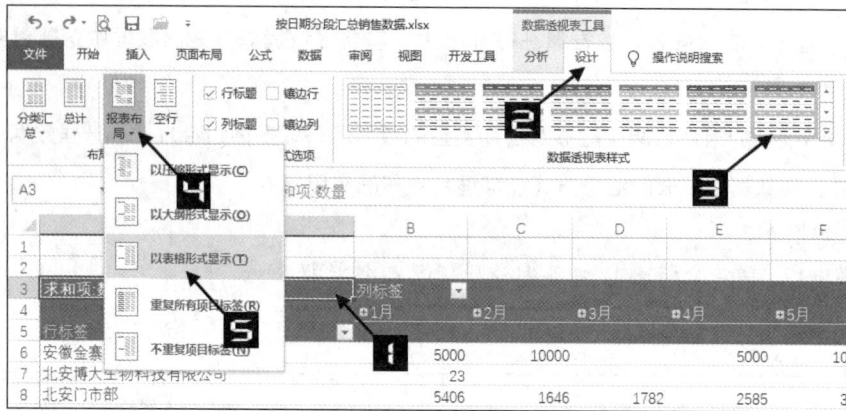

图 8-3　设置数据透视表的样式和布局

步骤4 选中第 3 行的行号并单击鼠标右键，在弹出的快捷菜单中选择【隐藏】命令。完成后的数据透视表局部效果如图 8-4 所示。

	A	B	C	D	E	F	G
2							
4		±1月	±2月	±3月	±4月	±5月	总计
5	客户						
6	安徽金赛浩天食品有限公司	5000	10000		5000	10000	30000
7	北安博大生物科技有限公司	23					23
8	北安门市部	5406	1646	1782	2585	3420	14839
9	北安沿街楼租户	5756.78	4794.78	5072.06	5342	4910	25875.62
10	贝莱特设备有限公司	295					295
11	本地门市部	16057	5230	3652	6975	8645	40559
12	本地散户	801304.5	763872	1068342.76	390077.35	986398	4009994.61
13	博大东站门店	337	384	442	104	352	1619

图 8-4　完成后的数据透视表效果（局部）

> **提示**
>
> 在 Excel 2016 的数据透视表中，系统默认会对日期字段进行组合，但是这些组合有时并不完全符合用户需求。可以通过在数据透视表的日期字段单击鼠标右键，在弹出的快捷菜单中选择【组合】命令，然后在打开的【组合】对话框中进行自定义设置。如果数据表中包含多个年份的数据，在【组合】对话框中必须设置"步长"类型为"年"，否则 Excel 会将所有年份中的同一月或同一季度的数据汇总到一起。

8.2　多角度查看销售占比

素材所在位置：

素材\第 8 章 销售分析\8.2 多角度查看销售占比.xlsx

以图 8-5 为例，该数据透视表展示的是各销售地区不同商品的金额汇总情况。选择不同的数据透视表值汇总方式，可以快速从多个角度查看销售占比情况。

求和项:金额	品名					
销售地区	按摩椅	跑步机	微波炉	显示器	液晶电视	总计
北京	139200	442200	95000	637500	1365000	2678900
杭州	67200		68500	303000	850000	1288700
南京	76800	424600	19000	250500	430000	1200900
山东		217800	34500	301500	435000	988800
上海		391600	30000	192000	5000	618600
总计	283200	1476200	247000	1684500	3085000	6775900

图 8-5　金额汇总情况

如果要显示各销售地区不同商品的占比情况，可以在数据透视表值区域的任意单元格单击鼠标右键，在弹出的快捷菜单中选择【值显示方式】→【行汇总的百分比】命令，如图 8-6 所示。

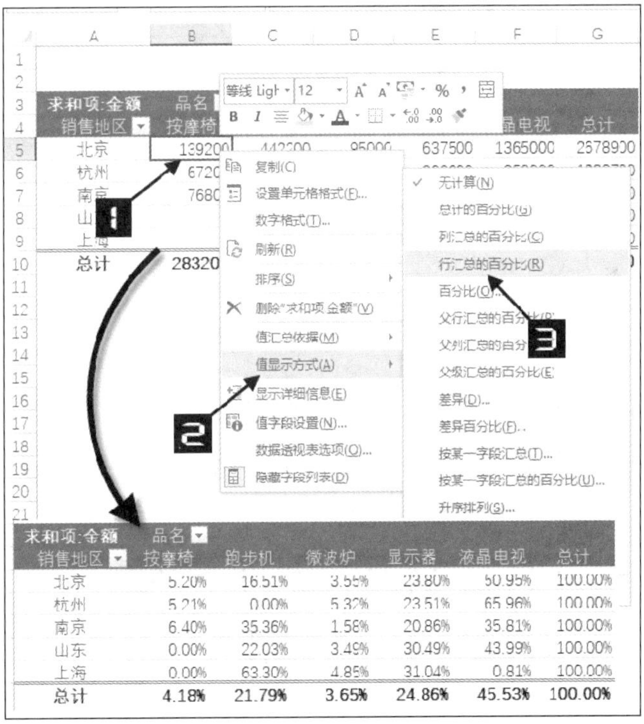

图 8-6　行汇总的百分比

如果要显示各商品在不同销售地区的占比情况，只需在数据透视表值区域的任意单元格单击鼠标右键，在弹出的快捷菜单中选择【值显示方式】→【列汇总的百分比】命令，完成后的效果如图 8-7 所示。

如果要查看某一汇总的详细记录，在数据透视表中双击该单元格，即可自动插入一个新工作表，并且显示该汇总下的所有详细记录，如图 8-8 所示。

	A	B	C	D	E	F	G
1							
2							
3	求和项:金额	品名					
4	销售地区	按摩椅	跑步机	微波炉	显示器	液晶电视	总计
5	北京	49.15%	29.96%	38.46%	37.85%	44.25%	39.54%
6	杭州	23.73%	0.00%	27.73%	17.99%	27.55%	19.02%
7	南京	27.12%	28.76%	7.69%	14.87%	13.94%	17.72%
8	山东	0.00%	14.75%	13.97%	17.90%	14.10%	14.59%
9	上海	0.00%	26.53%	12.15%	11.40%	0.16%	9.13%
10	总计	100.00%	100.00%	100.00%	100.00%	100.00%	100.00%

图 8-7　列汇总的百分比

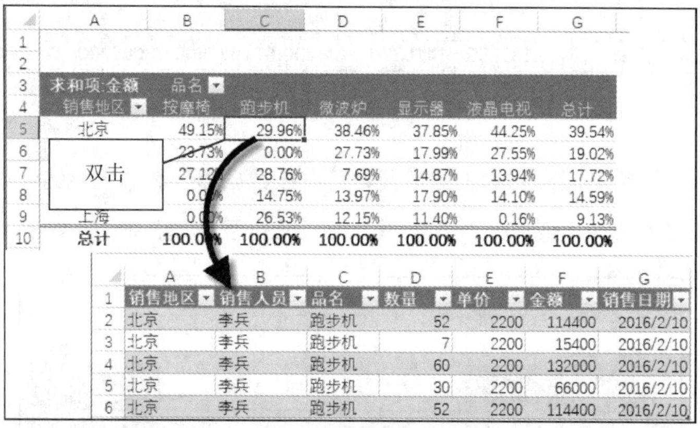

	A	B	C	D	E	F	G
1							
2							
3	求和项:金额	品名					
4	销售地区	按摩椅	跑步机	微波炉	显示器	液晶电视	总计
5	北京	49.15%	29.96%	38.46%	37.85%	44.25%	39.54%
6		23.73%	0.00%	27.73%	17.99%	27.55%	19.02%
7		27.12	28.76%	7.69%	14.87%	13.94%	17.72%
8		0.0	14.75%	13.97%	17.90%	14.10%	14.59%
9	上海	0.0	26.53%	12.15%	11.40%	0.16%	9.13%
10	总计	100.0	100.00%	100.00%	100.00%	100.00%	100.00%

	A	B	C	D	E	F	G
1	销售地区	销售人员	品名	数量	单价	金额	销售日期
2	北京	李兵	跑步机	52	2200	114400	2016/2/10
3	北京	李兵	跑步机	7	2200	15400	2016/2/10
4	北京	李兵	跑步机	60	2200	132000	2016/2/10
5	北京	李兵	跑步机	30	2200	66000	2016/2/10
6	北京	李兵	跑步机	52	2200	114400	2016/2/10

图 8-8　查看详细记录

小技巧

在合并单元格中添加序号

素材所在位置：

素材\第 8 章 销售分析\在合并单元格中添加序号.xlsx

在图 8-9 所示的销售信息中，按照不同的销售地区使用了合并单元格并添加了序号。

	A	B	C	D
1	序号	销售地区	销售人员	销售金额
2	1	北京	季若言	10400
3			简直秋	54400
4			裴鸣宇	16000
5	2	上海	林羡楠	36000
6			夏吾冬	22400
7	3	天津	杜晨曦	45000
8	4	重庆	白家华	36000
9			谷晨丹	25680
10			卢毅合	88750
11			白若康	22400

图 8-9　合并单元格并添加了序号

如果需要在 A 列大小不一的合并单元格内添加序号，按常规方法在首个合并单元格内输入数值 1，拖动填充柄填充序列时会弹出图 8-10 所示的提示对话框，无法完成操作。

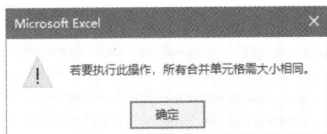

图 8-10　提示对话框

解决的方法是同时选中要输入序号的 A2:A11 单元格区域，在编辑栏输入以下公式，按"Ctrl+Enter"组合键。

```
=COUNTA(B$2:B2)
```

COUNTA 函数用于计算区域中非空单元格的个数。

以"B$2:B2"作为计数参数，"B$2"使用行绝对引用、列相对引用，"B2"使用相对引用，按"Ctrl+Enter"组合键在多个单元格同时输入公式后，引用区域会自动进行扩展。

在 A2 单元格中，公式的引用范围是"B$2:B2"；在 A5 单元格中，公式的引用范围扩展为"B$2:B5"；以此类推。也就是开始位置是 B2 单元格，结束位置是公式所在行，COUNTA 函数可统计该区域内不为空的单元格数量，计算结果即等同于序号。

本章小结

本章介绍了使用 Excel 对销售数据进行简单的汇总与分析的方法，包括使用数据透视表按日期进行分段汇总以及使用不同的值显示方式从多角度查看销售占比等知识点。

思考与练习

（1）如果数据表中包含多个年份的数据，在使用 Excel 数据透视表进行分组时必须设置"步长"（＿＿＿＿），否则 Excel 会将所有年份中的同一月或同一季度的数据汇总到一起。

（2）在数据透视表中选择不同的（＿＿＿＿），可以快速从多个角度查看占比情况。

（3）COUNTA 函数的作用是计算区域中（＿＿＿＿）的个数。

（4）根据素材\第 8 章\练习 8-1.xlsx 提供的数据和模拟效果，按年、月汇总销售报表。

（5）根据素材\第 8 章\练习 8-2.xlsx 提供的数据和模拟效果，从不同角度汇总销售数据占比情况。

（6）根据素材\第 8 章\练习 8-3.xlsx 提供的数据，在合并单元格中添加序号。

第 9 章

利润管理

  利润是指企业在一定会计期间内所取得的经营成果，包括各项收入减去费用后的净额、直接计入当期利润的利得和损失等，它是企业生存发展的核心指标。

  利润管理是对企业生产经营过程中成本、销量和利润之间的关系进行分析，辅助企业进行经营决策。是企业目标管理的重要组成部分，其结果会直接或间接地影响经济主体的利益。

  本章主要讲解 Excel 在利润管理中的应用。

9.1 本量利分析

本量利分析，即业务量（包括服务量、销量、产量）、成本、利润分析，也叫保本分析或盈亏平衡分析。它通过分析生产成本、销售利润和业务量三者的关系，掌握盈亏变化的规律，研究其变化的规律性，以便为企业进行经营决策和目标控制提供有效信息。

素材所在位置：
素材\第 9 章 利润管理\9.1 本量利分析.xlsx

9.1.1 本量利分析的前提条件

在现实经济生活中，成本、业务量、价格和利润之间的关系非常复杂，为了建立本量利分析理论，必须对上述复杂的关系做一些基本假设，由此来限定本量利分析的范围。

一是成本性态假设。假定所有成本在相关范围内均按成本性态划分为固定成本和变动成本两大部分。

二是模型线性假设。其包括固定成本不变假设、变动成本与业务量呈现完全线性关系假设，以及销售收入与销售数量呈现完全线性关系假设。

三是产销平衡假设。本量利分析中的量是指销量而不是生产量。产销不平衡会影响收入与成本之间的关系，因此假设产销平衡。

四是品种结构稳定假设。假设在一个生产和销售多种产品的企业里，每种产品的销售收入占总销售收入的比重不会发生变化。

9.1.2 制作本量利计算模型

A 公司生产和销售某种产品，产品的现有或预计产销量、单位售价、单位变动成本、固定成本总额、目标利润等的相关数据如图 9-1 所示。需要以此建立一个对该公司进行保本分析的模拟计算模型。

	A	B
1	现有或预计产销量	3002
2	单位售价	106
3	单位变动成本	70
4	固定成本总额	18000
5	目标利润	350000

图 9-1 已知相关数据

操作步骤如下。

步骤 1 首先在 A6:A16 单元格区域中输入需要计算的指标名称，如销售收入、变动成本总额、单位边际贡献、盈亏临界点销量、盈亏临界点销售额、实现目标利润销量、实现目标利润销售额、安全边际量、安全边际额、安全边际率和盈亏临界点作业率等，如图 9-2 所示。

	A	B
1	现有或预计产销量	3002
2	单位售价	106
3	单位变动成本	70
4	固定成本总额	18000
5	目标利润	350000
6	销售收入	
7	变动成本总额	
8	单位边际贡献	
9	盈亏临界点销量	
10	盈亏临界点销售额	
11	实现目标利润销量	
12	实现目标利润销售额	
13	安全边际量	
14	安全边际额	
15	安全边际率	
16	盈亏临界点作业率	

图 9-2　输入需要计算的指标

步骤 2　销售收入计算公式为：

销售收入=现有或预计产销量×单位售价

在 B6 单元格输入以下公式计算销售收入：

```
=B2*B1
```

步骤 3　变动成本总额计算公式为：

变动成本总额=现有或预计产销量×单位变动成本

在 B7 单元格输入以下公式计算变动成本总额：

```
=B3*B1
```

步骤 4　单位边际贡献是运用盈亏平衡分析原理进行产品生产决策的一个十分重要的指标。一般可分为单位产品的边际贡献和全部产品的边际贡献，其中单位边际贡献的计算方法为：

单位边际贡献=单位售价–单位变动成本

在 B8 单元格输入以下公式计算单位边际贡献：

```
=B2-B3
```

步骤 5　盈亏临界点又称零利润点、保本点、盈亏平衡点、损益分歧点、收益转折点。以盈亏临界点为界限，当销量高于盈亏临界点销量时企业盈利，反之为亏损。盈亏临界点销量计算公式为：

盈亏临界点销量=固定成本总额/（单位售价–单位变动成本）

在 B9 单元格输入以下公式计算盈亏临界点销量：

```
=ROUND(B4/(B2-B3),0)
```

步骤 6　盈亏临界点销售额计算公式为：

盈亏临界点销售额=盈亏临界点销量×单位售价

在 B10 单元格输入以下公式计算盈亏临界点销售额：

```
=ROUND(B2*B9,0)
```

步骤 7 实现目标利润销量也称为保利点，是指在单价和成本水平确定的情况下，为确保预先确定的目标利润能够实现而达到的销量。实现目标利润销量计算公式为：

实现目标利润销量=（固定成本总额+目标利润）/（单位售价-单位变动成本）

在 B11 单元格输入以下公式计算实现目标利润销量：

`=ROUND((B4+B5)/(B2-B3),0)`

步骤 8 实现目标利润销售额计算公式为：

实现目标利润销售额=单位售价×实现目标利润销量

在 B12 单元格输入以下公式计算实现目标利润销售额：

`=ROUND(B2*B11,0)`

步骤 9 在财务管理中，安全边际量是指正常销量超过盈亏临界点销量的差额，它表示销量下降多少时企业仍不致亏损。安全边际量计算公式为：

安全边际量=现有或预计产销量-盈亏临界点销量

在 B13 单元格输入以下公式计算安全边际量：

`=B1-B9`

步骤 10 安全边际量或安全边际额的数值越大，企业发生亏损的可能性就越小。安全边际额计算公式为：

安全边际额=安全边际量×单位售价

在 B14 单元格输入以下公式计算安全边际额：

`=ROUND(B13*B2,0)`

步骤 11 安全边际率是指安全边际量与现有或预计产销量的比例，用来评价企业的经营安全程度。其计算公式为：

安全边际率=安全边际量/现有或预计产销量

在 B15 单元格输入以下公式计算安全边际率：

`=B13/B1`

步骤 12 盈亏临界点作业率也称为保本作业率，是指保本点销量占现有或预计产销量的百分比。其计算公式为：

盈亏临界点作业率=盈亏临界点销量/现有或预计产销量

在 B16 单元格输入以下公式计算盈亏临界点作业率：

`=B9/B1`

9.1.3 | 在计算模型中添加控件

在工作表中建立好本量利计算模型之后，可以通过调整现有或预计产销量、单位售价以及单位变动成本等数据，来观察其他各项指标的变动规律。

操作步骤如下。

步骤 1 参考"7.3 存货管理"所示步骤，利用【开发工具】选项卡插入【滚动条】窗体控件。

步骤 2 　在控件上单击鼠标右键，在弹出的快捷菜单中选择【设置控件格式】命令，打开【设置控件格式】对话框，切换到【控制】选项卡。

（1）在"最小值"编辑框中输入 2,000。

（2）在"最大值"编辑框中输入 10,000。

（3）单击"单元格链接"右侧的折叠按钮，选中 B1 单元格，以此来控制现有或预计产销量。具体操作时，可根据产品的产销量灵活设置最大值和最小值。然后单击【确定】按钮关闭对话框。

步骤 3 　在滚动条上单击鼠标右键，在弹出的快捷菜单中选择【复制】命令，然后依次单击 C2、C3、C4 单元格，按"Ctrl+V"组合键粘贴。

步骤 4 　在 C2 单元格中的滚动条上单击鼠标右键，在弹出的快捷菜单中选择【设置控件格式】命令，打开【设置控件格式】对话框。参照步骤 2，设置"最小值"为 75，"最大值"为 120，"单元格链接"为 B2 单元格，以此来控制 B2 单元格中的单位售价。

步骤 5 　参照步骤 2，设置 C3 单元格中的滚动条的"最小值"为 50，"最大值"为 80，"单元格链接"为 B3 单元格。以此来控制 B3 单元格中的单位变动成本。

步骤 6 　参照步骤 2，设置 C4 单元格中的滚动条的"最小值"为 15,000，"最大值"为 20,000，"步长"为 100，"页步长"为 1,000，"单元格链接"为 B4 单元格，以此来控制 B4 单元格中的固定成本总额。

在实际应用时可根据数据情况调整以上设置中的最大值和最小值。

设置完成后，分别调整现有或预计产销量、单位售价、单位变动成本和固定成本总额右侧的滚动条，即可查看其他各项主要指标的变动情况，如图 9-3 所示。

	A	B	C
1	现有或预计产销量	2010	◁ ▷
2	单位售价	85	◁ ▷
3	单位变动成本	60	◁ ▷
4	固定成本总额	16000	◁ ▷
5	目标利润	350000	
6	销售收入	170850	
7	变动成本总额	120600	
8	单位边际贡献	25	
9	盈亏临界点销量	640	
10	盈亏临界点销售额	54400	
11	实现目标利润销量	14640	
12	实现目标利润销售额	1244400	
13	安全边际量	1370	
14	安全边际额	116450	
15	安全边际率	68.16%	
16	盈亏临界点作业率	31.84%	

图 9-3　使用滚动条调整本量利范围

小技巧

使用分列功能快速处理不规范日期

素材所在位置：

素材\第 9 章 利润管理\使用分列功能快速处理不规范日期.xlsx

在日常工作中，我们往往会收到一些由他人录入的不规范数据，从而给后续的数据汇总带来麻烦。图 9-4 所示的人员信息表中，B 列是使用 8 位数值表示的日期。这种不规范的日期形式在实际工作中较为常见，但是在 Excel 中只能将其识别为数值，而无法将其作为日期处理。使用分列功能能够将其快速转换为规范日期。

使用分列功能
处理数据

图 9-4　人员信息表

操作步骤如下。

步骤 1　单击 B 列列标，选中 B 列整列，在【数据】选项卡下单击【分列】按钮，在打开的【文本分列向导-第 1 步，共 3 步】对话框中保留默认设置，单击【下一步】按钮，如图 9-5 所示。

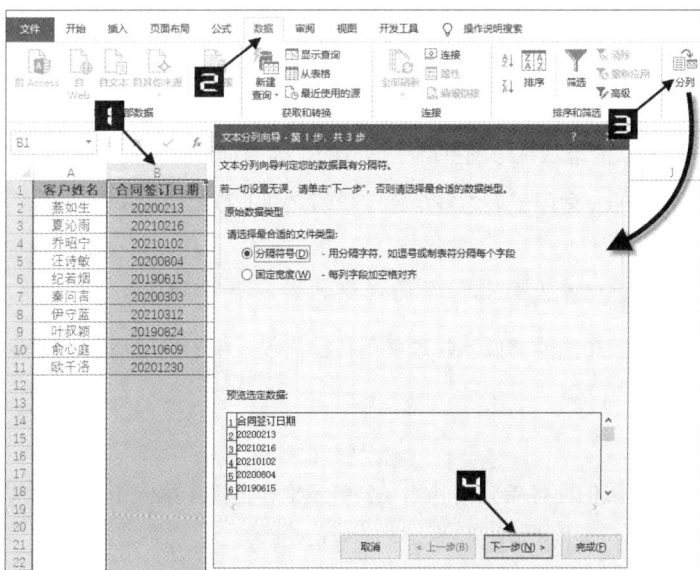

图 9-5　文本分列向导 1

步骤2 在打开的【文本分列向导-第 2 步，共 3 步】对话框中保留默认设置，单击【下一步】按钮。

步骤3 在打开的【文本分列向导-第 3 步，共 3 步】对话框中，选中"列数据格式"中的"日期"单选项，在右侧的下拉列表中选择"YMD"，即"年月日"的英文单词首字母，此处可根据实际数据形式来选择不同的格式类型。最后单击【完成】按钮，如图 9-6 所示。

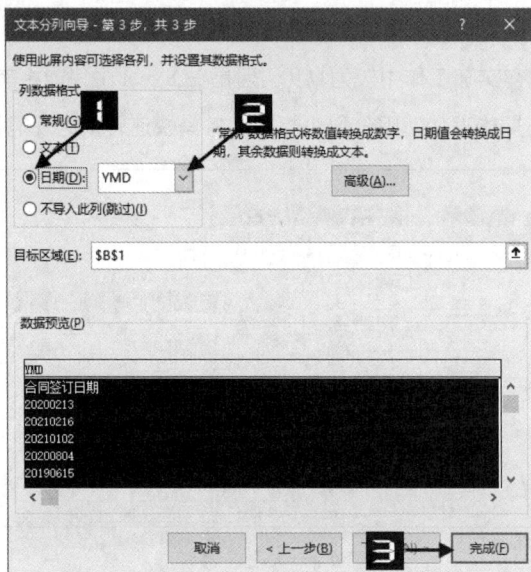

图 9-6　文本分列向导 2

此时 B 列的 8 位数值即可快速转换为规范的日期格式。

9.2　利润构成分析

9.2.1　制作简单的利润构成瀑布图

瀑布图是在 Excel 默认的堆积柱形图基础上形成的，因为形似瀑布而称为"瀑布图"。这种图表类型是麦肯锡顾问公司独创的，适用于表达多个特定数值之间的数量变化关系。

素材所在位置：
素材\第 9 章 利润管理\9.2 制作简单的利润构成瀑布图.xlsx

在财务工作中，使用瀑布图能够展示各项费用在销售收入中的构成情况，真实反映利润的形成过程，如图 9-7 所示。

操作步骤如下。

步骤1 单击数据区域的任意单元格，如 A2 单元格，选择【插入】→【插入瀑布图、漏斗图、股价图、曲面图或雷达图】→【瀑布图】命令，如图 9-8 所示。

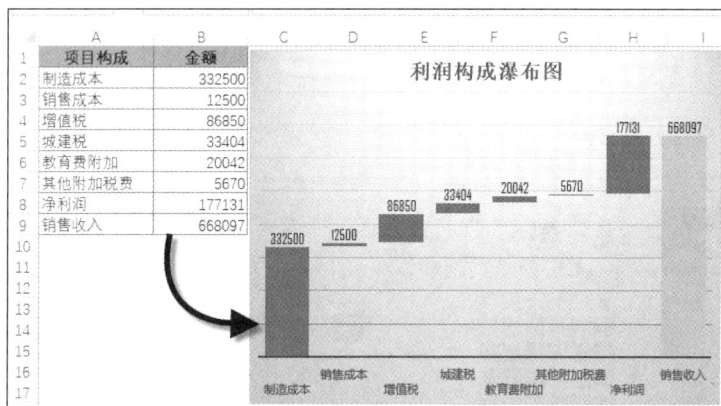

图 9-7 利润构成瀑布图

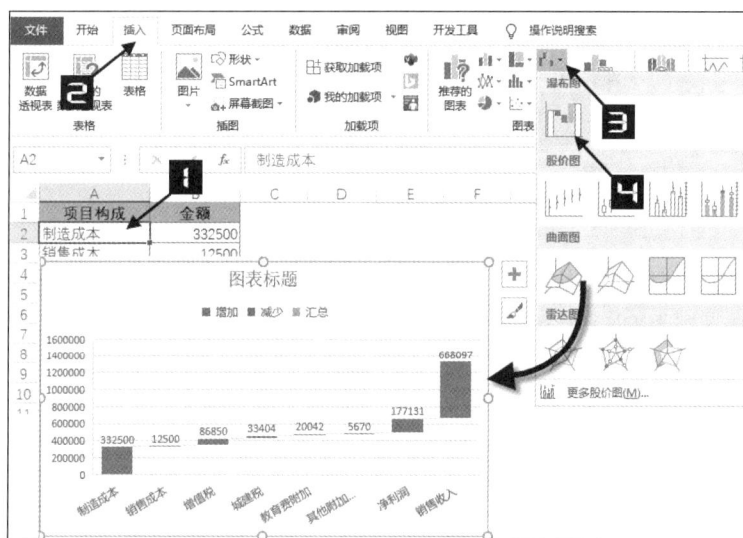

图 9-8 插入瀑布图

步骤2 单击两次图表中的"销售收入"数据点，单击鼠标右键，在弹出的快捷菜单中选择【设置为汇总】命令，如图 9-9 所示。

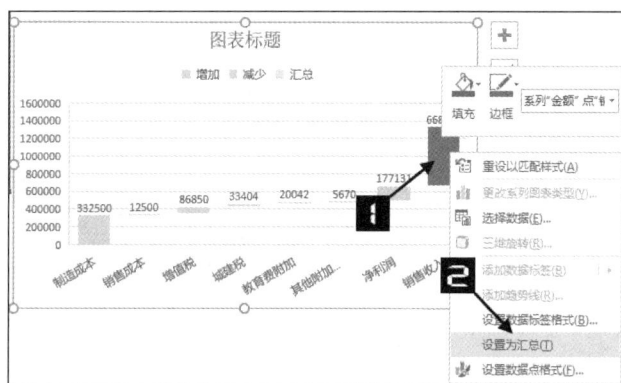

图 9-9 设置形状填充

步骤3 将图表标题修改为"利润构成瀑布图"。

步骤4 单击图表，在【图表工具】→【设计】选项卡下的图表样式列表中选择一种图表样式，单击【更改颜色】按钮，在打开的下拉列表中选择一种单色效果，如图 9-10 所示。

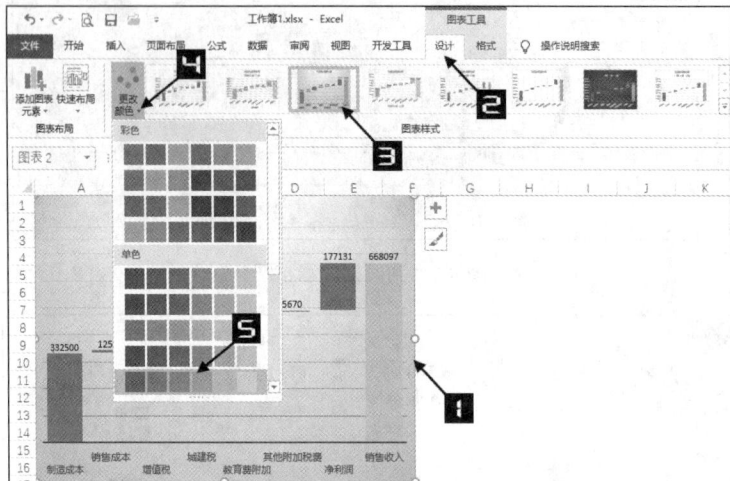

图 9-10　选择图表样式

步骤5 单击图例项，按"Delete"键删除。

步骤6 适当调整图表长宽比例，在【开始】选项卡下依次设置字体、字号和字体颜色等。

9.2.2　年度利润构成分析

"9.2.1 制作简单的利润构成瀑布图"中的瀑布图制作方法，适合在数据构成比较简单的情况下使用，即最后一项为总收入、倒数第二项为结余、中间其他项目均为支出的情况。如果中间的其他项目同时包含支出和收入，图表制作过程则相对复杂。

　素材所在位置：
　素材\第 9 章 利润管理\9.2.2 年度利润构成分析.xlsx

图 9-11 所示是某企业的上年度利润表，包含各个项目的详细记录，使用图表展示净利润构成情况时，需要先对基础数据结构进行重新布局。

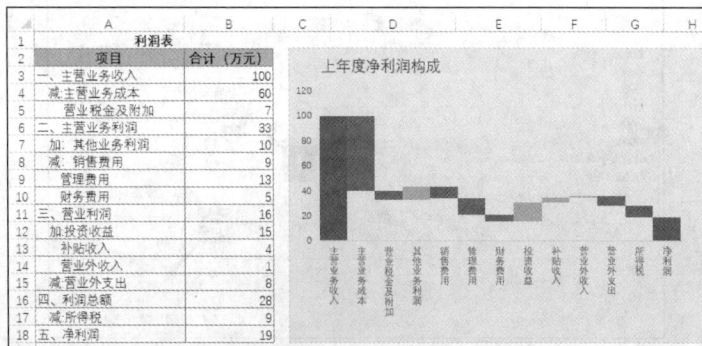

图 9-11　使用图表展示利润表中各项目变化关系

本例中，左右两侧的红色矩形分别表示主营业务收入和净利润，绿色矩形表示收入项目，紫色矩形表示支出项目。

操作步骤如下。

步骤 1 首先对利润表进行整理。将利润表中的各个项目依次填写到 D3:D15 单元格区域。在 E 列输入合计金额，收入部分以正数表示，支出部分以负数表示，并且依次在 F2:J2 单元格区域中输入“累计”“占位”“结余”“正数”“负数”的字段标题，如图 9-12 所示。

利润表

项目	合计（万元）
一、主营业务收入	100
减:主营业务成本	60
营业税金及附加	7
二、主营业务利润	33
加：其他业务利润	10
减：销售费用	9
管理费用	13
财务费用	5
三、营业利润	16
加:投资收益	15
补贴收入	4
营业外收入	1
减:营业外支出	8
四、利润总额	28
减:所得税	9
五、净利润	19

项目	合计（万元）	累计	占位	结余	正数	负数
主营业务收入	100					
主营业务成本	-60					
营业税金及附加	-7					
其他业务利润	10					
销售费用	-9					
管理费用	-13					
财务费用	-5					
投资收益	15					
补贴收入	4					
营业外收入	1					
营业外支出	-8					
所得税	-9					
净利润	-19					

图 9-12　对利润表进行整理

步骤 2 在 F3 单元格输入以下公式计算累计金额，将公式向下复制到 F15 单元格。

```
=SUM(E$3:E3)
```

步骤 3 在 G3 单元格输入 0，然后在 G4 单元格输入以下公式，结果用作图表中的占位数据系列，再将公式向下复制到 G15 单元格，如图 9-13 所示。

```
=IF(E4>0,F3,F4)
```

G4　=IF(E4>0,F3,F4)

项目	合计（万元）	累计	占位	结余	正数	负数
主营业务收入	100	100	0			
主营业务成本	-60	40	40			
营业税金及附加	-7	33	33			
其他业务利润	10	43	33			
销售费用	-9	34	34			
管理费用	-13	21	21			
财务费用	-5	16	16			
投资收益	15	31	16			
补贴收入	4	35	31			
营业外收入	1	36	35			
营业外支出	-8	28	28			
所得税	-9	19	19			
净利润	-19	0	0			

图 9-13　计算图表占位数据系列

步骤 4 在 H3 单元格中输入“=F3”，在 II15 单元格中输入“=-E15”，结果用作图表中的结余数据系列。

步骤5 在 I4 单元格输入以下公式，结果用作图表中的正数数据系列，将公式向下复制到 I14 单元格。

=IF(E4>0,E4,"")

步骤6 在 J4 单元格输入以下公式，结果用作图表中的负数数据系列，将公式向下复制到 J14 单元格，如图 9-14 所示。

=IF(E4<0,-E4,"")

图 9-14　计算图表负数数据系列

步骤7 先选中 D2:D15 单元格区域，然后按住"Ctrl"键不放，拖动鼠标选中 G2:J15 单元格区域，选择【插入】→【柱形图】→【堆积柱形图】命令，如图 9-15 所示。

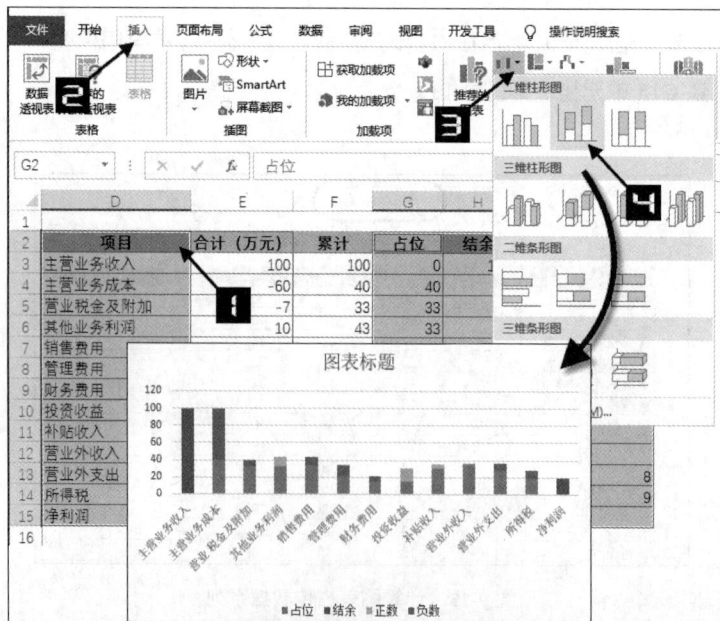

图 9-15　插入堆积柱形图

步骤8 选中图例项，按"Delete"键删除。选中图表网格线，按"Delete"键删除。

步骤9 双击图表中的占位数据系列，打开"设置数据系列格式"任务窗格。在"系列选项"区域将"间隙宽度"调整为 0%，如图 9-16 所示。

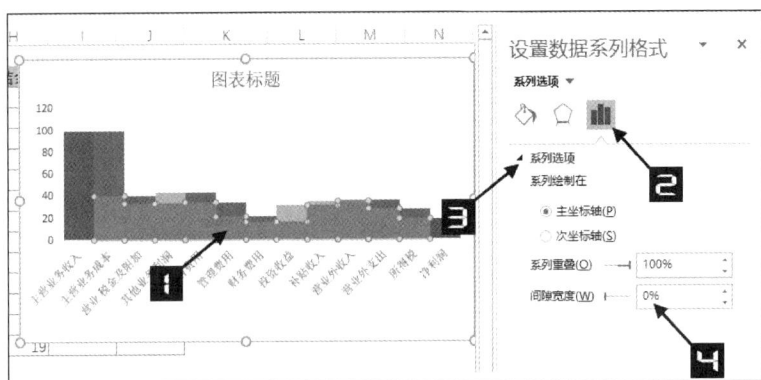

图 9-16 调整分类间距

步骤10 选择【填充与线条】→【填充】命令，选中"无填充"单选项，如图 9-17 所示。

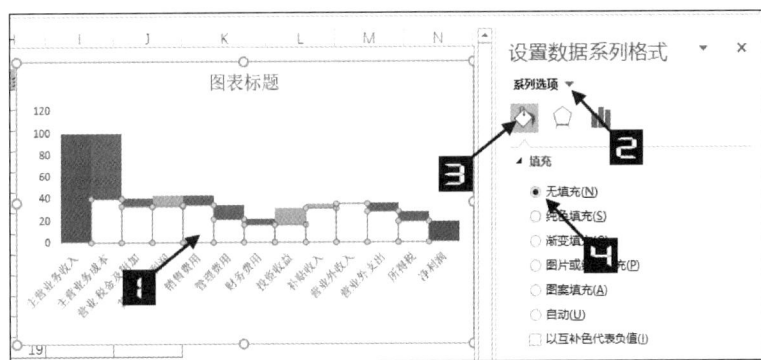

图 9-17 设置占位数据系列填充效果

步骤11 单击图表水平坐标轴，此时"设置数据系列格式"任务窗格的标题会自动转换为"设置坐标轴格式"，选择【文本选项】→【文本框】命令，将"文字方向"设置为"竖排"，如图 9-18 所示。

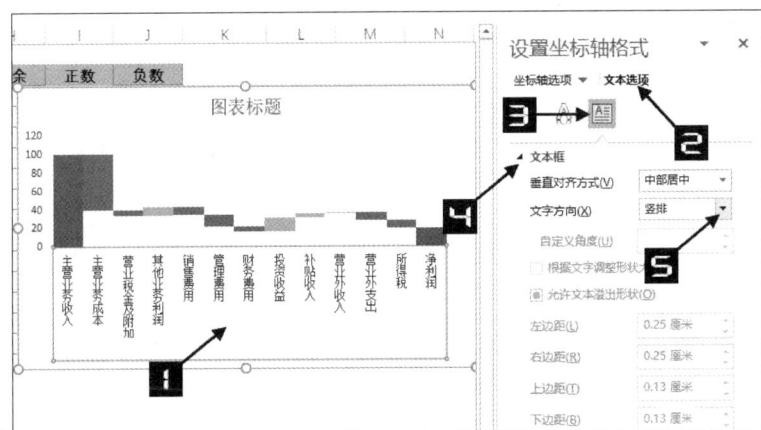

图 9-18 设置坐标轴格式

步骤12 依次设置图表区和绘图区的填充颜色，设置图表字体。将图表标题修改为"上年度净利润构成"并向左侧适当拖动，如图 9-19 所示。

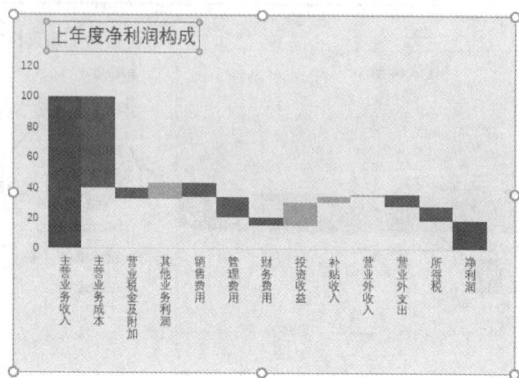

图 9-19 调整图表标题

本章小结

　　本章主要介绍了利用 Excel 进行本量利分析的过程，包括制作表格形式的本量利计算模型和制作本量利图表，以及本量利分析的前提和局限性；同时介绍了使用图表对利润构成进行分析的方法。通过对本章的学习，读者能够熟悉本量利分析的主要指标、利用 Excel 进行本量利分析的操作步骤，以及瀑布图的制作技巧。

思考与练习

　　（1）为了建立本量利分析理论，必须对成本、业务量、价格和利润的关系做一些基本假设，由此来限定本量利分析的范围，主要包括（＿＿）假设、（＿＿）假设、（＿＿）假设和（＿＿）假设。

　　（2）盈亏临界点又称零利润点、保本点、盈亏平衡点、损益分歧点、收益转折点。以盈亏临界点为界限，当销量高于盈亏临界点销量时企业盈利，反之为亏损。盈亏临界点销量计算公式为（＿＿＿＿＿＿＿）。

　　（3）实现目标利润销量也称为保利点，是指在单价和成本水平确定的情况下，为确保预先确定的目标利润能够实现而达到的业务量。实现目标利润销量计算公式为（＿＿＿＿＿＿）。

　　（4）使用分列功能，可以将用 8 位数值表示的日期快速转换为规范的日期格式，请利用一组数据进行分列转换操作，熟悉列格式的类型选择。

　　（5）以素材\第 9 章\练习 9-1.xlsx 提供数据，制作瀑布图。

第 10 章

成本费用管理

　　及时、准确地统计、分析企业的各项成本和费用，有利于企业负责人进行合理的成本控制与费用管理。成本和费用的降低，意味着企业利润的增加，因此成本费用统计也是会计核算和监督工作中非常重要的一环。本章介绍 Excel 在成本费用管理中的应用。

10.1 按科目汇总费用总额

素材所在位置：

素材\第 10 章 成本费用管理\10.1 按科目汇总费用总额.xlsx

图 10-1 所示是从系统导出的凭证记录的部分内容，需要按月份汇总各会计科目金额。

	A	B	C	D	E
1	日期	凭证号数	会计科目	科目编码	金额
2	2020/1/5	记-1006	管理费用/办公费	550201	332.00
3	2020/1/6	记-1008	管理费用/办公费	550201	210.00
4	2020/1/6	记-1008	管理费用/车辆费	550204	300.00
5	2020/1/7	记-1009	管理费用/车辆费	550204	340.00
6	2020/1/7	记-1009	管理费用/业务招待费	550202	92.50
7	2020/1/8	记-1012	管理费用/通讯费	550205	200.00
8	2020/1/8	记-1012	管理费用/业务招待费	550202	480.00
9	2020/1/9	记-1013	管理费用/业务招待费	550202	199.50

图 10-1 凭证记录（部分）

10.1.1 使用函数公式法汇总费用总额

使用函数公式法进行汇总时，首先需要制作一个汇总表的框架，然后再使用公式进行汇总，操作步骤如下。

步骤 1 单击 C 列列标，按"Ctrl+C"组合键复制，然后单击 G1 单元格，按"Enter"键粘贴。

步骤 2 单击 G 列任意单元格，如 G2 单元格，在【数据】选项卡下单击【删除重复值】按钮，打开【删除重复值】对话框，保留其中的默认选项，单击【确定】按钮，在打开的 Excel 提示对话框中单击【确定】按钮完成不重复科目的提取，如图 10-2 所示。

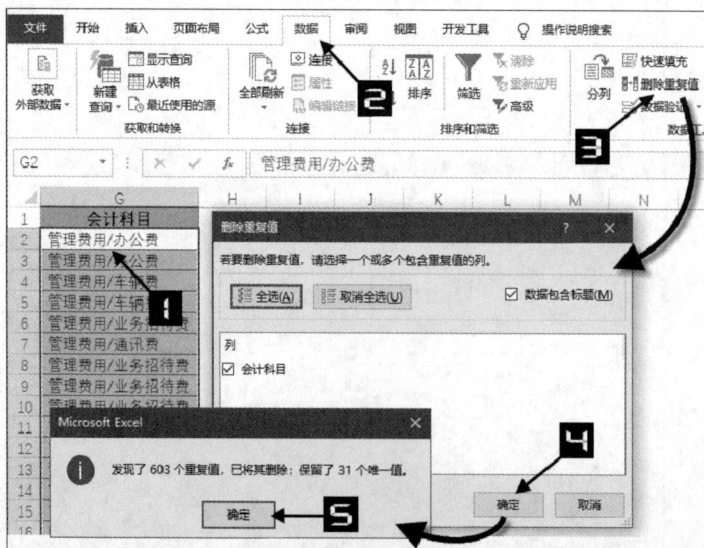

图 10-2 删除重复项

步骤 3 在 H1 单元格中输入"1 月"，然后向右填充到 M1 单元格。单击 H1 单元格，按"Ctrl+A"

组合键选中当前的连续数据区域，在【开始】选项卡下设置单元格格式，最终效果如图 10-3 所示。

	G	H	I	J	K	L	M
1	会计科目	1月	2月	3月	4月	5月	6月
2	管理费用/办公费						
3	管理费用/车辆费						
4	管理费用/业务招待费						
5	管理费用/通讯费						
6	管理费用/维修费						
7	营业费用/港务费						
8	财务费用/银行手续费						
9	管理费用/交通费						

图 10-3　汇总表框架

步骤 4　在 H2 单元格输入以下公式，然后向右复制到 M2 单元格。保持 H2:M2 单元格区域的选中状态，再双击 M2 单元格右下角，将公式快速填充到当前数据区域的最后一行，如图 10-4 所示。

`=SUMPRODUCT((MONTH($A$2:$A$635)&"月"=H$1)*($C$2:$C$635=$G2),$E$2:$E$635)`

	G	H	I	J	K	L	M
1	会计科目	1月	2月	3月	4月	5月	6月
2	管理费用/办公费	11914	30774.6	84128.85	8528.4	0	0
3	管理费用/车辆费	997	7655	85784.8	36195	0	0
4	管理费用/业务招待费	41137	14626	125042	50554.4	0	0
5	管理费用/通讯费	2175.44	2236.37	8762.64	9055.88	0	0
6	管理费用/维修费	7849.9	16900.5	40556.9	33546.44	0	0
7	营业费用/港务费	1758.7	1992.7	3005.2	1604.9	0	0
8	财务费用/银行手续费	1364.9	1928.44	5878.21	13558.2	0	0
9	管理费用/交通费	27	918	1841	2059		

图 10-4　使用公式汇总

步骤 5　选中 H2:M635 单元格区域，在【开始】选项卡下单击【千位分隔样式】按钮，如图 10-5 所示。

图 10-5　设置数字格式

知识点讲解

MONTH 函数

MONTH 函数用于返回以序列值表示的日期中的月份。该函数语法为：

`MONTH(serial_number)`

参数 serial_number 可以是单个的单元格引用，也可以是单元格区域的引用。

本例中使用的多条件汇总公式为：

`=SUMPRODUCT((MONTH($A$2:$A$635)&"月"=H$1)*($C$2:$C$635=$G2),$E$2:$E$635)`

该公式中使用了两组条件分别进行判断，第一组条件为"(MONTH($A$2:$A$635)&"月"=H$1)"，第二组条件为"($C$2:$C$635=$G2)"。

第一组条件中的"MONTH($A$2:$A$635)"部分，先使用 MONTH 函数分别返回 A2:A635 单元格区域中各个日期的月份，然后将函数结果连接字符"月"，使其变成类似"1月、1月……2月、2月……"的字符串。最后将这些字符串分别与 H1 单元格中的字符进行比较，返回逻辑值 TRUE 或 FALSE。

第二组条件中，直接使用等号判断 C2:C635 单元格区域中的会计科目是否等于 G2 单元格中指定的科目，返回逻辑值 TRUE 或 FALSE。

将两组条件的逻辑值结果对应相乘，如果两个条件同时符合，最终结果返回 1，否则返回 0。

最后使用 SUMPRODUCT 函数进行求和，得到两个条件同时符合的情况下对应的 E2:E635 单元格区域之和。

注意

使用 MONTH 函数时，该函数会将被引用的空单元格识别为一个不存在的日期"1900年1月0日"，因此返回月份1。实际使用时，可以加上非空单元格的判断条件。

提示

本例中，凭证日期均为同一年，因此不需要对年份进行判断。如果实际数据中包含多个年份的数据，还需要使用 YEAR 函数对年份进行判断。YEAR 函数返回日期的年份，使用方法与 MONTH 函数类似。

10.1.2 使用数据透视表汇总费用总额

相对于使用函数公式，使用数据透视表进行汇总更加简单快捷。操作步骤如下。

步骤 1 单击数据区域的任意单元格，选择【插入】→【数据透视表】命令，在打开的【创建数据透视表】对话框中保留默认设置，单击【确定】按钮，在新工作表中插入数据透视表。

步骤 2 在"数据透视表字段"任务窗格中，将"日期"字段拖动到列区域，Excel 会自动对其进行分组。将"会计科目"字段拖动到行区域，将"金额"字段拖动到值区域，如图 10-6 所示。

步骤 3 将"行标签"修改为"会计科目"。在【数据透视表工具】→【设计】选项卡下的【数据透视表样式】命令组中选择一种样式，完成后的局部效果如图 10-7 所示。

图 10-6　调整数据透视表布局

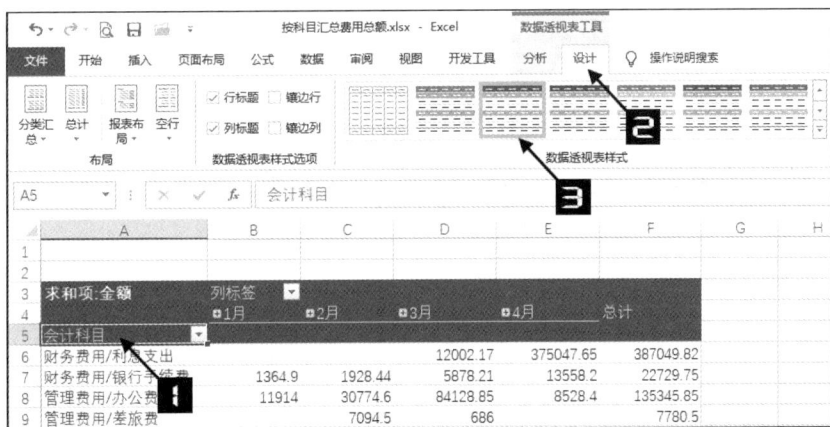

图 10-7　完成后的局部汇总效果

🔖小技巧

在数据透视表中显示无数据的项目

在 10.1.2 小节中，由于数据源中只有 1—4 月的数据，所以生成的数据透视表也只能显示 1—4 月的汇总结果。如果要制作同时显示 1—6 月数据的汇总表格，可以按以下步骤操作。

步骤 1　在数据透视表任意列字段标题上单击鼠标右键，在弹出的快捷菜单中选择【字段设置】命令，打开【字段设置】对话框。切换到【布局和打印】选项卡，选中"显示无数据的项目"复选框，最后单击【确定】按钮，如图 10-8 所示。

步骤 2　单击数据透视表列标签的筛选按钮，在打开的下拉列表中先取消选中"（全选）"复选框，然后依次选中"1月"～"6月"复选框，最后单击【确定】按钮，如图 10-9 所示。

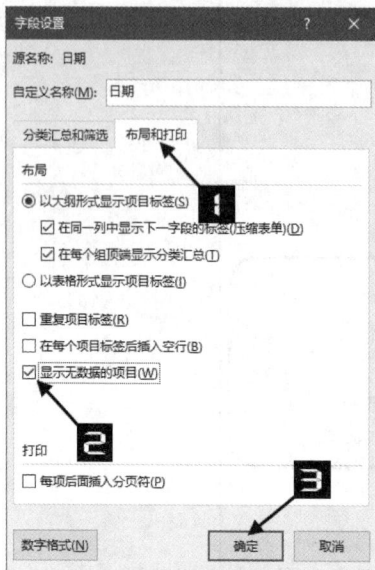

图 10-8　显示无数据的项目

图 10-9　列字段筛选

完成后的数据透视表局部效果如图 10-10 所示。

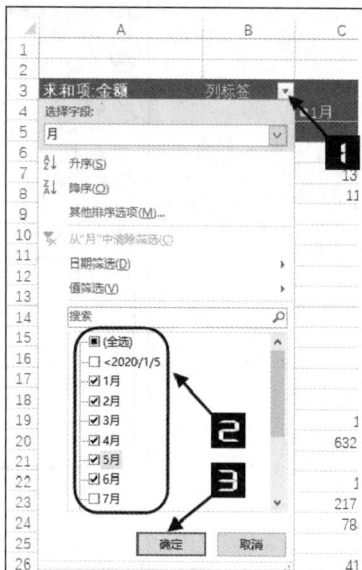

A	B	C	D	E	F	G	H
求和项:金额	列标签						
	1月	2月	3月	4月	5月	6月	总计
会计科目							
财务费用/利息支出			12002.17	375047.65			387049.82
财务费用/银行手续费	1364.9	1928.44	5878.21	13558.2			22729.75
管理费用/办公费	11914	30774.6	84128.85	8528.4			135345.85
管理费用/差旅费		7094.5	686				7780.5
管理费用/车辆费	997	7655	85784.8	36195			130631.8
管理费用/服务费			9448.8	6689.3			16138.1
管理费用/福利费				4356			4356
管理费用/广告费	400	420		585			1405

图 10-10　完成后的数据透视表局部效果

10.2　年度生产成本分析

生产成本是企业为生产一定种类和数量的产品所发生的各种耗用，可以是一定时期生产产品的单位成本，也可以是生产一定产品而发生的成本总额。生产成本一般由直接材料费、直接人工费和其他费用构成。

实际工作中，年度生产成本分析包括对各月成本结构比例、各生产成本要素的比例的分析等。企业对生产成本进行分析，能了解企业整体的生产经营管理水平。

素材所在位置：
素材\第 10 章 成本费用管理\10.2 年度生产成本分析.xlsx

10.2.1 制作年度生产成本分析表

首先需要准备年度生产成本分析的基础数据，操作步骤如下。

步骤 1 新建一个 Excel 工作簿，将工作表重命名为"基础数据"，按"Ctrl+S"组合键保存为"年度生产成本分析.xlsx"。

步骤 2 在工作表内输入基础数据，如图 10-11 所示。

	A	B	C	D	E	F	G	H	I	J	K	L	M
1	项目	1月	2月	3月	4月	5月	6月	7月	8月	9月	10月	11月	12月
2	直接材料	605750	631850	653850	684650	634650	556350	524650	680150	554650	675810	504710	884730
3	直接人工	49276	55122	52216	53144	53144	49950	49140	52950	43140	54144	43144	53050
4	制造费用	10558	98720	89527	85950	77954	70750	68954	85954	56054	85950	55750	85950
5	其他	1250	1200	1380	1450	1800	1680	2400	1340	1990	1450	1500	2770

图 10-11　输入基础数据

10.2.2 计算各成本项目占比

将各月的成本项目的占比以百分比形式显示，能够更为直观地看出差异状况。创建数据透视表后，使用不同的值显示方式，能够快速实现这一要求。图 10-12 展示了每个月各成本项目的占比以及每个成本项目在各月份的占比状况。

项目	1月	2月	3月	4月	5月	6月	7月	8月	9月	10月	11月	12月	总计
直接材料	90.84%	80.30%	82.04%	82.97%	82.69%	81.97%	81.32%	82.91%	84.57%	82.68%	83.41%	86.19%	83.50%
直接人工	7.39%	7.01%	6.55%	6.44%	6.92%	7.36%	7.62%	6.45%	6.58%	6.62%	7.13%	5.17%	6.69%
制造费用	1.58%	12.55%	11.23%	10.42%	10.16%	10.42%	10.69%	10.48%	8.55%	10.52%	9.21%	8.37%	9.59%
其他	0.19%	0.15%	0.17%	0.18%	0.23%	0.25%	0.37%	0.16%	0.30%	0.18%	0.25%	0.27%	0.22%
总计	100.00%	100.00%	100.00%	100.00%	100.00%	100.00%	100.00%	100.00%	100.00%	100.00%	100.00%	100.00%	

项目	1月	2月	3月	4月	5月	6月	7月	8月	9月	10月	11月	12月	总计
直接材料	7.98%	8.32%	8.61%	9.02%	8.36%	7.33%	6.91%	8.96%	7.31%	8.90%	6.65%	11.65%	100.00%
直接人工	8.10%	9.06%	8.58%	8.73%	8.73%	8.21%	8.08%	8.70%	7.09%	8.90%	7.09%	8.72%	100.00%
制造费用	1.21%	11.32%	10.27%	9.86%	8.94%	8.11%	7.91%	9.86%	6.43%	9.86%	6.39%	9.86%	100.00%
其他	6.19%	5.94%	6.83%	7.17%	8.91%	8.31%	11.88%	6.63%	9.85%	7.17%	7.42%	13.71%	100.00%
总计	7.33%	8.65%	8.77%	9.08%	8.44%	7.46%	7.10%	9.02%	7.21%	8.99%	6.65%	11.29%	100.00%

图 10-12　计算各成本项目占比

（一）计算每个月各成本项目的占比

本例中的基础数据使用了二维数据表的形式，因此在插入数据透视表时，需要使用"多重合并计算数据区域"功能，操作步骤如下。

步骤 1 依次按"Alt""D""P"键，打开【数据透视表和数据透视图向导--步骤 1（共 3 步）】对话框，选中"多重合并计算数据区域"单选项，然后单击【下一步】按钮。在打开的【数据透视表和数据透视图向导--步骤 2a（共 3 步）】对话框中保留"创建单页字段"单选项的选中状态，单击【下一步】按钮，如图 10-13 所示。

步骤 2 在打开的【数据透视表和数据透视图向导-第 2b 步，共…】对话框中，单击"选定区域"编辑框，然后选中 A1:M5 单元格区域，单击【添加】按钮，再单击【下一步】按钮，如图 10-14 所示。

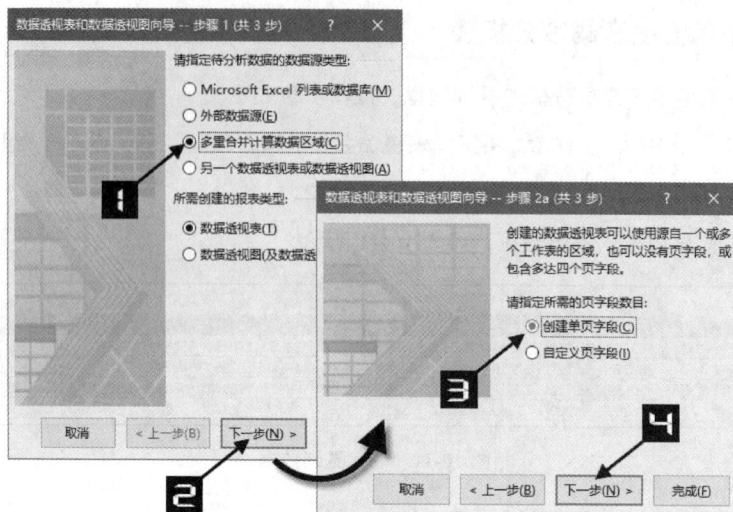

图 10-13　数据透视表和数据透视图向导

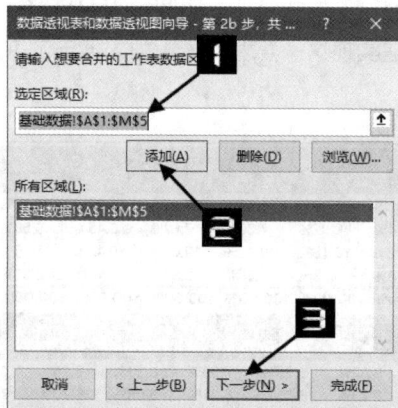

图 10-14　选择数据区域

步骤 3　在打开的【数据透视表和数据透视图向导--步骤 3（共 3 步）】对话框中，选中"新工作表"单选项，然后单击【完成】按钮，如图 10-15 所示。

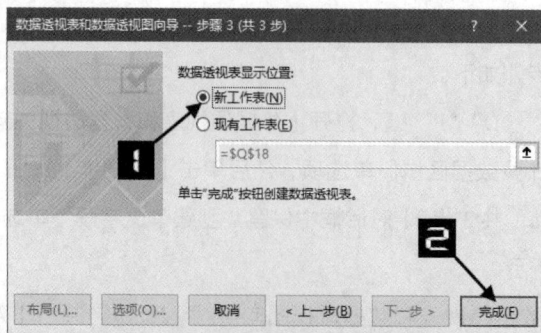

图 10-15　指定数据透视表显示位置

步骤 4　此时会在新工作表中生成一个数据透视表，样式如图 10-16 所示。

	A	B	C	D	E	F	G	H	I	J	K	L	M	N
1	页1	(全部)												
2														
3	求和项:值	列标签												
4	行标签	10月	11月	12月	1月	2月	3月	4月	5月	6月	7月	8月	9月	总计
5	其他	1450	1500	2770	1250	1200	1380	1450	1800	1680	2400	1340	1990	20210
6	直接材料	675810	504710	884730	605750	631850	653850	684650	634650	556350	524650	680150	554650	7591800
7	直接人工	54144	43144	53050	49276	55122	52216	53144	53144	49950	49140	52950	43140	608420
8	制造费用	85950	55750	85950	10558	98720	89527	85950	77954	70750	68954	85954	56054	872071
9	总计	817354	605104	1026500	666834	786892	796973	825194	767548	678730	645144	820394	655834	9092501

图 10-16 数据透视表

步骤 5 将“其他”字段标题拖动到“制造费用”下方，如图 10-17 所示。

	A	B	C	D	E	F
1	页1	(全部)				
2						
3	求和项:值	列标签				
4	行标签	10月	11月	12月	1月	2月
5	其他	1450	1500	2770	1250	1200
6	直接材料	675810	504710	884730	605750	631850
7	直接人工	54144	43144	53050	49276	55122
8	制造费用	85950	55750	85950	10558	98720
9	总计	817354	605104	1026500	666834	786892

图 10-17 调整项目位置

同时选中“10 月”“11 月”“12 月”字段标题，将其拖动到最右侧。

步骤 6 单击数据透视表左上角的“求和项:值”，输入一个空格。然后依次修改“行标签”和“列标签”为“项目”和“月份”。

步骤 7 选中数据透视表的任意单元格，单击鼠标右键，在弹出的快捷菜单中选择【数据透视表选项】命令，打开【数据透视表选项】对话框。在【布局和格式】选项卡下选中“合并且居中排列带标签的单元格”复选框，取消选中“更新时自动调整列宽”复选框，单击【确定】按钮，如图 10-18 所示。

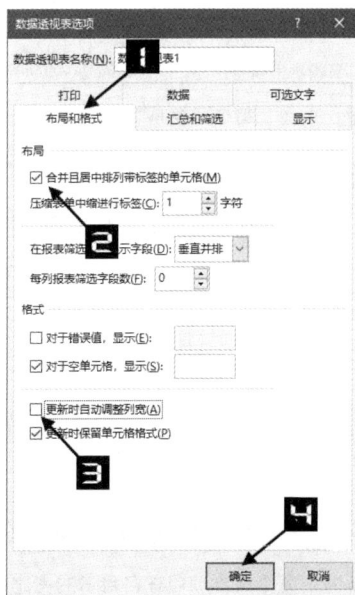

图 10-18 数据透视表选项

步骤8 选中数据透视表值区域任意单元格，单击鼠标右键，如 C5 单元格，在弹出的快捷菜单中选择【值显示方式】→【列汇总的百分比】命令，如图 10-19 所示。

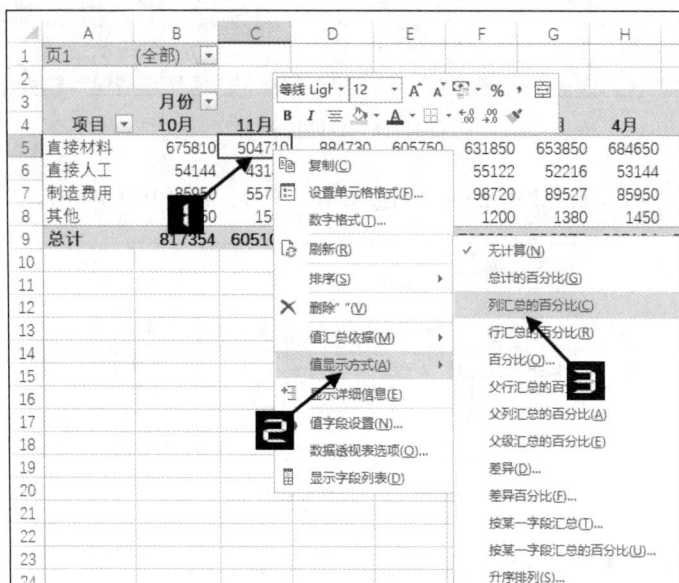

图 10-19　设置值显示方式

设置完成后，数据透视表中即可显示各月份不同成本项目的占比，如图 10-20 所示。

项目	10月	11月	12月	1月	2月	3月	4月	5月	6月	7月	8月	9月	总计
直接材料	82.68%	83.41%	86.19%	90.84%	80.30%	82.04%	82.97%	82.69%	81.97%	81.32%	82.91%	84.57%	83.50%
直接人工	6.62%	7.13%	5.17%	7.39%	7.01%	6.55%	6.44%	6.92%	7.36%	7.62%	6.45%	6.58%	6.69%
制造费用	10.52%	9.21%	8.37%	1.58%	12.55%	11.23%	10.42%	10.16%	10.42%	10.69%	10.48%	8.55%	9.59%
其他	0.18%	0.25%	0.27%	0.19%	0.15%	0.17%	0.18%	0.23%	0.25%	0.37%	0.16%	0.30%	0.22%
总计	100.00%	100.00%	100.00%	100.00%	100.00%	100.00%	100.00%	100.00%	100.00%	100.00%	100.00%	100.00%	100.00%

图 10-20　每个月各成本项目的占比

（二）每个成本项目在各月份的占比状况

在数据透视表值区域任意单元格上单击鼠标右键，在弹出的快捷菜单中选择【值显示方式】→【行汇总的百分比】命令。设置完成后，即可显示每个成本项目在各月份的占比状况，如图 10-21 所示。

项目	10月	11月	12月	1月	2月	3月	4月	5月	6月	7月	8月	9月	总计
直接材料	8.90%	6.65%	11.65%	7.98%	8.32%	8.61%	9.02%	8.36%	7.33%	6.91%	8.96%	7.31%	100.00%
直接人工	8.90%	7.09%	8.72%	8.10%	9.06%	8.58%	8.73%	8.73%	8.21%	8.08%	8.70%	7.09%	100.00%
制造费用	9.86%	6.39%	9.86%	1.21%	11.32%	10.27%	9.86%	8.94%	8.11%	7.91%	9.86%	6.43%	100.00%
其他	7.17%	7.42%	13.71%	6.19%	5.94%	6.83%	7.17%	8.91%	8.31%	11.88%	6.63%	9.85%	100.00%
总计	8.99%	6.65%	11.29%	7.33%	8.65%	8.77%	9.08%	8.44%	7.46%	7.10%	9.02%	7.21%	100.00%

图 10-21　每个成本项目在各月份的占比状况

小技巧

使用迷你图展示销售趋势

素材所在位置 :

素材\第 10 章 成本费用管理\使用迷你图展示销售趋势.xlsx

Excel 2016 中的迷你图包括柱形、折线和盈亏 3 种类型。迷你图的图形比较简洁，没有坐标轴、图表标题、图例项、网格线等图表元素，主要体现数据的变化趋势或对比。创建一个迷你图之后，可以通过填充功能，快速创建一组迷你图。

利用迷你图可以在一个单元格中绘制简洁、直观的微型图表，展示数据中潜在的价值信息，如图 10-22 所示。

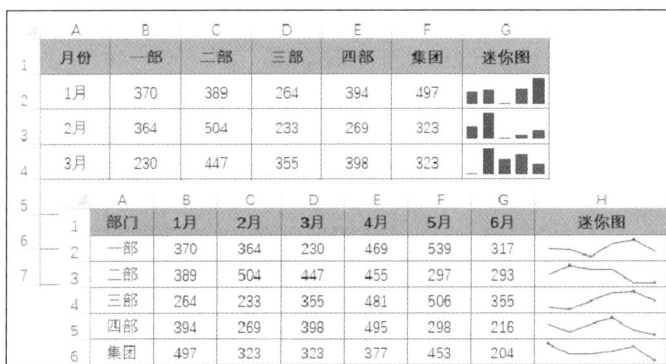

图 10-22　使用迷你图展示销售趋势

操作步骤如下。

步骤 1　选中 G2:G7 单元格区域，选择【插入】→【柱形】命令，打开【创建迷你图】对话框。单击"数据范围"编辑框，选中 B2:F7 单元格区域，最后单击【确定】按钮，如图 10-23 所示。

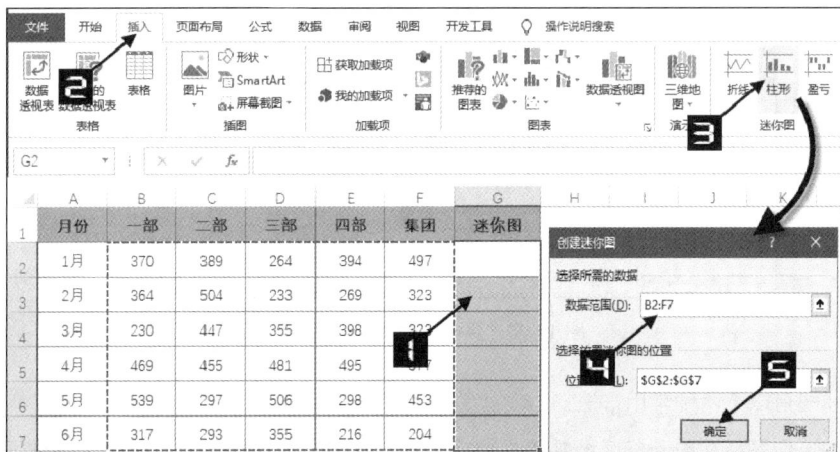

图 10-23　插入迷你图

步骤 2　单击迷你图任意单元格，选择【迷你图工具】→【设计】→【标记颜色】→【高点】命令，在主题颜色面板中选择红色，如图 10-24 所示。

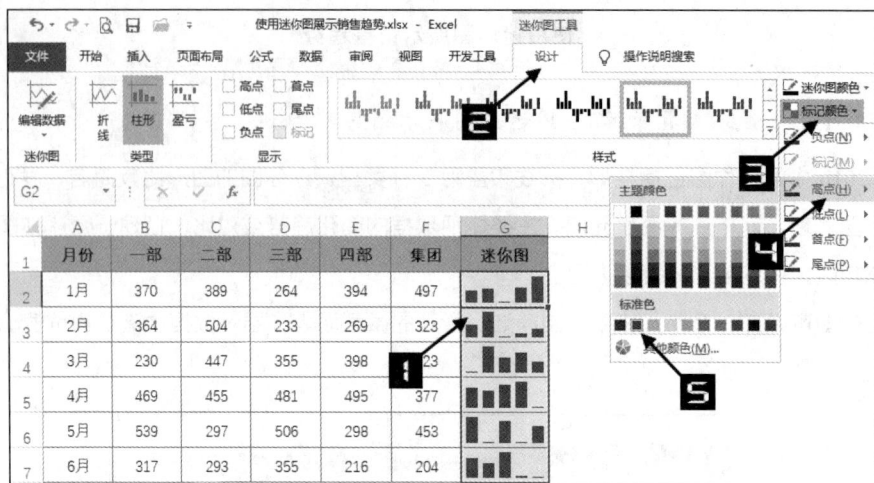

图 10-24　设置迷你图标记颜色

提示

单个迷你图只能使用一行或一列数据作为数据源。

如需更改迷你图的图表类型，可以先选中迷你图所在的单元格区域，然后单击【迷你图工具】→【设计】选项卡下的迷你图类型按钮即可，如图 10-25 所示。

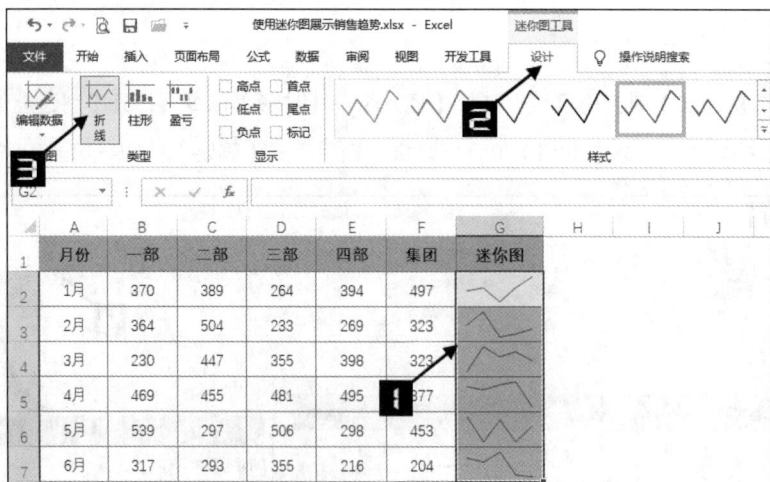

图 10-25　更改迷你图的图表类型

清除迷你图有以下两种常用方法。

一是选中迷你图所在单元格区域并单击鼠标右键，在弹出的快捷菜单中选择【迷你图】→【清除所选的迷你图】命令。

二是选中迷你图所在单元格区域，再选择【迷你图工具】→【设计】选项卡下的【清除】命令。

本章小结

本章主要对 Excel 在成本费用管理中的应用方法展开介绍，内容包括使用函数公式法汇总费用总额、使用数据透视表汇总费用总额，以及使用数据透视表实现年度生产成本的分析；同时介绍了使用迷你图展示数据变化趋势的方法。通过对本章的学习，读者能够提升成本费用统计分析的水平和数据处理效率。

思考与练习

（1）MONTH 函数返回以序列值表示的日期中的月份。如果被引用的是空单元格，会返回（＿＿＿）。实际使用时，可以加上非空单元格的判断条件。

（2）要在数据透视表中显示无数据的项目，需要进行哪些设置或步骤？

（3）"迷你图"包括（＿＿＿）（＿＿＿）和（＿＿＿）3 种类型。

（4）如需更改迷你图的图表类型，可以先选中迷你图所在单元格区域，然后（＿＿＿＿＿＿＿）。

（5）利用一组数据制作不同类型的迷你图。

第 11 章

全面预算管理

全面预算是指企业对一定的时期内各项业务活动、财务表现等方面的总体预测，包括经营预算（如开发预算、销售预算、销售费用预算、管理费用预算等）、资本支出预算（如固定资产投资预算）和财务预算（如投资预算、资金预算、预计利润表、预计资产负债表等）。

本章介绍 Excel 在企业全面预算管理中的应用。

11.1 全面预算的主要内容

全面预算通常以企业目标利润为预算目标，以销售前景为预算的编制基础，综合考虑市场和企业生产营销等因素进行编制。它是企业管理层讨论通过的企业未来一定期间的经营思想、经营目标、经营决策的财务数量说明和经济责任约束的依据。

全面预算管理是企业内部控制的重要方法，其内容涵盖了企业经营活动的全过程，主要包括以下3 个方面。

1. 经营预算

经营预算是指与企业日常业务直接相关、具有实质性的基本活动的预算，与企业的利润表数据紧密相关，主要包括：销售数量预算、销售金额预算、销售成本预算、期末存货预算、营业费用预算、管理费用预算、财务费用预算、制造费用预算、人力资源预算等。这些预算以实物量指标和价值量指标分别反映企业收入与费用的构成情况。

2. 资本支出预算

资本支出预算是指企业不经常发生的一次性业务的预算，如企业固定资产的购置、扩建、改建、更新等都必须在投资项目可行性研究的基础上编制预算，以具体反映投资的时间、规模、收益以及资金的筹措方式等。

3. 财务预算

财务预算是指与企业现金收支、经营成果和财务状况有关的各项预算，主要包括现金预算、预计利润表、预计资产负债表、预计现金流量表、关键营运指标预算等。这些预算以价值量指标总括反映经营预算和资本支出预算的结果。

11.2 编制预算申请表和预算执行表

素材所在位置：
素材\第 11 章 全面预算管理\11.2 全面预算管理.xlsx

11.2.1 编制预算申请表

要进行全面预算数据的记录和预算与执行情况的对比，首先需要在 Excel 中创建预算申请表，操作步骤如下。

步骤 1 新建 Excel 工作簿，按"Ctrl+S"组合键将其保存为"预算管理.xlsx"。

步骤 2 插入一个新工作表，然后将 Sheet1 和 Sheet2 分别重命名为"预算申请表"和"预算执行表"。

步骤 3 在"预算申请表"工作表中输入基础数据并设置单元格格式，效果如图 11-1 所示。

	A	B	C	D
1			第一分公司2021年度预算申请表	
2				
3			编制日期:	2020/10/31
4		部门	预算开支项目	预算支出
5			总计	
6		办公室	合计	
7			员工保险费用	19,000.00
8			汽车费用	15,000.00
9			食堂费用	12,000.00
10			固话及管理人员通信费	5,000.00
11			职工劳保费用	4,000.00
12			办公用品	1,000.00
13		财务部	合计	
14			针式打印机	3,000.00
15			电费	20,000.00
16			各种税费	55,000.00
17			还借款	100,000.00
18		生产部	合计	
19			新增配电箱及电源线等	30,000.00
20			购置叉车一部	70,000.00
21			电动葫芦	7,000.00
22			吊装费	15,000.00
23			车间改造彩钢板	12,000.00
24		物资部	合计	
25			塑料制品有限公司	30,800.00
26			金属制品有限公司	210,000.00
27			机械机工厂	120,000.00
28			顺发润滑油有限公司	18,000.00
29		营销部	合计	
30			差旅费	26,000.00
31			招待费	12,000.00
32			宣传册印刷费	23,000.00
33		预算员:		审批:

图 11-1　预算申请表

步骤 4　依次为预算申请表设置公式。

D6 单元格中的公式为：

```
=SUM(D7:D12)
```

D13 单元格中的公式为：

```
=SUM(D14:D17)
```

D18 单元格中的公式为：

```
=SUM(D19:D23)
```

D24 单元格中的公式为：

```
=SUM(D25:D28)
```

D29 单元格中的公式为：

```
=SUM(D30:D32)
```

D5 单元格中的公式为：

```
=SUM(D6:D32)/2
```

11.2.2 编制预算执行表

接下来基于经审批通过的预算申请表，制作预算执行表。操作步骤如下。

步骤 1　在“预算申请表”工作表中单击工作表左上角的全选按钮，选中整个工作表，按“Ctrl+C”

组合键复制，如图 11-2 所示。

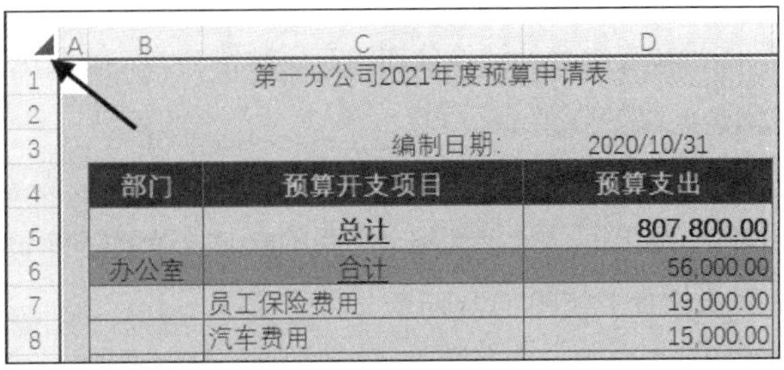

	A	B	C	D
1		第一分公司2021年度预算申请表		
2				
3			编制日期:	2020/10/31
4		部门	预算开支项目	预算支出
5			总计	807,800.00
6		办公室	合计	56,000.00
7			员工保险费用	19,000.00
8			汽车费用	15,000.00

图 11-2　全选工作表

步骤 2　切换到“预算执行表”工作表，单击 A1 单元格，按“Enter”键粘贴。

步骤 3　将 B1 单元格中的标题修改为“第一分公司 2021 年 1 月份预算执行表”。

步骤 4　选中第 3 行～第 6 行的行号，按“Ctrl+Shift+=”组合键插入四个空白行。

步骤 5　输入基础数据。

（1）在 C3:C6 单元格区域中依次输入“全年预算额”“截至本月执行额”“执行比例”“截至本月预算进度结余”。

（2）在 D7 单元输入预算执行表制作日期“2021/2/6”。

（3）在 E8、F8 单元格分别输入“预算执行”和“执行比例”。

（4）在 E 列依次输入预算的实际执行数据。

最后设置单元格格式，效果如图 11-3 所示。

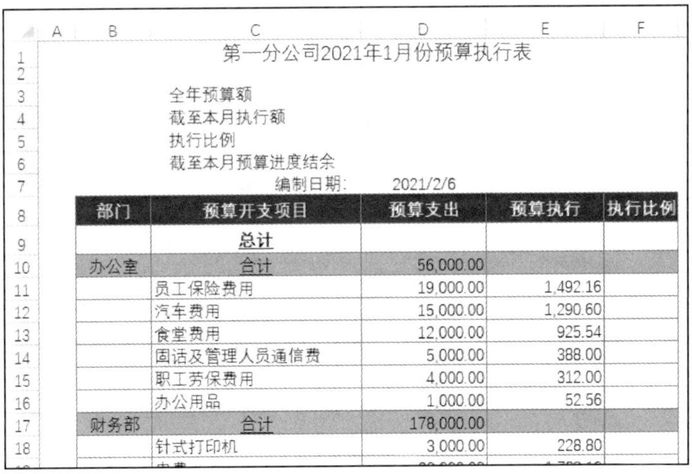

	A	B	C	D	E	F
1		第一分公司2021年1月份预算执行表				
2						
3			全年预算额			
4			截至本月执行额			
5			执行比例			
6			截至本月预算进度结余			
7			编制日期:	2021/2/6		
8		部门	预算开支项目	预算支出	预算执行	执行比例
9			总计			
10		办公室	合计	56,000.00		
11			员工保险费用	19,000.00	1,492.16	
12			汽车费用	15,000.00	1,290.60	
13			食堂费用	12,000.00	925.54	
14			固话及管理人员通信费	5,000.00	388.00	
15			职工劳保费用	4,000.00	312.00	
16			办公用品	1,000.00	52.56	
17		财务部	合计	178,000.00		
18			针式打印机	3,000.00	228.80	

图 11-3　创建预算执行表

步骤 6　将 D5 单元格数字格式设置为百分比格式，然后依次在 D3:D6 单元格区域中输入以下公式。

```
=D9
=E9
```

=D4/D3

=D3-D4

步骤 7 依次将 D 列的预算支出合计计算公式向右复制到 E 列，计算执行预算的合计数。

步骤 8 在 F9 单元格输入以下公式。

=IF(E9=0,0,E9/D9)

将 F9 单元格中的公式向下复制到 F36 单元格。然后单击 F36 单元格右下角的【自动填充选项】按钮，选中"不带格式填充"单选项，如图 11-4 所示。

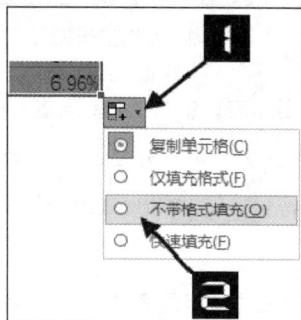

图 11-4　不带格式填充

设置完成后的预算执行表局部效果如图 11-5 所示。

图 11-5　预算执行表局部效果

本章小结

本章重点介绍了 Excel 在全面预算管理中的应用，包括预算申请表、预算执行表的编制方法。

思考与练习

（1）全面预算主要包括（＿＿＿＿）预算、（＿＿＿＿）预算和（＿＿＿＿）预算 3 个方面。

（2）全面预算通常以（＿＿＿＿）为预算目标，以（＿＿＿＿）为预算的编制基础，综合考虑市场和企业生产营销等因素进行编制。

（3）经营预算以实物量指标和（＿＿＿＿）指标分别反映企业收入与费用的构成情况。

（4）财务预算是指与企业现金收支、经营成果和财务状况有关的各项预算，以（＿＿＿＿）指标总括反映经营预算和资本支出预算的结果。

第 12 章

常用财务分析方法

　　财务分析是财务管理中的一项重要内容,它作为企业信息分析的重要资源,为企业决策者提供财务分析数据资料,同时在实现企业价值最大化目标方面发挥积极的作用。财务分析的方法主要有比率分析、比较分析、趋势分析,以及杜邦分析等,本章将对这些常用分析方法进行简单介绍。

12.1 比率分析

素材所在位置：

素材\第 12 章 常用财务分析方法\12.1 比率分析.xlsx

比率分析是将同一期财务报表上若干重要项目的相关数据相互比较，求出比率，用以分析和评价公司的经营活动以及公司目前和历史状况的一种方法，是财务分析基本的工具之一。

比率分析通常分为偿债能力指标分析、营运能力指标分析和盈利能力指标分析 3 类。

偿债能力反映企业偿还到期债务的能力。短期偿债能力指标一般包括流动比率、速动比率、现金比率等；长期偿债能力指标一般包括资产负债率、利息收入倍数等。

营运能力是以企业各项资产的周转速度来衡量企业资产利用的效率，周转速度越快，经营效率就越高。营运能力指标一般包括存货周转率、应收账款周转率、总资产周转率等。

盈利能力指企业获取利润的能力，也称企业的资金或资本增值能力。盈利能力指标一般包括毛利率、净利润率、权益报酬率等。

本节介绍在 Excel 中对财务报表进行比率分析的主要步骤。

步骤1 首先在同一工作簿内准备好进行比率分析需要使用的主要财务报表的数据，这些报表包括资产负债表、利润表及现金流量表。

步骤2 在"比率分析"工作表中依次引入其他财务报表中的数据并计算，如图 12-1 所示。

财务比率类别	财务比率名称	2019-12-31	2018-12-31	2017-12-31
短期偿债能力	流动比率	128.40%	126.89%	132.70%
	速动比率	99.73%	102.29%	106.88%
	现金比率	16.05%	20.80%	19.92%
长期偿债能力	资产负债率	67.33%	67.84%	64.24%
	利息收入倍数	202.39%	-88.43%	114.05%
营运能力	存货周转率	1667.47%	1592.71%	1581.42%
	总资产周转率	299.67%	266.86%	253.40%
盈利能力	毛利率	3.02%	3.64%	3.59%
	净利润率	0.27%	-1.45%	0.05%
	权益报酬率	2.53%	-11.40%	0.50%

比率分析　资产负债表　利润表　现金流量表

图 12-1 比率分析

各比率的计算公式如表 12-1 所示。

表 12-1 比率分析中各比率的公式说明

比率名称	公式
流动比率	=流动资产合计/流动负债合计
速动比率	=（流动资产合计-存货-待摊费用）/流动负债合计
现金比率	=货币资金/流动负债合计
资产负债率	=负债合计/资产合计

续表

比率名称	公式
利息收入倍数	=（净利润+所得税+利息费用）/利息费用
存货周转率	=营业成本/（（期初存货+期末存货）/2）
总资产周转率	=营业总收入/（（期初资产+期末资产）/2）
毛利率	=（营业总收入-营业成本）/营业总收入
净利润率	=净利润/营业总收入
权益报酬率	=净利润/（（期初所有者权益合计+期末所有者权益合计）/2）

从计算出的偿债能力指标看，该公司的资产流动性尚可，资产负债率处于一个较合理的水平（具体分析时需综合考虑其所在行业特点及企业发展阶段等因素），短期偿债能力在 2017—2019 年未发生明显变动。从计算出的营运能力指标看，该公司存货周转率和总资产周转率均大于 1，说明存货周转速度快，销售情况较好，资金使用效率较高。从计算出的盈利能力指标看，该公司毛利率和净利润率在 2017—2019 年都处于较低水平，说明盈利能力较差，公司股东的投资回报率低。

比率分析属于静态分析，对于预测未来并非绝对合理、可靠。因此，在运用比率分析时需要综合考虑不同比率进行全面分析，不能只使用某个孤立的指标来进行评价，同时还要结合比较分析、趋势分析等分析方法，才能正确、合理地评价一个公司的财务情况。

12.2 比较分析

素材所在位置：

素材\第 12 章 常用财务分析方法\12.2 比较分析.xlsx

比较分析是财务报表分析的基本方法之一，是通过将某项财务指标与和其性质相同的指标评价标准进行对比，揭示企业财务状况、经营情况和现金流量情况的一种分析方法。

通常这种比较可以是将实际与计划相比（如预算完成情况分析）、本期与上期相比（如分析同比或环比增减情况）、与历史上最好的时期或一些关键时期相比，或者与同行业的其他企业相比（如评估企业在同行业中所处地位）。

本节介绍在 Excel 中对财务报表进行比较分析的主要步骤。

步骤 1 首先在同一工作簿内准备好比较分析需要使用的主要财务报表的数据，这些报表包括资产负债表、利润表及现金流量表。

步骤 2 在"比较分析"工作表中依次引入其他财务报表中的数据，计算并比较各年销售收入增长率和总资产增长率，如图 12-2 所示。

销售收入增长率的计算公式为：

= （本年营业总收入-上年营业总收入）/上年营业总收入

总资产增长率的计算公式为：

= （期末资产总计-期初资产总计）/期初资产总计

图 12-2　比较分析

步骤3　在"比较分析"工作表中依次引用利润表中 2019 年度的各科目实际完成金额和预算金额，计算预算完成情况，如图 12-3 所示。

图 12-3　计算预算完成情况

12.3 趋势分析

素材所在位置：
素材\第 12 章 常用财务分析方法\12.3 趋势分析.xlsx

　　趋势分析根据财务报表中各类相关数字资料，将连续两期或多期的相同指标或比率进行定基对比和环比对比，得出它们的增减变动方向、数额和幅度，以揭示企业财务状况、经营情况和现金流量变化趋势。这种方法实际上是比率分析与比较分析的结合，与前面两种方法相比，这种方法更加直观地反映了企业各方面财务状况的变动趋势。

　　本节介绍在 Excel 中对财务报表进行趋势分析的主要步骤。

步骤1　首先准备好趋势分析需要使用的历年主要财务报表数据，这些报表包括资产负债表、利润表及现金流量表。

步骤2 在"趋势分析"工作表中依次引用历年同性质的财务报表数据，计算同比增减情况，并针对计算结果分析其增减原因，如图 12-4 所示。

⏴	A	B	C	D	E
1		2019-12-31	2018-12-31	2017-12-31	2016-12-31
2	报告期	年报	年报	年报	年报
3	数据来源	合并报表	合并报表	合并报表	合并报表
4	利润表摘要				
5	营业总收入	6,225,374.19	5,653,411.83	5,902,185.20	4,073,359.26
6	同比(%)	10.12%	-4.21%	44.90%	
7	营业总成本	6,200,868.79	5,727,426.33	5,926,338.63	4,086,199.38
8	同比(%)	8.27%	-3.36%	45.03%	
9	营业利润	21,881.09	-47,311.95	3,113.98	-435.54
10	同比(%)	-146.25%	-1619.34%	-814.97%	
11	利润总额	26,578.74	-72,074.57	3,354.58	1,751.36
12	同比(%)	-136.88%	-2248.54%	91.54%	
13	净利润	17,017.07	-82,063.40	3,225.88	1,623.61
14	同比(%)	-120.74%	-2643.91%	98.69%	
15	资产负债表摘要				
16	资产总计	2,067,677.68	2,087,171.94	2,149,825.26	2,508,591.86
17	同比(%)	-0.93%	-2.91%	-14.30%	
18	负债合计	1,392,129.14	1,415,867.10	1,381,147.81	1,990,242.51
19	同比(%)	-1.68%	2.51%	-30.60%	
20	归属母公司股东的权益	663,261.32	658,210.79	753,459.04	500,073.17
21	同比(%)	0.77%	-12.64%	50.67%	

趋势分析　资产负债表　利润表　现金流量表　Sheet1　⊕

图 12-4　趋势分析

表格中的各项指标同比计算公式均为（本期数据-上期数据）/上期数据。

趋势分析一般比较企业连续几期财务报表的数据，分析各指标增减变化的幅度及其变化原因，来判断企业财务状况的发展趋势。这种方法选择的期数越多，分析结果的准确性越高。但是在进行趋势分析时必须考虑到各期数据的可比性。因某些特殊原因，某一时期的某项财务数据可能变化较大，缺乏可比性，所以在分析过程中需要注意排除非可比因素。

12.4　杜邦分析

杜邦分析又称杜邦分析体系，是利用几种主要的财务比率之间的内在联系，对企业财务状况和经营状况进行综合分析和评价的一种方法。其基本思想是将企业净资产收益率（权益报酬率）逐级分解为多项财务比率的乘积，有助于深入分析比较企业经营业绩。由于这种分析方法最早由美国杜邦公司使用，故名杜邦分析。

本节介绍在 Excel 中建立杜邦分析模型的主要步骤。

12.4.1　杜邦分析法中的主要财务指标关系和模型创建

（一）主要财务指标关系

杜邦分析的特点是：将若干用以评价企业经营效率和财务状况的比率按其内在联系有机地结合起

来，形成一个完整的指标体系，并最终通过净资产收益率来综合反映企业的财务和经营状况。

杜邦分析中的主要财务指标关系如图 12-5 所示。

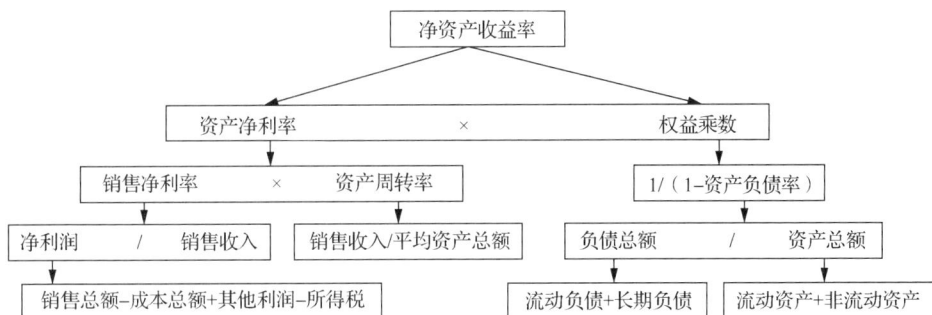

图 12-5 杜邦分析法财务指标关系

各项财务指标计算公式为：

$$净资产收益率=资产净利率×权益乘数$$

$$资产净利率=销售净利率×资产周转率$$

$$权益乘数=1/（1-资产负债率）$$

$$销售净利率=净利润/销售收入$$

$$资产周转率=销售收入/平均资产总额$$

$$净利润=销售总额-成本总额+其他利润-所得税$$

$$资产负债率=负债总额/资产总额$$

$$负债总额=流动负债+长期负债$$

$$资产总额=流动资产+非流动资产$$

其中的净资产收益率，又称为股东权益报酬率、净值报酬率、权益报酬率、权益利润率或净资产利润率，是企业税后利润除以净资产得到的百分比，该指标反映股东权益的收益水平，用以衡量企业运用自有资本获得净收益的能力。该指标值越高，说明投资带来的收益越高，其是整个分析系统的起点和核心，反映了企业的净资产获利能力的大小。

权益乘数也称权益系数，表明了企业的负债程度。该指标越大，企业的负债程度越高。

资产净利率是销售净利率和资产周转率的乘积，是企业销售成果和资产运营的综合反映。要提高资产收益率，就必须增加销售收入，降低资金占用额。

资产周转率反映企业资产实现销售收入的综合能力。分析时，需要结合销售收入分析企业资产结构是否合理，即流动资产和长期资产的结构比率关系；同时还要分析流动资产周转率、存货周转率、应收账款周转率等资产使用效率指标，找出资产周转率高低、变化的确切原因。

（二）建立杜邦分析模型

素材所在位置：

素材\第 12 章 12.4 常用财务分析方法\建立杜邦分析模型.xlsx

使用杜邦分析的过程相当于将净资产收益率进行分解，以分析哪些指标影响了净资产收益率。首先从净资产收益率开始，根据资产负债表和利润表中的资料逐步分解计算各指标。再将计算出的指标填入杜邦分析模型，继而逐步进行前后期对比分析，或进行企业间的横向对比分析。

具体步骤如下。

步骤 1 首先在同一工作簿内准备好杜邦分析模型需要使用的主要财务报表数据，这些报表包括资产负债表、利润及利润分配表、现金流量表以及财务比率表。

步骤 2 根据各项财务指标的关系，制作杜邦分析模型的基本框架，效果如图 12-6 所示。

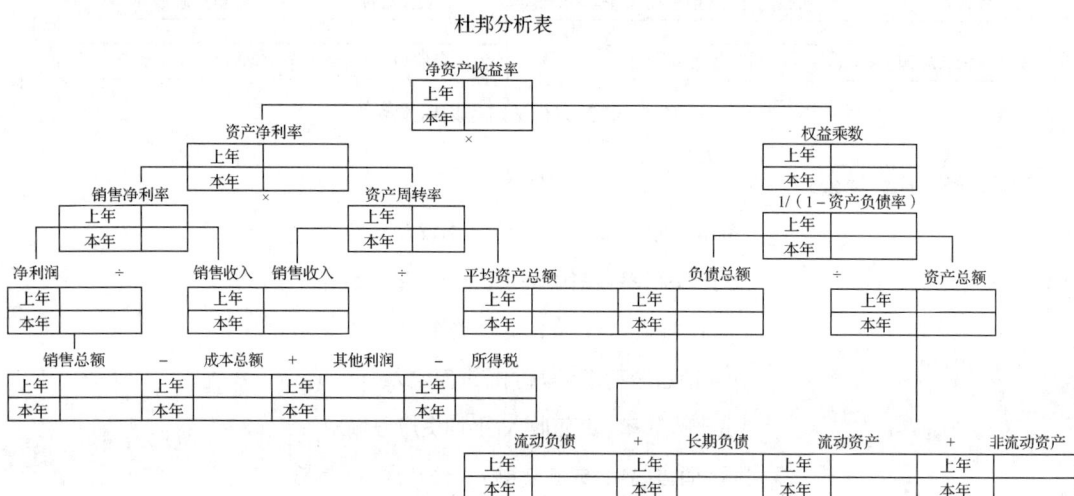

图 12-6　杜邦分析模型框架

步骤 3 在杜邦分析模型中依次引入其他财务报表中的数据，完成后的效果如图 12-7 所示。

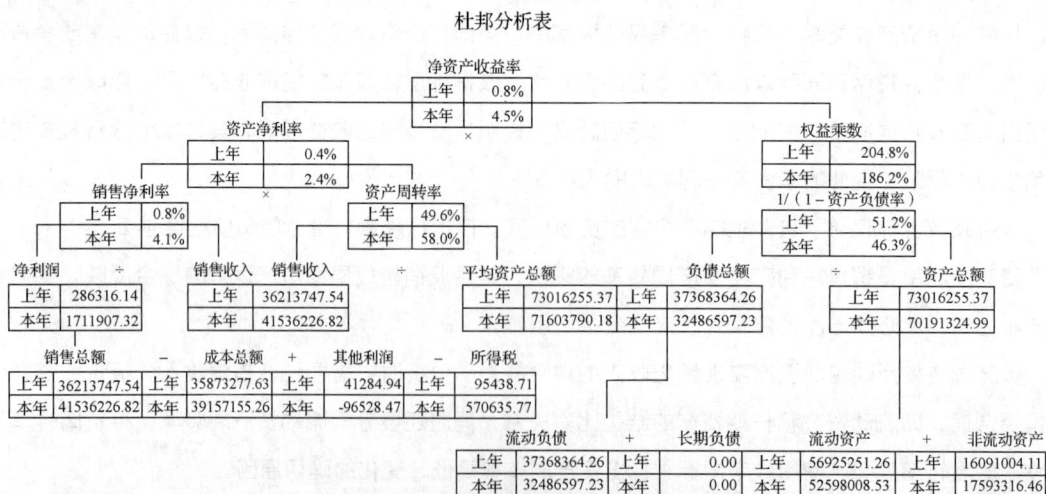

图 12-7　引入其他财务报表数据

分析模型显示，上年和本年的净资产收益率分别为 0.8% 和 4.5%。其计算公式为：

$$净资产收益率=资产净利率×权益乘数$$

上年 0.8%=0.4%×204.8%

本年 4.5%=2.4%×186.2%

经过分解，可以看出资产净利率的提升是净资产收益率改变的主要原因。继续对资产净利率进行分解，公式为：

$$资产净利率 = 销售净利率×资产周转率$$

上年 0.4%=0.8%×49.6%

本年 2.4%=4.1%×58.0%

通过分解可以看出，本年的资产周转率从去年的 49.6%上升到 58.0%，说明资产的利用控制能力有所提升；销售净利率指标从 0.8%上升到 4.1%，增幅较大。

对销售净利率进行分解，公式为：

$$销售净利率=净利润/销售收入$$

上年 0.8%=286,316.14/36,213,747.54

本年 4.1%=1,711,907.32/41,536,226.82

从表中可知，公司本年度净利润和销售收入提升幅度较大，并且成本总额的增幅低于销售净利润的增幅，但是其他利润有所降低，最终对销售净利率的提升幅度产生一定影响。

通过以上分解过程可以看出，杜邦分析法能够有效解释指标变动的原因和趋势，管理层可以根据这些信息采取有针对性的应对措施。

12.4.2 杜邦分析模型的局限性

从企业绩效评价的角度来看，杜邦分析模型中只包括财务方面的信息，不能全面反映企业的实力，因此具有较大的局限性，在实际运用中需要结合企业的其他信息加以分析。

其局限性主要表现在如下方面。

一是对短期财务结果过分重视，有可能让企业管理层的短期行为，忽略企业长期的价值创造。

二是财务指标反映的是企业过去的经营业绩，能够满足工业时代对企业的要求，但在信息时代，顾客、供应商、雇员、技术创新等因素对企业经营业绩的影响越来越大，而杜邦分析无法反映这些方面带来的影响。

三是在市场环境中，专利权、商标权、非专利性技术等无形资产对提高企业长期竞争力至关重要，杜邦分析无法解决无形资产的估值问题。

本章小结

本章主要介绍了财务分析的几种常用方法及其实现的步骤，包括比率分析、比较分析、趋势分析，以及杜邦分析等。

🏆 思考与练习

（1）财务分析的方法主要有比率分析、（＿＿＿）（＿＿＿），以及杜邦分析等。

（2）比率分析通常分为偿债能力指标分析、营运能力指标和（＿＿＿）能力指标分析 3 类。

（3）比较分析可以是将实际与计划相比、本期与上期相比、与历史上最好的时期或一些关键时期相比，或者与（＿＿＿）相比。

（4）趋势分析能够更加直观地反映企业各方面财务状况的（＿＿＿）。

（5）杜邦分析又称杜邦分析体系，是利用几种主要的财务比率之间的内在联系，对企业（＿＿＿）状况和（＿＿＿）状况进行综合分析和评价的一种方法。

（6）在进行财务分析时，使用到的主要财务报表包括（＿＿＿）（＿＿＿）（＿＿＿），以及（＿＿＿）。